中国电力普遍服务供给规制研究

陈建华　著

北京

图书在版编目（CIP）数据

中国电力普遍服务供给规制研究/陈建华著.
北京：中国经济出版社，2013.5
ISBN 978-7-5136-1793-2

Ⅰ.①中… Ⅱ.①陈… Ⅲ.①电力市场—商业服务—供给制—研究—中国
Ⅳ.①F426.61

中国版本图书馆 CIP 数据核字（2012）第 192437 号

责任编辑 严 莉
责任审读 霍宏涛
责任印制 常 毅
封面设计 华子图文

出版发行 中国经济出版社
印 刷 者 北京市媛明印刷厂
经 销 者 各地新华书店
开　　本 880mm×1230mm 1/32
印　　张 8.25
字　　数 196 千字
版　　次 2013 年 5 月第 1 版
印　　次 2013 年 5 月第 1 次
书　　号 ISBN 978-7-5136-1793-2/F·9445
定　　价 38.00 元

中国经济出版社 **网址** www.economyph.com **社址** 北京市西城区百万庄北街 3 号 **邮编** 100037
本版图书如存在印装质量问题，请与本社发行中心联系调换（联系电话：010-68319116）

前　言

普遍服务就是对任何人都要提供无地域、无质量、无资费歧视且能够负担得起的产品服务，尽管围绕普遍服务始终存在各种争议，但让全体国民享受最基本的普遍服务早已成为各国政府的一项极其重要的公共政策。概括而言，普遍服务实际上主要包括三个方面的问题：谁受益？谁供给？谁规制？本书主要讨论竞争环境下中国电力普遍服务供给规制问题，很多人认为这是中国电力普遍服务政策的大方向。总体上，本书遵循规制经济学的研究路线与方法论，以放松规制与中国电力市场化改革为背景，结合中国电力普遍服务供给实践，借鉴网络型产业普遍服务供给规制经验，从逻辑基础、价值取向以及价值链等多维角度，对电力普遍服务供给"为什么规制"、"规制为什么"以及"如何规制"等问题展开研究，为竞争环境下中国电力普遍服务供给规制提供理论支撑和政策指导。

全文共分六章。第 1 章是绪论，提出问题并阐明研究意义、思路、方法论及创新之处。第 2 章剖析了中国电力普遍服务的内涵、外延及供给实践，论证了电力普遍服务供给规制的逻辑基础和价值取向，即"为什么规制"和"规制为什么"。第3 章基于"用户市场结构"模型，理论上证明了电力普遍服务交叉补贴在垄断条件和竞争环境下的有效与失灵，提出了放松规制下电力普遍服务供给规制的困境及问题。第 4 章以国际和产业双重视域，审视并比较了放松规制下电力、电信以及邮政普遍服务供给规制实践，总结其经验和教训，以获取对竞争环境下中国电力普遍服务供给规制的启示。第 5 章提出了竞争环境下关于电力普遍服务供给的四个基本假设并予以证明，引入管理学中的"价值链分析模型"，建构了基于价值链的竞争环境下中国电力普遍服务供给规制框架与选择，解决“如何规制”和“规制绩效”问题。第6章是结语，主要对整书进行总结概况，并指出不足及进一步研究方向。

本书尝试从普遍服务“用户市场结构”模型出发，用于电力普遍服务，并不断限制条件，对可能存在的情形展开假设、证明以及提出相应的规制选择。引入管理学中经典的“价值链分析模型”，建构基于价值链的中国电力普遍服务供给规制框架，可以视为本书最大创新点。如果把电力普遍服务供给看成一个价值链的话，那么其“基本活动”就是供给资金的投入、供给主体的选择和实施以及供给价格和质量的产出，相应的规制包括：电力普遍服务基金的监管体制和制度；高成本地区（农村）由原在位电力供给商来统一供电，对其电力普遍服务供给规制可采用“影子企业”与标准竞争以进行成本补偿；在低成本地区（城市），竞争性电力供给商与原在位电力供给商都可以提供电力普遍服务，对其电力普遍服务供给规制可采用拍卖、可转让的电力普遍服务特许权制度等激励性规制方法；对供给质量规制，除可采用质量标准、绩效公布、激励机制等外，还需要考虑电力监管委员会和电力普遍供给商之间不合谋与合谋情况下的博弈。除了上述“基本活动”，影响电力普遍服务供给的其他因素都可以看作是“支持性活动”，这可能包括普遍服务规制法律化、利益集团（对规制者的规制、电力企业社会责任、公众参与）、可再生能源分布式发电甚至开发性移民等，对此展开分析并提出相应的建议。

此外，本书还有两个创新点：其一是关于“什么是电力普遍服务”的界定。本书在梳理和评价现有研究文献引用的关于中国电力普遍服务的定义后，基于电力产业放松规制的竞争环境，提出了从内涵和外延两个方面来比较完整地界定电力普遍服务。其二是关于电力普遍服务供给规制的价值取向问题。本书引入福利经济学的功利主义公平观、罗尔斯的权利主义公平观、市场主导公平观这三种现代社会主流的公平观点，提出电力普遍服务供给规制的公平价值取向路径是从功利主义公平到权利主义公平。

CONTENTS 目 录

第1章 绪论

1.1 问题的提出及研究意义

自从美国电话电报公司(American Telephone and Telegraph Company,AT&T)总裁 Theodore Newton Vail 在1907年首次提出“普遍服务”[①]的概念以来,尽管普遍服务的定义和具体内容都发生了很大变化,但对任何人都要提供无地域、无质量、无资费歧视且能够负担得起的产品服务始终是普遍服务的基本诠释。而这种对普遍服务的诠释已经成为世界多数国家电信、邮政、电力、供水、供热、煤气、铁路、民航等网络型公用事业[②]的重要义务和社会责任。随着私有化、民营化、全球化的进程,网络型公用事业在资费(价格)、许可证、市场准入等方面都逐渐放松规制的情况下,对普遍服务的规制却越来越受到重视,让全体国民享受最基本的普遍服务俨然已成为各国政府的一项极其重要的公共政策。

---

① “普遍服务”这一术语最早由美国AT&T总裁威尔先生在1907年年度报告中提出,其原话为“一种政策,一种体制,普遍服务”(One Policy, One System, Universal Service)。

② 在现有研究文献中,出于不同的论述视角和不同的研究目的,公用事业有不同的称谓或分类,如“城市公用事业”、“市政公用事业”、“网络型公用事业”等。所谓网络型公用事业,一般是以实体网络为基础进行经营的产业,在产品或服务的生产、传输、分销和用户消费等环节具有很强的纵向关系,借助于传输网络,生产厂商才能将其产品或服务传递给用户,用户也才能使用厂商生产的产品或服务,如电信、铁路、航空、供水、电力、煤气、热力供应等产业。

从字面上理解，普遍服务至少应遵循两个原则：普遍性原则和非歧视性原则（Chone、Flochel 和 Perrot，2000；Cremer、Gasmi 和 Laffont，2001；Hult krantz，2005）。普遍性原则意味着每个消费者都应该接入网络，网络应该覆盖整个市场，尽管对高成本地区消费者制定的价格很可能低于为其服务的成本；非歧视性原则意味着不管消费者处于什么位置、连接成本是多少，都应该给所有的消费者提供同样的价格，运营商不能对不同类型用户和不同地理位置实行价格歧视，普遍服务旨在保证服务在时间尤其是空间上的连续性，这实际上是普遍性的另一个方面，即在给定的领土上为每个地方提供同样质量要求的服务（Rapp，1996）。

从经济学角度，如果服务对象以收入（高收入和低收入两类人群）和成本（高成本和低成本两个地区）为划分标准，那么一共有四种情况[①]（见图 1－1）。

	高成本地区	低成本地区
高收入	Ⅰ	Ⅱ
低收入	Ⅲ	Ⅳ

图 1－1　用户市场结构

第Ⅰ情况：高成本地区的高收入者。由于生活和经营的高成本，即便是高收入者其净财富也将有可能趋于降低，为了寻求收入与成本之间的平衡，可以选择地域性迁移，这样的结果将导致该地区的景气趋于下降。

第Ⅱ情况：低成本地区的高收入者。一方面，高收入者的净财富将趋于增加，承受成本的能力较强；另一方面，由于报酬递增机制的导向作用，最终导致该地区的景气不断增加。

第Ⅲ情况：高成本地区的低收入者。由于收入约束处于较低

① 参阅：胡汉辉，刘怀德．产业开放背景下的普遍服务问题之我见[J]．东南大学学报（哲学社会科学版），2002，(3)；任若梦，罗国亮．浅析我国电力普遍服务[J]．电力技术经济，2005，(6)．

水平，其生活质量本就处于低水平状态，加之地区的高成本使景气降低并持续恶化，如果再考虑到迁移能力低，因此基本上难以从贫困中得到解脱。

第Ⅳ情况：低成本地区的低收入者。相对于生产和经营的静态低成本，其收入固然处于低水平，但往往具有动态增加性，故其净财富状况可能趋于缓慢改善，生活水平将有所提高，但是也存在一些极端的贫困者，如果没有援助，将始终游离于基本服务范围之外。

从经济意义上看，普遍服务的重点对象就是图 1－1 中Ⅲ和Ⅳ的贫困者。这就是普遍服务的受众对象问题。

对于厂商而言，假设在忽略变动成本情形下其固定成本为 C，那么在某一个既定价格 P 的基础上，则保本销售量可以表示为：

$$Q_0 = \frac{C}{P} \tag{1-1}$$

对于消费者而言，假设其最大可用于特定服务消费的个人财富为 R_1，则在某一价格 P 下的购买量为：

$$Q_1 = \frac{R_1}{P} \tag{1-2}$$

根据式(1－1)和(1－2)，在高成本地区，由于成本过高，可能存在保本销售量低于购买量的情况，基于理性经济人利润目标的追求，将迫使厂商退出服务的供应；同样，即使在低成本地区，由于低收入者需求量少，厂商也可能放弃为其服务。也就是说，对于低成本地区的低收入者和高成本地区的低收入者而言，仅仅凭他们本身的低收入水平事实上是难以享受到基本服务。但是，这些基本服务往往又是必需品。因此一个可行的办法是补贴：或者直接补贴消费者，从而使消费者增加购买量至 Q_0（此时补贴水平 $r \geqslant C - R_1$）；或者补贴厂商，使厂商可以降低基本服务价格（$P = R_1/Q_0$），也使消费者增加消费量至 Q_0，或者按原价 P 提供基本供应量 Q_1。补贴资金的来源渠道可以通过社会性补助（如无息或低息贷款、财政援助、特殊税收和倾斜政策），也可以通过内部补助（即交叉补贴），以及外部补助的方式（如普遍服务基金）。这就是普遍服务的补偿问题。

当然，上述问题都离不开政府部门的干预，这就是普遍服务的规制问题。

因此，概括而言，普遍服务实际上主要包括三个方面的问题：谁受益（受众对象）？谁供给（实施主体）？谁规制（为什么规制、规制为什么、如何规制等）？

就中国而言，尽管电力普遍服务早在2002年已经写入中国的政府文件和相关法规，但就“什么是电力普遍服务”这个最基本的问题而言，无论是中国政府还是电力监督委员会的官方文件至今都没有明确。此外，中国到底还有多少无电户，至今也没有一个官方统计数据。但是，中国13亿人口中有9亿农村人口，如果按照政府的贫困线[①]划分，目前大约有4000万贫困人口，如果按照世界银行每人每日1.25美元的贫困线标准[②]，中国的贫困人口将更多，这些数字都意味着中国电力普遍服务供给任务极其繁重。

更值得关注中国电力普遍服务的是，随着厂网分开等一系列电力市场化改革措施的实施，过去的独占垄断电力企业逐渐分拆成不同的发电企业和电网企业，电力普遍服务供给主体已经不必然是原在位电力供给商，而“吸脂”效应将直接导致交叉补贴补偿失灵，如果没有政府规制，最终的结果将是电力普遍服务供给困难。

表面上看来，普遍服务是一个简单的由企业来承担政府职能问题，因此在竞争环境下，只需把这些社会负担从商业化的企业中剥离，而交由政府来承担这些负担。但是，较高的公共资金成本和网络外部性等原因以及财政支付的政治经济因素，使得简单的财政支付手段既不一定有效，同时也很可能不可行。正是在这样复

---

① 1985年，中国首次确定人均年纯收入200元作为贫困线，2009年，将贫困线提高至人均年收入1196元。

② 世界银行网站，2008年《关于发展中国家的最新贫困人口测算数据》。世界银行使用“购买力平价”（PPP）的方法，将世界贫困线标准从1美元提高至1.25美元。具体见http://web.worldbank.org/WBSITE/EXTERNAL/EXTCHINESEHOME/EXTCOUNTRIESCHINESE/EXTEAPINCHINESE/EXTEAPCHINAINCHINESE/0,contentMDK:21883053~menuPK:3885768~pagePK:2865066~piPK:2865079~theSitePK:3885742,00.html.

杂的背景下，政府在明确普遍服务目标的同时，必须开始重新考虑普遍服务政策的实施问题。因此，如何设计最优的激励机制鼓励电力企业为所有用户提供普遍服务，这是当前电力产业实行市场结构重组与投资主体多元化改革后面临的重大问题，也是中国建设和谐社会的客观要求。

可是迄今为止，国内尚未出现有关中国电力普遍服务政府规制的专题性理论研究成果，涉及电力普遍服务的现有研究大多是将其作为一个特例在论证自然垄断和政府规制的相关研究中顺带提及，或是从中外对比视角针对个别问题进行定性分析，提出相应政策建议，没有从揭示内在发展机理的角度来解决电力普遍服务政府规制何去何从的问题，研究整体来看都不系统、不深入。有鉴于此，本书决定利用规范的公共规制经济学理论、信息经济学理论和博弈论对开放竞争条件下电力普遍服务的政府规制展开研究，希望从根本上回答电力普遍服务供给规制"为什么规制"、"规制为什么"、"如何规制"、"规制绩效"等问题，以从学术研究角度为竞争环境下电力普遍服务供给规制提供理论支撑和政策指导，这无疑具有重要的理论价值和实践意义。

1.2 文献综述

1.2.1 关于政府规制与电力产业规制理论的文献回顾

1.2.1.1 规制及其理论发展

一般认为，规制经济学从20世纪70年代由斯蒂格勒（George J. Stigler）开创并逐渐发展起来。纵观规制理论发展历程[①]，基本上就是沿着"什么是规制"、"为什么规制"、"如何规制"以及"规制绩

① 一般认为，规制理论的演进经历了规制公共利益理论（The Public Interest Theory of Regulation）、规制俘虏理论（The Capture Theory of Regulation）、规制经济理论（The Economic Theory of Regulation）三个阶段。

效”的争论展开。

(1)什么是规制

“规制”一词来源于英文“Regulation”[①],本为规范制约之意。由于现实中政府的规制行为涉及政府干预市场的法律基础、政治影响、机构设置、经济激励等多个方面,因此需要从经济学、法学、政治科学等不同角度进行研究和加以理解,这也体现了规制分析的多学科和交叉学科的高度综合特性(Baldwin 和 Cave,1999)。

在西方经济学文献中,卡恩(Kahn)认为“规制可以被看作一种基本的制度安排,是直接针对一个国家主要的产业结构及其经济绩效的准入、价格、服务、质量以及在合理条件下服务所有消费者时应尽义务的政府规定”[②]。斯蒂格勒(George J. Stigler,1971)对规制的定义是这样理解的,“作为一种与市场不同的治理方式,规制是产业所需要的并为其利益所设计和主要操作的行为”[③]。日本学者植草益(1992)认为:“通常意义上的规制,是指依据一定的规则对构成特定社会的个人和构成特定经济的经济主体的活动进行限制的行为。”[④]关于规制的定义还有很多,总之从诸多对政府规制的定义可以看出,即使在西方规制经济学的内部,至今也还没有形成

---

① 英文 Regulation 在学术界通常被译成“管制” 或者“规制”。从我国学者的著作和文章看来,目前我国学界对使用规制还是管制一词 ,尚无达成一致共识。例如,有的学者译为管制,在《新帕尔格雷夫经济学大词典》中,Regulation 就被译为“管制”,中国台湾地区学者翻译的卡恩的《管制经济学》、余晖翻译的丹尼尔 · F. 史普博的《管制与市场》、冯金华翻译的小贾尔斯 · 伯吉斯的《管制和反垄断经济学》也是如此;但也有一些学者更多地使用“规制”,如朱绍文翻译的植草益的《微观规制经济学》;而在实际部门,习惯使用“监管”,如金融监管、电力监管、公用事业监管等。本书认为不同的译法并无本质性区别,这一方面与该理论是引进理论有关, 另一方面又与我国传统的计划经济形成的对政府职能的特殊理解有关,本书选择“规制”一词。

② A. E. Kahn, The Economics of Regulation: Principles and Institutions [M]. New York: Wiley,1971.

③ [美] G. J. 斯蒂格勒. 产业组织与政府管制[M]. 潘振民,译. 上海: 上海人民出版社和上海三联书店,1996:210 - 240.

④ [日]植益草. 微观规制经济学[M]. 朱绍文,译. 北京: 中国发展出版社,1992 - 01.

对于政府规制的统一认识,这事实上对政府规制的研究和实践都造成了一定影响。

在法学文献中,一个有广泛影响的规制定义源于 Anthony I. Ogus 在《规制、经济学与法律》中的论述,即“相比较于经济学家小心谨慎地定义‘规制’,并把规制用于几乎可以覆盖到任何行业与企业的外部性政府控制;法学家们则普遍认为规制应该具有更加准确的范畴与内涵,概况而论,规制被认同为公法工具,它可以通过政府部门直接进行强制,或者通过属于公共部门的半自治代理机构来进行间接强制”(Ogus,2001)。

在政治科学文献中,从广义角度而言,政府规制几乎就等同于公共行政(Rosenbloom 和 Kravchuk, 2004)。著名行政学家梅尔就曾提出,“规制是政府控制市民、公司或准政府组织行为的任何形式上的可能企图,是与政治家寻求政治目的一个政治过程”①。从狭义角度对政府规制的理解,除了强调公共利益外,一般还强调所谓利益集团之间的讨价还价,并且同时也考虑到了利益集团之间的冲突可能对公共利益的界定。

在综合经济学、法学、政治学定义的规制的基础上,丹尼尔·F. 史普博在其经典教科书《管制与市场》中认为:“规制是由行政机构制定并执行的直接干预市场配置机制和间接改变企业与消费者的供需决策的一般性规则或特殊性行为;规制的过程是由被规制的消费者和企业、消费者偏好和企业技术,可利用的战略以及规则组合来界定的一种博弈”(Spulber,1999)②。

总之,西方经济学研究规制的方式、工具、成本、收益;法学研究规制机构的法律地位、行政程序和司法干预;政治学研究规制的规则形成过程以及执行过程中的博弈程序和利益格局。传统经济学意义上的规制定义侧重于纠正市场失灵;规制的法学定义则明

① 转引自[美]丹尼尔·F. 史普博. 管制与市场[M]. 余晖,等,译. 上海:上海三联书店出版社,1999:37-39.

② [美]丹尼尔·F. 史普博. 管制与市场[M]. 余晖,等,译. 上海:上海三联书店出版社,1999:2-47.

确了行政程序的重要性及官僚机构制定法规的法律框架;规制的政治学定义则强调公共选择和规制的行政政策方面。

在对规制含义的界定上,我国一些学者在引进西方学者基本观点的基础上提出了一些自己的独到见解。余晖提出"规制是指政府的许多行政机构,以治理市场失灵为己任,以法律为根据,以大量颁布法律、规章、命令及裁决为手段,对微观经济主体的不完全是公正的市场交易行为进行直接的控制和干预"①。王俊豪认为"政府规制是具有法律地位的,相对独立的政府规制者(机构),依照一定的法规对被规制者(主要是企业)所采取的一系列行政管理与监督行为"②。于立、肖兴志认为"规制是指政府对私人经济活动所进行的某种直接的、行政性的规定和限制"③。曾国安认为"规制是基于公共利益或其他目的依据既有的规则对被规制者的活动进行的限制"④。还有研究者认为"规制是市场经济条件下国家干预经济政策的重要组成部分,是政府为实现某种公共政策目标,对微观经济主体进行的规范与制约,主要通过规制部门对特定产业和微观经济活动主体的进入、退出、价格、投资及环境、安全、生命、健康等行为进行的监督与管理来实现"⑤。

从以上的西方及我国学者对规制含义的界定来看,其实不外乎这样几个角度,即规制主体、规制客体、规制目的、规制依据以及规制手段等。事实上,在人类社会生产力发展的不同阶段,在不同的社会制度、不同的经济体制下,都必然存在着规制,而且,不同阶段的政府规制既有内生性、多角性、层次性、强制性、权威性的共同点,也有规制范围、规制规模、规制手段、规制赖以存在的制度基础

---

① 余晖. 政府与企业:从宏观管理到微观管制[M]. 福州:福建人民出版社,1997. 导言.

② 王俊豪. 政府管制经济学导论[M]. 北京:商务印书馆,2001:14-30.

③ 于立,肖兴志. 规制理论发展综述[A]. 见于立、肖兴志主编. 产业经济学的学科定位于理论应用[C]. 长春:东北财经大学出版社,2002:119.

④ 曾国安. 管制、政府管制和经济管制[J]. 经济评论,2004(1).

⑤ 谢地. 政府规制经济学[M]. 北京:高等教育出版社,2003:5.

的差异性。依据规制性质的不同，规制可分为经济性规制与社会性规制。经济性规制主要关注政府在约束企业定价、进入与退出等方面的作用，重点针对具有自然垄断、信息不对称等特征的行业。经济性规制主要通过以下几种方式实施：一是对企业进入及退出某一产业或对产业内竞争者的数量进行规制，这一规制可以通过发放许可证，实行审批制，或是制定较高的进入标准来实现；二是对所规制企业的产品或服务定价进行规制，也称为费率规制，包括费率水平规制或费率结构规制；三是对企业产量进行规制，产量高低直接影响着产品价格，进而关系到生产者与消费者的利益，通过规制可限制或鼓励企业生产；四是对产品质量进行规制，相对于前几种方式，对产品质量进行规制的成本较高，主要包括监督成本、检查成本，由于规制者难以亲自监督产品生产，企业和规制者之间存在着信息不对称，规制者对产品质量很难把握，因此实践中这类规制方式较少采用。而社会性规制是以确保居民生命健康安全、防止公害和保护环境为目的所进行的规制，主要针对与对付经济活动中发生的外部性有关的政策（植草益，1992）。这一规制可以通过设立相应标准、发放许可证、收取各种费用等方式进行。另外，虽然进行规制的责任主体是国家，但是按国家内部各部门行使职能的不同，又可细分为权力机构、司法机构与执行机构。其中权力机构主要负责立法，确定是否要对某一产业进行规制，并有权指定实施机构及其职责；司法机构主要负责解决规制实施中产生的纠纷；实施机构包括政府下属部门或各种独立的规制委员会，这些委员会通常由各方面的专家组成。这几个部门分工不同，权力相互制约平衡，有利于提高规制效率，但由于不同部门可能代表不同利益集团的利益，也会出现彼此相互掣肘的情况，给微观经济主体提供了寻租与游说的更广阔空间。规制实施过程则主要包括以下阶段：第一阶段是立法机构通过法律决定是否对某一产业实施规制，由于这一阶段会涉及许多经济主体的利益，如生产者利润、消费者福利及工人报酬，这些主体在这一阶段就会非常活跃，以各种方式来影响立法过程，包括是否通过这一立法及立法倾向性。第二阶段是法律的实施阶段,由立法机构指定的执行机构来完成,这一阶段与第一阶段类似,仍会出现各种寻租与游说活动。任何一项规制活动都不会长久地进行下去,总有一个由无到有、由强到弱的过程,通常将规制由强到弱的过程称为规制的第三阶段,即放松规制阶段,从原则上说,这一过程需要由立法机构通过法律进行宣告,但在实践中,规制的执行机构则掌握着实际控制权。①

综上所述,笔者以为,完整的规制定义可能需要考虑多重因素,比如:规制的目的、规制的主体与客体、规制的程序、规制发生的时机等问题。但是,一方面对这些因素存在理解差异,另一方面要充分考虑到这些因素并给出一个完整、全面、信服的界定绝非易事,因此可以预见的是,对规制内涵的争论还将持续下去。

(2)为什么规制

在规制理论发展的传统阶段,关注的重心问题是政府为什么要进行规制,规制代表谁的利益,哪些产业易受到规制,等等。为此学者们也习惯将此阶段概括为规制目标理论阶段,就整体而论其经历了规制公共利益理论与规制俘虏理论两大阶段②。

规制公共利益理论指的是当市场失灵出现时,涉及自然垄断、外部性、信息不对称等,从理论上讲,政府对市场规制具有经济学上的合理性,规制有可能带来社会福利的提高。规制公共利益理论是规制理论的最初理由,是对政府规制目的的最初认识,也是传统规制政策设计的理论基础,在规制理论领域居于正统地位。它是一种作实证理论的规范分析(理查德·波斯纳,1974)。该理论把政府对市场的规制看成政府对公共利益和公共需要的反应,它包含着这样一个理论假设,即市场是脆弱的,如果放任自流,就会导致不公正或低效率。所以政府规制是源于公共利益出发而制定

① 张嫚,马丽波. 规制经济学的产生与发展[A]. 见于立主编. 产业经济学理论与实践问题研[M]. 北京:经济管理出版社,2000:39-40.

② 需要说明的是,尽管也有学者认为规制目标理论大体经历了规制公共利益理论、规制俘虏理论、规制经济理论三大阶段,但是这里本书同意波斯纳(Posner, 1974)观点即"规制经济理论可算是规制俘虏理论的一种"。

的规则,目的是防止和控制受规制的企业对价格进行垄断或者对消费者滥用权力,并假定在这一过程中,政府可以代表公众对市场作出无成本的、有效的计算,使市场规制过程符合帕累托最优原则。但是,规制公共利益理论还存在诸多缺陷①。维斯库兹、维纳和哈瑞(Viscusi、Vernon 和 Harring,1995)就曾严厉指出"规制公共利益理论规范分析的前提是对潜在社会净福利的追求,然而却没有说明对社会净福利的追求是怎样进行的……首先在现实生活中存在大量能够驳斥它的事实依据。许多既非自然垄断也非外部性的产业一直存在价格与进入规制,规制并不必然与外部经济或外部不经济的出现或与垄断市场结构相关。进一步说,更多的情况是厂商支持和促使院外活动来要求规制,19 世纪 80 年代后期的铁路规制就是典型一例。另一个与规制公共利益理论相冲突的事实在于即使对于自然垄断进行规制,实际上并不总能有效约束企业的定价行为。"斯蒂格勒和弗瑞兰德(Stigler 和 Friedland,1962)所进行的一项著名的研究——对 1912—1937 年期间美国电力事业价格规制的效果研究表明:规制仅有微小的导致价格下降的效应,并不像规制公共利益理论所宣称的那样规制对价格具有较大的下降作用。阿顿(Utton, 1986)对规制公共利益理论还评价道"公共利益理论仅以市场失灵和福利经济学为基础,这太狭窄了……除了纠正市场失灵之外,政府还有许多别的微观经济目标。"克鲁、克林多佛尔(Crew 和 Kleindorfer, 1986)更进一步认为"公共利益理论中'公共利益'术语本身就是模糊的。"

规制俘获理论认为利益集团在公共政策形成中发挥重要作用,规制的供给是响应产业对规制的需求(立法者被产业俘获),或者随着时间的推移规制机构逐渐被产业控制(规制者被产业俘获)②。规制俘获理论是由芝加哥学派的经济学家们发起的(Sti-

① 肖兴志. 规制经济理论的产生与发展[J]. 经济评论,2002(3):67 - 69.

② [美]W. 基普 · 维斯卡塞(W. Kip Viscusi),约翰 · M. 弗农(John M. Vetnon),约瑟夫 · E. 哈林顿(Joseph E. Harrington). 政府管制经济学与反托拉斯[M]. 北京:机械工业出版社,2003.

gler,1971;Peltzman,1976;Posner,1979;Becker,1985),他们认为:政府的基础性资源是强制权,它能使社会福利在不同人之间进行转移;规制的参与双方都是理性的,通过选择行为来实现自身利益最大化;规制的供给与利益集团收入最大化的要求相适应,通过规制,利益集团可增加其收入。斯蒂格勒的经典论文《经济规制论》(Stigler, 1971)指出,“经济规制理论的中心任务是解释谁是规制的受益者或受害者,政府规制采取什么形式和政府规制对资源分配的影响”,并首次运用经济学的方法分析规制的产生,将规制看成经济系统的一个内生变量,由规制的需求和供给联合决定,他通过实证研究得出的结论是“受规制产业并不比无规制产业具有更高的效率、较低的价格……政府规制是为适应利益集团实现收入最大化所需要的产物”①。佩尔兹曼(1976)进一步完善了斯蒂格勒的理论,他证明了“最优规制价格处于利润为零时的竞争性价格与产业利润最大化的垄断价格之间;立法者、规制者不会将价格定为使产业利润最大化得以实现的价格;最有可能被规制的产业是那些或具有相对竞争性或具有相对垄断性的产业;在竞争性产业中生产者将从规制中大量获益;而在垄断产业规制中消费者将从规制中获益”②。除此之外,赫蒂克和万纳(Hettich 和 Winer, 1988)在斯蒂格勒—佩尔兹曼—贝克尔研究的基础上,还发展了规制的税收理论,以解释谋求选票最大化的立法者可能决定的各种税收结构。总之,规制俘虏理论完全超越了公共利益规制理论的公共利益范式,将经济人假设引入到对政治家的分析中,基于现实中的政府也符合“经济人”假设,而非绝对的“高尚品格”,存在寻求自利的动机,有可能利用规制权利来进行“寻租”,所制定的规制实际上是受到了利益集团的游说,从而并不代表整个社会福利最大化,将规制置于供求分析的框架下,更贴近现实,也具有很强的解

---

① Stigler, G. J. 1971: The Theory of Economic Regulation [J]. Bell Journal of Economics, 1971, Vol. 12: 2-3.

② Peltzman. S. Towards a More General Theory of Regulation [J]. Journal of Law and Economics, Vol. 19: 211-240.

释力。规制俘虏理论与规制历史极为符合,至少到20世纪60年代,规制有利于生产者得到经验证据的支持,这些经验观察导致规制俘虏理论的产生和发展,因而比规制公共利益理论更具说服力。尽管如此,规制俘虏理论同样面临与规制公共利益理论相同的批评,如没有坚实的理论基础,原因在于规制俘虏理论并没有解释规制如何逐渐被产业所控制和俘虏的。受规制影响的利益集团有很多,包括消费者、劳动者集团以及厂商,为何规制受产业厂商控制而不是受其他利益集团的影响?规制俘虏理论的最初形式并没有对此提供某种解释,它只是假设了规制是偏向生产者的。对规制经济理论而言最主要的经验挑战是对诸如铁路、货车业、城市间通信业、原油等产业规制以及放松规制的原因的解释。反对规制俘虏理论的最有力的证据还在于现实生活中存在许多不被产业支持的规制,产业利润水平因为规制反而下降了,包括石油天然气价格规制,对于环境、产品安全、工人安全的社会规制。

(3)如何规制

20世纪70年代末以来,规制经济学研究重心由探讨“为什么规制”转移到“如何规制”,从而对规制实践更具指导意义。在具体的规制实践中,传统的规制实践的主要代表之一是收益率规制(Rate of Return Regulation,ROR)。收益率规制是指通过限制企业资本投资收益率的办法来使企业的资本获得公正的收益,因此也被称为公正报酬率规制。在收益率规制下,允许企业的资本投资赚得公正的收益,不允许企业获得超过公正收益率水平以外的利润,只要企业的利润率不超过公正收益率,企业就可以自由地选择价格、产量和投入。收益率规制的优点是可以保证企业收回成本和正常经营,但缺点也很明显:第一,可能增加企业的X非效率,在收益率规制下,被规制的企业可以将成本的上升转嫁给收费,从而缺乏节约成本、提高效率的激励;第二,A-J效应(过度投资效应),在一定的资本回报率下,企业会尽可能通过增加投资影响资本基数,从而获得更高的收益;第三,出现规制俘虏,规制机构的自由裁决权过大导致利益集团的“寻租行为”和规制机构与被规制企业之间的勾结，并以社会福利的损失为代价等等。这些弊端自20世纪60年代以来一直遭到很多经济学家的批评，称之为“规制失败”或“政府失灵”。这些批评也促使人们对传统规制理论进行反思，并开始探寻更有效的规制方式，这其中主要的研究内容和实践方式通常包括经济性规制、社会性规制以及激励性规制。根据日本著名规制学者植草益（1992）的观点：①经济性规制主要是政府针对存在自然垄断或者信息不对称的行业，企业的进入与退出、价格水平、服务质量以及投资等方面的活动所进行的规制；②社会性规制主要包括安全性规制、健康规制、环境规制、设立相应标准、发放许可证、收取各种费用等；③激励性规制则是基于原有规制结构，给予被规制企业以提高生产效率和经营效率的正面诱因①。

从20世纪80年代中期开始，Baron、Myerson（1982）率先大胆地将微观经济学理论中涌现的新理论与新方法引入规制模型的设计中，此后委托—代理理论、机制设计理论（Mechanismdesign Theory）、信息经济学理论（Information Economics）等都陆续地被引入到现代规制经济学中。拉丰、泰勒尔以信息不对称及其框架下的委托—代理理论作为分析前提，正式将新规制经济理论融入主流规制经济学中，改变了传统规制理论只注重需求方，而将供给方作为“黑箱”处理的缺陷。他们认为，对规制的正确分析必须考虑信息的不对称，倘若不存在信息不对称，受规制企业不可能抽取租金，因而也没有影响规制的激励。在拉丰、泰勒尔看来规制经济学研究的重点不应批判是否存在规制俘获的威胁，而是如何针对规制俘获设计一套相应的规制机制，以减少或避免规制机构被规制俘获的可能。Laffont、Tirole（1993，1994）进一步将博弈论应用于激励性规制理论分析后，激励性规制理论迅速成为规制经济学的最前沿。从现有文献来看，激励性规制方式较多，比

① ［日］植益草．微观规制经济学［M］．朱绍文，译．北京：中国发展出版社，1992－01.

较重要的类型有[①]:价格上限规制(Price Caps Regulation)、特许投标规制(Franchise Bidding Regulation)、延期偿付率规制、利润分享规制(Profit Sharing Regulation)、联合回报率规制(Banded Rate - of - Return Regulation)、区域间竞争规制(Yardstick Competition Regulation)以及菜单规制(Menus Regulation)等(Ingo Vogelsang, 2002)。

其中,特许投标规制和区域间竞争规制是通过刺激企业来提高企业内部效率的激励性规制。1968 年,德姆塞茨(Demsetz)在凯德维克(Chadwick,1859)和威尔考克斯(Wilcox,1910)研究的基础上提出特许投标规制。该理论强调要在政府规制中引入竞争机制,通过拍卖的形式,让多家企业竞争在某产业或业务领域中的独家经营权,从而在投标阶段对服务质量及最佳服务价格形成比较充分的竞争,最后报价最低的企业将取得特许经营权。由此可见,特许权竞争是用"市场的竞争"代替"市场内的竞争",其重要意义在于:提高了垄断性市场的可竞争性;减少毁灭性竞争的范围和不良后果;为规制机构提供了进行价格规制所需要的成本信息。值得注意的是,在实践中,投标者串谋、信息不对称及由此带来的竞争不充分、资产转让、特许合同的款项与管理等具体问题的存在,可能导致投标竞争的结果不尽如人意。区域间竞争规制也称区域间比较竞争理论,由雪理佛(Shleifer)于 1985 年提出。其基本思路是以独立于本区域的其他区域中与本区曾受规制垄断企业生产技术相同、面临需求相似的垄断企业的生产成本为参照,制定本区域垄断厂商的价格和服务水准,以刺激本区域垄断企业提高内部效率、降低成本、改善服务。标尺竞争的意义还在于为规制机构提供了被规制企业真实成本信息的参考。当然,Shleifer 模型虽然提供了信息不对称条件下一个具有一般意义的解决方法,但该模型的一个严重缺陷是假定所有企业在相同的环境下经营。事实上,不

① 余东华. 激励性规制的理论与实践述评——西方规制经济学的最新进展[J]. 外国经济与管理,2003,(7).

同地区垄断企业的经营环境是有差异的,这种差异可能导致企业间的成本差异。如果规制者能充分把握这种差异,那么区域间竞争将会更加有效。①

另外,延期偿付率规制和利润分享规制是在生产者和消费者之间追求公平分配的激励性规制。延期偿付率规制就是允许消费者先消费商品或服务,在一定时期内再付费的规制方式。利润分享规制是让消费者直接分享公用事业超额利润或分担亏损,它可以采取购买后退款或为将来购买提供价格折扣等形式。这两种规制方式都有利于扩大消费量,只要受规制企业努力提高效率,就能充分发挥规模经济效益,降低内部成本。价格上限规制和联合回报率规制是在公用事业部门实行的价格规制方式,在英美国家应用较多。联合回报率规制是以投资回报率规制为基础的一种规制方式,它规定了一定的投资回报率范围,受规制企业可以在这一范围内根据企业目标确定回报率大小。在投资回报率规制中,通常是受规制企业首先向规制者提出提价(或提高投资回报率)申请,规制者经过一段时间的考察后,根据因素的变化情况,对企业提出的价格(或投资回报率)水平作出必要的调整,最后确定企业的投资回报率,作为企业在某一特定时期内的定价依据。1983 年,李特查尔德(Little Child)提出 RPIX 价格上限规制。价格上限规制最早于 1984 年由英国应用于电信业,然后逐渐推广到其他国家,目前已成为西方最有影响的规制方案。价格上限规制的确定原则,就是行业价格上涨不能高于通货膨胀率(用 RPI,即零售价格指数表示);同时,考虑到由技术进步率所带来的劳动生产率(用 x 表示)的提高,还要使行业的价格下降。RPIX 价格上限是最典型的剩余索取合同,剩余索取合同的意义在于,当规制机构与被规制企业之间存在着信息不对称时,通过赋予垄断企业更多利润支配权的方式使其在一定程度上得到信息租金,以换得提高生产效率的激励;同时赋予被规制企业在不超过价格上限的情况下自由调整个别价格的灵活定价权,以提高社会配置效率。当

① A. Shleifer. A Thcory of Yardstick Competition[J]. Rand Joumal of Economics, 1985(16):319 - 327.

然,顾名思义,菜单规制是一种综合性规制方式,它将多种规制形式组合成一个菜单,以供被规制企业选择。除此之外,社会契约规制是规制当局与被规制企业之间在修订收费时就设备运转率、热效率、燃料费、外购电力价格、建设费等签订合同,企业若能实现较合同规定更好的业绩就给予报酬,否则予以处罚。①

(4)规制绩效

20 世纪 70 年代开始,以美国为首的西方国家发起了一场以放松规制为主要内容的规制改革运动。规制与放松规制运动为西方经济学家检验规制和放松规制的效果提供了一个天然的实验室,对规制绩效的研究逐渐成为西方规制经济学研究相对活跃的一个领域,特别是在放松规制之后,更是如此。

一方面,理论上大量的西方经济学家进行了规制绩效的实证检验工作。如莫里森和温斯顿(Morrison 和 Winston,1986)的《航空业放松规制的经济效果》,佩尔兹曼(Peltzman,1989)的《放松规制十年后的规制经济理论》,温斯顿(Winston,1993)的《放松经济规制》,布鲁蒂格姆和潘泽(Braeutigam 和 Panzar,1993)的《从回报率到价格上限规制的效果变化》,维特(Vietor,1994)的《不自然竞争:1920s—1980s 经济规制和放松规制》,克里德尔、萨平顿和威兹曼(Kridel、Sappington 和 Weisman,1996)的《电信产业激励性规制的效果:一个调查》,赫什(Hirsh,1999)的《电力缺失——美国电力公用事业体系的放松规制与重建》,麦克沃伊(Macavoy,2001)的《天然气市场——60 年的规制与放松规制》,罗西(Rossi,2002)的《电力放松规制的灾难》,尼科利特和斯卡佩塔(Nicoletti 和 Scarpetta,2003)的《规制、生产率与发展:经合组织的证明》,特里宾(Trebing,2004)的《放松规制的评价:承诺与现实之间的冲突》,等等。②

另一方面,实践上规制影响评价(Regulatory Impact Assess-

① 本段主要内容引自[日]植益草. 微观规制经济学[M]. 朱绍文,译. 北京:中国发展出版社,1992-01.

② 张红凤. 西方规制经济学的变迁[M]. 北京:经济科学出版社,2005(10):14-15.

ment,RIA）始于1975年的美国福特政府,其后不断演变发展,对英国、日本、墨西哥、韩国等国家产生了重大影响,这些国家也先后实施了这项制度。所谓规制影响评价,是对现有规制方案的影响(包括正面和负面的)以及拟议中的新规制措施的可能影响的一种系统评价方法,其目的主要是解释规制提案的目标、面临的风险以及实现目标的选项。① 规制影响评价首先并主要侧重于规制方案绩效的评价,既强调"效果"即规制目标的实现,又强调"效率"即以最小成本实现目标。其基本思想是,没有一个"验前"标准能够判断规制方案的良莠,必须具体分析每项规制方案可能产生的收益和成本来判断其绩效。规制方案通常很难实现帕累托改进,往往涉及不同利益集团间的权衡取舍。通过比较规制政策实施前后的两种均衡状态下各个经济主体获得的利益和承担的成本,并赋予不同经济主体不同的权重,就能对规制方案对社会整体利益的影响作出评价。这种方法其实是经济学中的"比较静态分析"、"福利分析"、"博弈论"等分析方法在规制政策制定过程中的综合运用。经济合作与发展组织(OECD)1995年发布《OECD理事会关于改善政府规制质量的建议》强调了规制影响评价制度,以确保最有效率和最有效果的政策选项能够被选择。② 1997年的《OECD规制改革报告》推荐政府将规制影响评价结合在发展评论和规制改革当中。③欧盟委员会(EC)2001年的报告《规制影响评价:改进欧盟规制行为质量》指出,RIA是包括一系列为建议或对现有规制提供系统评价消极和积极影响的方法,它是一种为决策提供更好的成本和收益信息的工具,它能使规制过程更加开放、透明和负责任,能避免不必要的成本,从而改进规制的质量。RIA的六个支柱分别是公正、参与、分析、总净福利最大化、连贯性和可说明性。政策制定者

---

① Colin Jacobs. Improving the Quality of RIA in UK, Centre on Regulation and Competition Working PaperSeries, No. 102, March 2005.

② OECD. Recommendation of the Council of the OECD on Improving the Quality of Government Regulation, 1995.

③ OECD. TheOECD Reporton RegulatoryReform, Vol I - II, 1997.

应用 RIA 的好处可能包括九个方面,即确定规制的边界,理解规制的真实成本和收益,最大化规制的收益,避免规制失灵,改进规制的设计,改进参与过程,提高规制者的责任性,转变管理理念,减少民主的缺乏。报告还指出,设计和实施 RIA 的障碍在于技术性困难、法律的保障、参与和沟通、时间的要求、技能和资源、理念的冲突。同时,报告提出了要成功应用 RIA 方法,应在规制政策和过程、全面的 RIA 计划、作用、责任、资源、分析方法、执行等方面注意的一些关键问题。

1.2.1.2 电力产业规制理论

电力产业是自然垄断产业最具代表特征的产业,其自然垄断性强、专业技术复杂、实时动态性和信息不对称性高。美国早在 20 世纪 20 年代就对电力产业实施规制实践,但关于对电力产业规制的研究,从规制经济学的研究重点看,可分为两个阶段:20 世纪 50 年代前,主要针对市场失灵问题,侧重于如何采取适当的规制措施强化政府规制功能的研究,对电力产业规制的研究一般属于公共事业和公共经济政策研究的范围。Bain(1959)在《产业组织》一书中曾经专门用两章的篇幅讨论反垄断政策和直接规制政策,从而形成了经济学者从产业组织政策的角度讨论规制政策的学术研究先河。但从 20 世纪 60 年代开始,各国经济学者在研究电力产业时,发现一方面由于技术的发展改变了原有导致政府进行规制的市场失灵问题,另一方面由于规制失灵的日益明显和规制成本的不断上升,在国家的规制下,国家投资巨大但企业的生产效率低,电价制定不合理。因此,与政府规制相抗衡的放松规制呼声日渐高涨,如何对电力产业放松规制的同时再规制就成为国内外电力产业规制问题研究的焦点和重点。

(1)放松规制

Stigler(1962)发表《规制者能规制什么——电力部门实例》,开创了政府规制经济学,并指出对电力产业的规制政策并不一定能起到规制者所预想的效果。Kahn(1970)指出,说有规制和没有规制的产业绩效没有区别是难以置信的,他更进一步研究表明了规制是非常重要的。从时间上看，国外直接针对电力产业放松规制的研究在20世纪80年代末以来才逐渐增多。这些研究主要有W. Sharkey等(1982)①从以网络供应系统为基础的配送阶段的规模经济效益和生产阶段的规模经济效益、范围经济效益三方面说明了电力产业的自然垄断性。W. B. Tye(1987)②对电力产业中发电、输电和配电的功能和组织形式进行了分析，认为在现有技术条件下上述功能并不是不可分的，提出了放松规制、允许发电进行竞争的思路。M. Armstrong等(1994)③在《规制改革：经济分析和英国的经验》结合英国的电信、电力和自来水等公共事业的规制改革经验，对垄断规制、竞争和自由化进行了经济分析。M. Jacard(1995)分析了政府干预电力产业的三种理由，即自然垄断、公共物品和环境，他认为政府干预电力产业的方式、范围和程度主要取决于每个社会如何衡量这三种理由以及各个国家和地区所面对的特殊情况，不可能存在一种带有普遍意义的最优模式。K. Rose(1995)④结合美国电力市场实际对基于生产与服务成本的传统、基于社会成本和外部性的计划方式和基于市场机制的市场方式这三种规制方式进行了研究和分析，指出了各种方式的特点，论证了电力市场放松规制，逐步走向自由化的趋势，为放松电力市场规制提供了某些依据。P. Richard(1995)⑤等人认为发电领域的自然垄断已不复存在，对它的规制应逐步取消；输电领域存在着部分竞争、

① Sharkey, W. W. The Theory of Natural Monopoly, Cambridge[M]. Cambridge University Press, 1982.

② W. B. Tye. Competitive Access: A Competitive Industry Approach to the Essential Facility Doctrine[J]. Energy Law Journa1, 1987, 8(3): 337-379.

③ Armstrong M, C Doyle, and J Vickers. Regulatory Reform: Economic Analysis and British Experience[M]. Cambridge: The MIT Press, 1994.

④ K. Rose. Planning versus Competition and Incentives: Conflicts, Complements, or Evolution? Regulation Regional Power System[M]. London: Quorum Books. 1995: 79-97.

⑤ P. Richard, O. Neill and C. S. Whitmore. Network Oligopoly—Regulation: An Approach to Electric Federalism. Regultion Regional Power System[M]. London: Quorum Books. 1995: 99-123.

部分协作的网络寡头垄断，对它的规制不能仅限于防止电网公司利用市场力量去获取超额利润，而是既要利用存在于网络中的竞争力量，又要确保必要的公司间合作以达到效率的实现。配电领域虽然仍然存在自然垄断，但对它的规制也要采取激励性规制。E. Hazam，P. Kemezis，M. Eby（1996）等人对电力产业规制理念和认识的转变以及放松规制全球化的趋势进行了分析。植草益[①]认为“这种伴随技术革新进展的放松规制，不仅在电气、通信产业，而且在其他自然垄断领域，今后都很有可能实施……在发电领域中，分散型发电业已普及，大型发电也不能发挥出以往那种规模的经济性。英国电气事业中的国有民营化与放松规制的成果将成为试金石。”他还预言“对整个能源产业放松规制的问题将成为今后的重要课题”。此外，还有一些关于各国电力市场规制和放松规制实践的研究。如 Richard J. Gilbert 和 Edward P. Kahn （1996）[②]主编的《电力规制的国际比较》一书对英、美、法、日本、德国、南美等国家的电力规制进行了比较，从制度的角度分析了各国为何发生电力规制，并论证了私有化和规制的关系。Gunn、Calum、Sharp 和 Basi1（1999）[③]证明了新西兰的规制体制对作为不可维持自然垄断的输电的影响。上述研究成果为电力产业放松规制提供了依据，使人们确信放松规制是电力市场的发展方向。但放松规制并不是取消规制，关键是要合理地确定新的规制方式。

（2）再规制

2003 年 8 月 14 日美国加州大停电风波到 9 月后，短短的一个多月，全球范围发生五六次大停电，电力放松规制后的再规制问题

---

① ［日］植益草．微观规制经济学［M］．朱绍文，译．北京：中国发展出版社，1992 – 10.

② Richard J. Gilbert，Edward P. Kahn. International Comparisons of Electricity Regulation［M］. Cambridge University Press，1996.

③ Calum&Sharp，Basi. Electricity distribution as an unsustainable natural monopoly：a potential outcome of New Zealand's regulatory regime，［J］. Energy Economics，Elsevier，1999. Vol. 21（4）：385 – 401.

引起了全世界诸多学者的关注。美国经济学家保罗、克鲁格曼在《纽约时报》认定“8·14”大停电的主要原因是全美电网投资不足，电网被忽视的根源则是“基于信念的放松规制”。2002年诺贝尔经济学奖得主、试验经济学的创造人弗农·史密斯经过一番研究后认为，大停电问题出在市场化改革方案考虑不周上，从某种程度上说，要放松规制，创造出市场，不是政府一撤了之，相反，需要谨慎和明智的设计，关键在于设计出一种恰当而灵敏的价格形成机制。所以，由于电力产业的特别结构，可以被分为自然垄断部分和可竞争部分，这两个属性差异很大的部分又必须保持紧密的协调，这就使得放松规制与再规制将永远是电力产业规制体系演进的主旋律。

从总体上看，目前关于电力再规制的研究主要集中在以下几方面：一是规制体制。规制体制实际上就是电力市场结构模式的设计问题。Tenenbaum B. 和 R. Lock 及 J. Barker (1992)[①]发表的“电力私有化——结构、竞争和规制的选择”一文是早期研究电力市场模式问题最重要的文献之一。他们提出了电力市场的四种模式，即传统的发、输、配电垂直一体化模式、发电独立的模式、提供输电服务的模式和发、输、配电完全分离并在零售引入竞争的模式，并详细分析了每种模式所产生的竞争和规制行为，认为“电力市场的模式选择与所有制结构没有必然的联系，要实现电力市场模式的转变，首先要改革产业组织结构和规制结构，而不是实行私有化”。另一个主要代表人物 Stoft(2002)[②]对电力产业市场结构作出了较为详尽的安排，他的理论是从世界各国电力市场的发展经验中总结出来的，因此，具有较强的适用性。从世界范围的电力工业改革至今，已经形成以欧盟和美国为代表的横向拆分模式、以英国和智利为代表的纵向分割模式、以日本和爱尔兰为代表的有限

① Tenenbaum, B., R. Lock and J. Barker. Electricity Privatisation: Structural, competitive and Regulatory Options[J]. Energy Policy, 1992, December, 1134 - 1160.

② Stoft, S.. Power System Economics: Designing Markets for Electricity[M]. New York: IEEE Press. 2002: 195.

竞争的单一买家模式等几种市场竞争结构。无论哪种市场竞争结构,现行对于负责输电和配电的电网大多仍由国家规制或直接经营,但均本着促进发电、输电、配电、供电分开,在发电侧和供电侧逐步引入竞争机制的宗旨和思路。Kiesling(2009)针对美国电力行业和规制体制设计进行了研究,他认为,通过合同、交易、价格信号和跨时电力批发和零售市场,分散的经济决策和物理决策的协调可以达到均衡,信息和计算机技术使其成为可能,但是,规制体制的设计才是竞争性电力市场中真正的关键因素。

二是规制方法。按照电力发、输、配、售生产流程的划分,电力再规制研究的主要内容可以分为对发电环节的规制和对输、配电环节的规制。但谈到规制方法,首先应该是进入规制,这是一种通过干预企业的决策来影响市场均衡的规制方法,其主要代表人物有 Bain(1968)、Weizsaeker(1980)、Stigle(1989)等。对于自然垄断特性已经弱化了的发、售电环节,需要重新制定新的进入和退出规制办法,如适度放松规制、降低进入壁垒、引入竞争机制等。其次是价格规制,这属于直接干预市场配置机制的规制方法,这一理论的主要代表人物有 Wender(1976)、willig(1978)、Littlechil(1983)等。价格规制的基本思路是放松或取消价格限制,放宽价格限制的范围,价格规制的策略与方法主要包括拉姆塞定价、非线性定价、确定价格上限、高峰定价等方法。Derek. W. Btlnn(2008)在《竞争性电力市场模拟定价机制》一书全面介绍了竞争性电力市场模拟定价机制,并对西班牙、英国、美国、澳大利亚等国现货市场相互动态影响进行分析,建立以分数位为基本的电力价格概率模型。再次是市场力规制,其根本目的在于对市场力进行有效的规制,降低厂商市场力,维护市场的正常运行。还有激励性规制,P. Joskow(1989)在对政府放松电力产业的规制现状进行分析后,认为在配电领域不应再按照实际服务成本进行规制,提出在配电领域应改变原来的投资回报率规制方式,而应采取激励性规制标尺竞争方式,并在理论上对标尺规制竞争方式作了比较详细的解释。另外,出于日益显现的风险规制的迫切需要,直接针对电力市场风险规制已经发表了许多的研究文献。R. Dahlgren 等(2003)①将电力市场风险管理方面的文献大致归为七类,即一般风险评估概念、竞价决策、电价预测、套期保值方法、电源规划、市场分析以及市场运行。

三是规制效果。对于世界电力产业规制绩效的分析,Bortolotti等(1998)②的一项重要的研究中指出,对于电力产业的私有化来说,有效的规制是私有化能取得更好效果一个关键的制度变量,因为它加速了成功的私有化并影响私有化的过程。Steiner(2000)③用 19 个 OECD 国家电力产业 1987—1996 年的面板数据检验了垂直分解、引入竞争和私有化等规制改革的影响,得出的主要结论是:电力改革收益(电价下降)主要被产业消费者获取,产业消费者对居民消费者的交叉补贴下降,规制改革伴随着发电容量的利用率提高。Zhang 等(2002)④等用 51 个发展中国家 1985—2001 年发电产业的面板数据进行了计量分析,结果表明:在提高发电产业经济绩效方面,竞争比私有化更加重要。Cubbin 和 Stern(2004)利用 28 个发展中国家 1980—2001 年的面板数据检验发现,明确的规制法律和高质量的规制体制的存在与供电部门的绩效呈显著的正相关,而且这种影响会随着这些国家规制水平的提高而越来越大。Yinfang Zhang 等(2005)用 25 个发展中国家 1985—2001 年发电产业的面板数据考察了规制改革的顺序对改革绩效的影响,他们的研究发现,在私有化之前建立独立的规制机构

---

① R. Dahlgren, C. C. Liu, J. Lawarree. Risk assessment in energy trading [J]. IEEE Trans. Power Systems, 2003, 18(3):503 - 511.

② Bortolotti, B., Fantini, M. &Siniscalco, D. Regulation and privatization: The case of electricity[R]. Working Papers. Milan; FEEM, 1999.

③ Steiner, F. Regulation. industry structure and performance in the electricity supply industry, Economics Department[R]. Working Papers, 2000.

④ Zhang, Y., Parker, D. &Kirkpatrick, C. Electricity sector reform in developing countries: An econometric assessment of the effects of privalization, competition and regulation[R]. Working Papers, The Centre on Regulation and Competition, University of Manchester, Manchester, 2002.

并引入竞争的国家获得了更好的改革绩效，即采取这样的改革顺序的国家其发电容量、发电量有更大的提高，资本的利用率也更高。David parke Colin 等（2008）利用36个发展中国家的数据进行了分析，并依次考证了在提高电力部门经济效率方面，私有化、竞争与规制三者所起到的作用，他们得出的结论是：竞争化能给电力产业带来最大的效率，因此他们也认为很多国家在还没有实现充分竞争化的条件下，就盲目地进行私有化的改革，这样往往不能达到理想的效果。在国内电力改革绩效的实证研究方面，干春晖、吴一平（2006）①利用中国电力1979—2002年的数据计量检验了规制分权化的影响，证明规制分权化几乎没有产生任何正面效应，由此产生的合谋导致了规制的低效率。肖兴志、孙阳（2006）②利用1978—2005年相关数据对中国电力规制效果进行了全面的实证检验，计量结果表明：明确的规制框架、独立规制机构和不断成熟的规制对象在统计意义上显著地提高了电力产业总量和效率，降低了价格水平和垄断利润，但在改善服务质量方面尚未发挥有效作用；总体看，中国电力产业规制效果是明显的，良好的规制设计不仅在理论上有利于电力产业提高绩效，在实践中也是电力产业绩效改善的推动力。

1.2.2 普遍服务及电力普遍服务领域的研究综述

1.2.2.1 关于普遍服务的研究

关于普遍服务的研究主要集中在两个重要的大问题：

(1)对于普遍服务本质的讨论

对于普遍服务本质的讨论，国内外绝大多数学者都赞同普遍服务，并把提供普遍服务的理由归结为社会再分配、地区发展需

① 干春晖，吴一平．经济转轨、规制分权化与电力行业改革——基于中国经验的经济学分析[A]．见廖进球，陈富良．规制与竞争前沿问题[C]．北京：中国社会科学出版社，2006：51.

② 肖兴志，孙阳．中国电力产业规制效果的实证研究[J]．中国工业经济，2006(9).

要、外部性（拉丰、泰勒尔，2001）。Sawhney（1994）、Milne（1997）基于发达国家的大量事实，论证了网络型产业普遍服务对于保证社会公平、实现经济增长的积极作用。肖兴志（2008）提出普遍服务出于公平分配、区域发展规划两大原因之外，还出于网络外部性。大多数公用事业部门是网络型产业，在这些产业中使用的用户越多，每个用户得到的效用越大，这个理由可以解释邮政、电信部门为何要提供普遍服务。[①] 普遍服务对消费者的意义是显而易见的，而绝大多数人认为普遍服务对电信厂商来说，因为要在环境恶劣地区提供电信服务，只能造成亏损和沉重的负担。但韩国 Seon - Kyou Choi、Hyeong、Chan Kim 等人运用经济增长模型于普遍服务理论的分析，用“网络溢出效应”（Network Spillover）的新概念较好地解释了普遍服务对于厂商的意义[②]。他们认为，到目前为止有关普遍服务的研究多注重网络的外部效应，是以新古典经济增长模型，即外生变量增长模型为理论基础的。这类模型的缺陷是假设技术进步是外部因素，长期增长率完全由模型以外的变量决定。这意味着，各类政府政策，如建立基础设施、税收活动及规制等都只具有暂时的而非永久性的效果。而内生性增长模型则认为，经济增长是由模型自身的内生变量所决定的，而不是由发生技术进步等外在因素所决定的。内生增长模型的关键之处在于，在要素（如资本）投入增加时，不会发生要素的回报率递减现象。Seon - Kyou Choi 等人从内生变量模型中受到启发，创造性地把网络的发展作为促进经济增长的关键性内生变量，因为网络扩张提高了生产要素的边际产出。他们认为，经济规模的扩大除表现为 GDP 上升和资本存量增加外，同时还会发生网络规模的扩张，网络扩大对整个经济将带来溢出效应（spillover），然而单个厂商却无法准确识别这一效应。单个厂商只能按利润最大化原则确定自身在网络投入上

① 肖兴志．公用事业市场化与规制模式转型［M］．北京：中国财政经济出版社，2008：98 - 99.

② Seon - Kyou Choi，et al.．Network Spillovers as an Alternative Efficiency Argument for Universal Service Policy［J］．Telematics and Informaties，1998（15）：265 - 273.

的回报，客观上，网络投入的加大，为所有社会成员都带来更为广泛的利益，即网络扩张的溢出效应（Network Spillover）。普遍服务作用的实质就是要建立无所不在的网络，以企业为基础将这种溢出效应在企业中“内部化”并将这一效应发挥到极致。Seon - Kyou Choi 等人的公式推导比较复杂，但其结论是重要的。因为在此之前，对普遍服务的理解多是从网络的外部性出发，强调信息对经济与生活的作用，那仅是从对网络需求的角度出发，缺乏对厂商意识即网络供给一方的研究，而网络溢出效应则是从企业对网络资源供给的角度出发，运用内部性增长理论模型，指出了社会意义的网络资源供给的均衡大于个别厂商根据利润最大化原则得到的均衡。政府正确运用普遍服务政策，是将网络溢出效应内部化到使电信厂商的增长率与社会的增长率相一致的有效途径。这是从理论上对普遍服务意义的有力论证。

但是，也有一些自由市场的极力推崇者坚决反对普遍服务，他们甚至认为普遍服务从一开始就是错误概念与极端理念。因为一方面普遍服务会给那些权力寻租者以腐败的机会，另一方面更不利的是，普遍服务会对健康的自由市场带来了很大的价格扭曲信号，最终将造成整个社会福利的极大损失。Mueller（1999）就撰文指出，“普遍服务起到的作用无非两点：其一是财富的重新再分配，其二则是规制者以普遍服务为借口实现其政治意图。”Compaine（2001）认为，“确实存在普遍服务所要解决的信息技术鸿沟问题，但这是财富、收入、年龄、教育等诸多因素导致的一种自然现象，并不需要政府采取特别的修正行为，随着社会经济发展其将自然消失”。

（2）对于普遍服务制度设计的研究

关于普遍服务制度设计，大致包含了三个主要问题：①谁来承担普遍服务的义务（包括普遍服务提供商的决定、服务项目的提供与服务对象的认定等）？②如何成本补偿（包括融资方式）？③怎么规制？

Noam（1996）用拉姆士定理分析了不同需求弹性下电信业务的

定价问题，并以此来确定普遍服务的目标业务。Clair Milne（1998）基于网络发展水平与层次将电信普遍服务划分为具有重要的实践价值的5个不同阶段。Reuck和Joseph（1999）①、Skogerb和Storsul（2000）②、Madden等（2002）③分别考察了澳大利亚、丹麦、荷兰、挪威等电信市场上普遍服务计划的实践情况，指出了存在的一些问题并提出了相应的措施建议。Cremer H.，Gasmi F.，Grimaud A.，Laffont J. J（2001）对普遍服务进行了一个比较全面的文献综述，还运用比较方法，对比分析了美国、英国、欧盟其他成员国的邮政、电信、供水、教育、医疗保健等领域的普遍服务计划及其成本收益状况④。Garbacz C. 和Thompson H. G（1997）针对美国的“连接计划”（Link – Up）和“生命线计划”（Lifeline）所产生的交叉补贴问题，以及相应电信普及率的变化情况展开了实证分析⑤。Bonnet（1999）从经济学上的需求模型出发，认为要保证竞争中立，就要摒弃交叉补贴模式，采用实物券方式对需要补贴的最终用户进行直接补贴。Sorana（2000）以美国市场为例，就最终承担供给商和事后开放统一补助这两种普遍服务计划的实施效果进行了比较分析⑥。M. Armstrong（2001）以电信产业为例，研究了不同的接入定价模式

① Reuck J. D. and Joseph R. 1999 Universal Service in a Participatory Democracy: A Perspective from Australia [J]. Government Information Quarterly, Vol. 16, number 4, 345 – 352.

② Skogerb E. and Storsul T. 2000 Prospects for Expanded Universal Service in Europe: The Cases of Denmark, the Netherlands, and Norway [J]. The information Society, 16: 135 – 146.

③ Madden G., Savage S. J., Coble – Neal G. and Bloxham P. 2002 Advanced Communications Policy and Adoption in Rural Western Australia [J]. Telecommunication Policy, 24: 291 – 304.

④ Cremer H., Gasmi F., Grimaud A. and Laffont J. J. 2001 Universal Service: An Economic Perspective [J]. Annals of Public and cooperative Economics 72:1.

⑤ Garbacz C., Thompson H. G. 1997 Assessing the Impact of FCC Lifeline and Link – Up Programs on Telephone Penetration [J]. Journal of Regulatory Economics, 11:67 – 78.

⑥ Sorana V. 2000 Auctions for Universal Service Subsidies [J]. Journal of Regulatory Economics, 18:1, 33 – 58.

对竞争与普遍服务的可能影响[①]。Anton 等(2002)[②]、Velletti 等(2002)[③]则将普遍服务分为统一定价规制和网络覆盖约束两种情况,分别考察了普遍服务对市场扭曲与厂商竞争的实际存在的影响。Baake(2002)[④]、Crew 和 Kleindorfer(1998)[⑤]还分别考察了限价规制和有效进入这两种情形,可能对邮政和电信市场上普遍服务计划的实际影响。Garbacz、Thompson(2001)[⑥]实证后认为,由于美国电信普及率已非常高,20 世纪 70 年代后长话补贴市话的普遍服务计划实际上是增加了美国全社会成本,造成了一定的社会福利损失。Bauer(1999)[⑦]、Crew 和 Kleindorfer(1998)[⑧]、Parsons(1998)[⑨]、Rosston 和 Wimmer(2000)[⑩]等针对美国和欧盟邮电市场上普遍服务计划进行了比较广泛的实证分析,结果也都同样表明了企业内部交叉补贴最终会使社会总福利受损。F. Gasmi、J. J.

---

① Armstrong Mark. Access Pricing, Bypass, and Universal Service [J]. The American Economic Review, 2001, 91(2), 297 - 301.

② Anton J. J., Weide J. H. V., Vettas N. 2002 Entry Auctions and Strategic Behavior under Cross - market Price Constraints [J]. International Journal of Industrial Organization, 20:611 - 629.

③ Valletti T. M., Hoernig S., Barros P. Universal Service and Entry: The Role of Uniform Pricing and Coverage Constraints [J]. Journal of Regulatory Economics, 2002, 21(2), 169 - 190.

④ Baake P. 2002 Price Caps, Rate of Return Constraints and Universal Service Obligations [J]. Journal of Regulatory Economics, 21:3, 289 - 304.

⑤ Crew M. A., Kleindorfer P. R. 1998 Efficient Entry, Monopoly, and the Universal Service Obligation in Postal Service [J]. Journal of Regulatory Economics, 14:103 - 125.

⑥ Garbacz C., and Herbert G. 2001 Universal Service versus Universal Competition: A Review Article of Crandall and Waverman [J]. Journal of Regulatory Economics, 19(1):93 - 96.

⑦ Bauer J. M. 1999 Universal Service in the European Union [J]. Government Information Quarterly, Vol. 16, Number 4, pages 329 - 343.

⑧ Crew M. A., Kleindorfer P. R. 1998 Efficient Entry, Monopoly, and the Universal Service Obligation in Postal Service [J]. Journal of Regulatory Economics, 14:103 - 125.

⑨ Parsons S. G. 1998 Cross - Subsidization in Telecommunications [J]. Journal of Regulatory Economics, 13:157 - 182.

⑩ Rosston G. L. and Wimmer B. S. 2000 the "State" of Universal Service [J]. Information Economics and Policy, 12:261 - 283.

Laffont、W. W. Sharkey(2000)①等人将竞争性的市场环境划分为两种情形:第一种情形,竞争者只进入低成本区域,而不进入高成本的普遍服务区域;第二种情形,竞争者进入了在位者的各个服务领域,既包括低成本区域,也包括普遍服务区域。在第一种情形中,新进入者竞争将使低成本区域的价格下降,从而导致以低成本区域收入补贴高成本区域的交叉补贴机制失效,在这种情形下,如果要继续提供普遍服务就必须依靠政府补贴或者收税。在第二种情形中,竞争者和在位者可以各自为政,在自己的区域内用低成本用户补贴高成本用户,继续使用交叉补贴。通过模型测算上述两种情形下的社会总福利后发现,在发展中国家,采取第二种情况的社会总福利很可能会高于第一种情况。Valletti、Hoernig、Barros(2002)②通过在位者与竞争者的两阶段博弈模型检验:相对于价格上限规制,统一定价规制由于所需信息少,能更好规避信息不对称问题,但是,可能导致在位者和竞争者的网络覆盖范围趋于减少;如果对统一定价和网络覆盖同时进行政府规制,那么新进入的竞争者可能图谋原在位者的部分市场区域,产品的价格也将会抬高,社会总福利有减少的可能。Lorenz Nett(1998)认为,由于规制者与普遍服务提供商之间存在着比较典型的信息不对称,因此采用工程模型来计算普遍服务成本的可能性较小,最好通过拍卖来解决普遍服务成本问题,另外对于拍的类型、拍卖意义以及需要注意的方面进行了一些理论化的讨论。D. Weller (1999)对普遍服务拍卖机制的设定程序进行了比较详细的说明,以使拍卖更具有实际可操作性。J. C. Panzar(2000)试图对普遍服务的成本测度方法展开研究,提出通过比较有补贴与无补贴情况,以此来估算普遍服务的

---

① F. Gasmi, J. J. Laffont, and W. W. Sharkey. Competition, universal service and telecommunications policy in developing countries [J]. Information Economics and Policy, 12: 221 - 248, 2000.

② Valletti T. M., Hoernig S., Barros P. Universal Service and Entry: The Role of Uniform Pricing and Coverage Constraints [J]. Journal of Regulatory Economics, 2002, 21(2), 169 - 190.

成本[①]。此外,Kelly 和 Steinberg(2000)[②]对普遍服务供给中的多胜者组合拍卖机制展开了比较详细的专题式研究,Bar 和 Riis (2000)[③]、Schechter(2000)也对拍卖机制设计中的用户创新、潜在竞争、普遍服务基金选择、排他性契约、最低标的设定等相关问题进行了比较深入的研究。

1.2.2.2 电力普遍服务领域的研究文献

定性研究方面:胡汉辉、刘怀德(2002)对产业开放背景下的普遍服务基本问题、开放对普遍服务的影响,以及选择有效的普遍服务模式等在国内进行开创性研究[④]。朱成章(2004)认为电力、铁路、公共交通、电信、燃气、自来水等都属于公共货物(公共物品),重点讨论了电力的公共货物性质与电力普遍服务之间的关系、电力普遍服务与电力工业市场化改革的关系以及中国在电力普遍服务方面的特殊问题等[⑤]。马芸、赵会茹(2005)介绍了部分国家实施电力普遍服务的具体情况及有关电力普遍服务方面的法律规定[⑥]。阙光辉(2006)比较广泛地讨论了中国电力普遍服务的定义、主体、必要性、资金、问题等。罗国亮(2007,2008,2009)重点研究了中国农村电力普遍服务的理论基础以及相关问题。王俊豪(2008,2009)分析了中国电力产业加强普遍服务的客观需求、电力产业普遍服务的基本实现形式和当前面临的主要问题,并探讨了运用普遍服务基金解决电力产业普遍服务的若干规制政策问题,以及垄断产业体制改革后普遍服务的政

---

① Panzar, John C. A Methodology for Measuring the Costs of Universal Service Obligations [J]. Information Economics and Policy, 2000(12):211 - 220.

② Kelly F, Steinberg R. A Combinatorial Auction with Multiple Winners for Universal Service [J]. Management Science, 2000, 46(4):586 - 596.

③ Bar F. and Riis A. M. 2000 Trapping User - Driven Innovation: A New Rationale for Universal Service [J]. The information society, 16:99 - 108.

④ 胡汉辉,刘怀德. 产业开放背景下的普遍服务问题之我见[J]. 东南大学学报(哲学社会科学版),2002(3).

⑤ 朱成章. 电力的公共货物性质与普遍服务[J]. 大众用电,2004,(5).

⑥ 马芸,赵会茹. 基于国际经验的中国电力普遍服务实施机制的研究[J]. 工业技术经济,2005(7): 83 - 86.

策取向等。廖进球、吴昌南(2009)讨论了中国电力产业运营模式变迁下电力普遍服务义务的主体变化,即在垂直一体模式下,电力普遍服务的主体是政府,而在输配售一体模式下,电力普遍服务的主体是电网企业,并分别对输配售一体模式和零售竞争模式下电力普遍服务的补贴机制进行了设计[①]。唐敏(2010)对普遍服务的法理基础与制度建构角度进行了研究。

定量研究方面:J. J. Laffont、张昕竹(2004)[②]基于政府与垄断企业在农村普遍服务供给的边际成本信息获取上的非对称信息假设,构造了一个非对称模型,对发展中国家区别定价和统一定价两种规制情形以实现普遍服务进行了对比研究。实施区别定价情形下,不完全信息将提高资费水平,减少网络覆盖;而实施统一定价情形下,资费水平的降低是以网络覆盖减小为代价的。为此,在制定、实施普遍服务政策时,要综合考虑网络投资的激励性规制和用户承受能力。齐新宇(2004)证明了电力市场放松规制后,零售竞争可能与普遍服务义务相冲突,产生不利影响,并导致规制成本的增加[③]。马芸、赵会茹(2006)对电力普遍服务规制中存在的委托—代理问题进行了一定的定量分析,在对交叉补贴、普遍服务基金和政策性补助等几种电力普遍服务实现机制进行比较的基础上,认为通过设计一个好的激励机制来鼓励供电企业提供普遍服务是至关重要的。张冰(2007)对电力普遍服务的经济本质有所论证,并建立了用于电力普遍服务成本补偿激励机制设计的委托代理模型。张福伟等(2007)研究了不同税种对电网企业行为和经济效率的影响,建立了电力普遍服务投资补偿额测算方法和年运行管理费补偿额测算方法。迟楠楠、赵会茹等(2008)对中国电力产业用普遍服务基金机制替代原有交叉补贴机制的转换成本以及最佳时

---

① 廖进球,吴昌南. 中国电力产业运营模式变迁下电力普遍服务的主体及补贴机制[J]. 财贸经济,2009,(10).

② J. -J. 拉丰,张昕竹. 发展中国家的普遍服务政策[J]. 经济学(季刊),2004(2).

③ 齐新宇. 普遍服务与电力零售竞争改革[J]. 产业经济研究,2004(2).

机进行了一些定量分析。赵会茹等(2008)针对城镇低收入居民和农村贫困人口,构建了电力普遍服务的收入补偿模型。赵会茹等(2009)运用数据包络分析(Data Envelopment Analysis,DEA)方法对电力普遍服务实施效率进行评价,并利用协调发展理论对电力普遍服务与区域经济协调发展的程度进行分析,以此形成2个构面,建立了中国电力普遍服务社会价值综合评价体系,并通过1997—2005年云南省电力普遍服务综合评价体系中评价指标的相关数据,对云南省电力普遍服务的社会价值进行综合评价实证①。王丽萍等(2009)基于机制设计理论,针对电力普遍服务的公共物品特性和信息不对称性,同时考虑电网公司提供电力普遍服务的个人理性和激励相容两个约束条件,建立了一种具有激励相容特性的电力普遍服务模型,并通过求解模型得到最优激励合同。吴昌南(2010)研究了发电企业参与电力普遍服务的规制及补贴问题,提出,政府可以采取特许经营权竞标的方式使发电企业参与电力普遍服务,其方案有两种:一是一揽子竞标方案;二是部分竞标方案②。

1.2.2.3 综合评述与现有研究不足

在多数网络型公共事业部门,普遍服务政策都产生了很大争议,普遍服务已经(或者将)成为围绕规制改革的争论的焦点问题之一(Cremer等,2001)。作为规制政策的重要组成部分,随着网络型事业领域放松规制和民营化,关于普遍服务的相关研究,尤其是对发展中国家普遍服务规制的研究,也将会不断深入。

纵观目前国内外关于普遍服务的研究,绝大多侧重于电信产业,虽然近年来有关普遍服务的问题开始引起社会的广泛关注和

① 赵会茹,李春杰,迟楠楠,崔博. 电力普遍服务社会价值的综合评价[J]. 电网技术,2009,(13).

② 吴昌南. 发电企业参与电力普遍服务的规制及补贴方案[J]. 生产力研究,2010,(11).

讨论，但是对于电力普遍服务的研究还处于初步阶段，国内相关文献对普遍服务的分析绝大多数是循着国外研究者的思路，在产业领域的框架内展开的，国内尚未出现有关中国电力普遍服务政府规制的专题性理论研究成果，涉及电力普遍服务的现有研究大多是将其作为一个特例在论证自然垄断和政府规制的相关研究中顺带提及，或是从中外对比视角针对个别问题进行定性分析，提出相应政策建议，没有从揭示内在发展机理的角度来解决电力普遍服务政府规制何去何从的问题，研究整体来看都不系统、不深入。尤其是在电力产业放松规制后竞争环境下电力普遍服务领域相关的机制设计和规制政策方面，缺乏定量、系统、深入的研究成果。

1.3 研究思路与内容

尽管从理论上普遍服务主要包括三个方面的问题：谁受益？谁供给？谁规制？但实践中的电力普遍服务政策无疑是一项系统工程。

从图1－2可以看出：Ⅰ是“谁受益”，即确定电力社会普遍服务受众对象，然后根据他们的生活环境（城市、农村、边远地区）及生活条件（贫困程度）进行分类，在此基础上再确定不同对象的电费补贴标准。Ⅱ是“谁供给”，即解决电力社会普遍服务资金来源、资金的管理模式，确定普遍服务实施主体和落实补偿机制等问题，这样就可以形成一个长效机制，使得电力社会普遍服务能够持续发展下去。Ⅲ是“谁规制”，即关于电力普遍服务运作方式和规制问题。普遍服务运作方式是资金供给和受众对象的桥梁，包括具体实施制度和机制，普遍服务的规制贯彻整个实施过程，起到调节、引导和监督的作用。Ⅳ是建立电力社会效益评价体系，评价每个时期内普遍服务所支付的成本所能够带来的社会效益，显示普遍服务政策的优缺点，为进一步完善提供必要的参考。

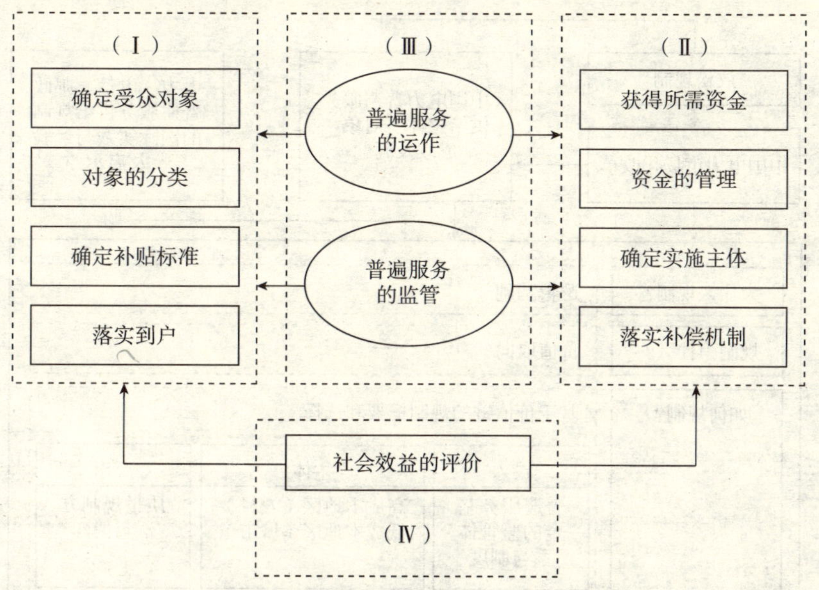

图 1-2 电力普遍服务政策的主要内容和实施步骤

资料来源:杨昆,孙耀唯,梁志宏. 电力市场及其目标模式. 北京:中国电力出版社,2008:281.

本书主要讨论竞争环境下电力普遍服务供给规制问题,很多人认为这是中国电力普遍服务政策的大方向。因此,电力普遍服务政策中的关于受众对象的补贴、社会效益的评价等问题在本书中并不涉及。总体上,本书遵循规制经济学的研究路线与方法论,以放松规制与中国电力市场化改革为背景,结合中国电力普遍服务供给实践,借鉴网络型产业普遍服务供给规制经验,从逻辑基础、价值取向以及价值链等多维角度,对电力普遍服务供给"为什么规制"、"规制为什么"以及"如何规制"(包括"规制绩效")等问题展开研究。本书总体研究思路如图 1-3 所示。

本书具体的研究内容包括以下六章:

第 1 章是绪论,主要包括选题背景与意义,相关文献综述,研究内容、方法论以及创新之处。

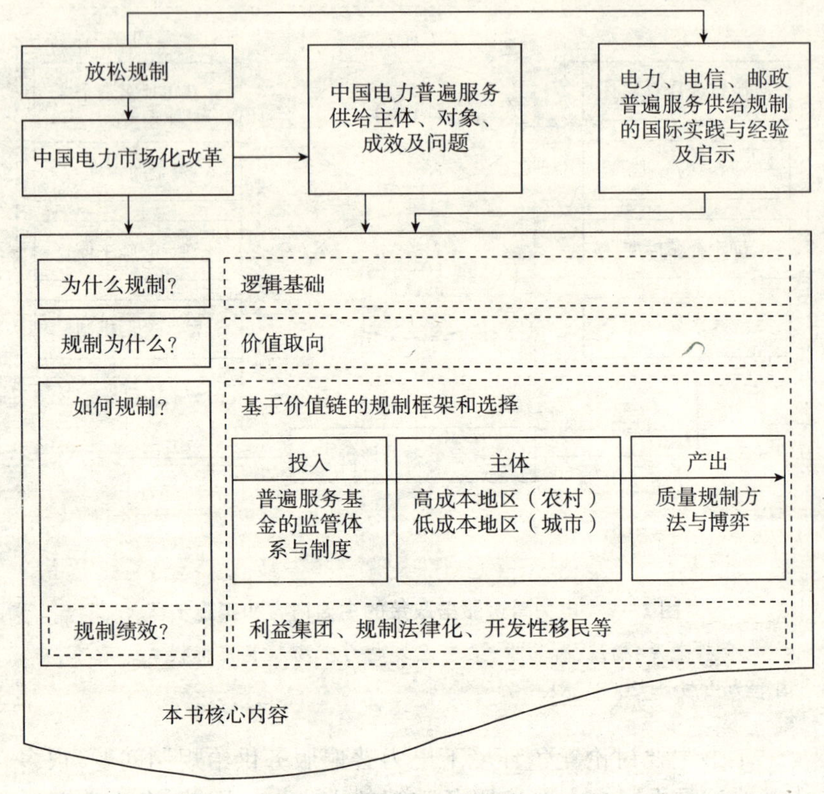

图1-3　本书研究思路

第2章主要论证了电力普遍服务供给逻辑基础(“为什么规制”)和价值取向(“规制为什么”)。当然,在讨论这些问题之前,需要对普遍服务的基础、中国电力普遍服务的引入,以及中国电力普遍服务的定义和供给有所分析。

第3章是放松规制与电力普遍服务供给规制困境。基于“用户市场结构”模型,分别证明了电力普遍服务交叉补贴在垄断条件和竞争环境下的有效和失灵,并进一步分析了竞争环境下除“吸脂”效应外的其他需要规制的问题,这为中国电力市场竞争环境下普遍服务供给规制的紧迫性提供了理论支撑,也为后续研究提供了理论基础。

第 4 章以国际和产业双重视域，审视并比较了放松规制下电力、电信以及邮政普遍服务供给规制的国际实践，总结其经验和教训，以获取对竞争环境下中国电力普遍服务供给规制的有益启示。

第 5 章无疑是本书研究重点，即竞争环境下中国电力普遍服务供给规制框架与选择。在这一部分，首先根据第三部分的理论证明和第四部分的实践经验，提出了竞争环境下关于电力普遍服务供给的四个基本假设，并予以证明；其次引入管理学中的“价值链分析模型”，建构了基于价值链的电力普遍服务供给规制框架；然后针对“基本活动”分别论述了电力普遍服务基金的监管体制和制度、高成本地区电力普遍服务供给的成本补偿与标尺竞争规制方法、低成本地区电力普遍服务的成本补偿与激励性规制以及电力普遍服务供给质量规制方法与博弈等；最后围绕有效供给和规制绩效，分析了可再生能源分布式发电、开发性移民与电力普遍服务、电力普遍服务供给规制中的利益集团与规制法律化等，并提出了相应的建议。

第 6 章是结语。主要对整书进行总结概况，并指出不足及进一步研究方向。

1.4 方法论与创新点

1.4.1 方法论

方法论可以理解为“经济学所运用的科学哲学”①。方法论至关重要，能否选择合适的方法论将对所研究的问题产生实质性的影响。约瑟夫·熊彼特（Joseph Alois Schumpeter）就曾经谈到“20世纪以前的两次最有名的历时长久的论战最后都将焦点集中到方

① [英]马克·布劳格．经济学方法论[M]．北京：北京大学出版社，1990：1.

法论上，但又无法最终说服对方而不了了之”①。关于政府规制的方法论，目前在理论和实践上都有较大影响力的有布雷耶尔模式、史普博模式和斯蒂格勒模式。

(1)布雷耶尔模式

对于政府规制的分析，布雷耶尔(Stephen G. Breyer)一般按照以下逻辑展开：首先，探讨政府对市场实施干预的正当性。也就是说，政府干预市场必须有经济的(市场失灵)或者非经济的(社会价值)理由。其次，探讨政府规制的方法。即规制方法的选择问题，采取何种规制制度与规制手段将会产生更优化的结果。最后，对是否选择了最有效的规制方法进行评估。如果政府没有选择最有效的规制方法，就会出现不协调的现象，而出现不协调的可能性因素有三：一是由于政府对所要解决的问题在认知上还不够明确，因此运用了一些可能错误的规制方法；二是即使政府认清了所要解决的关键性问题，但由于规制手段的有效性标准或者规制成本可能发生了较大变化，过去的规制方式随着情况的变化，会变得不经济和不适宜；三是如果政治倾向发生变化，公众不再认可先前政府规制的目的，则相应的规制方法也会受到批判和放弃②。而如果对政府规制的评价表明政府规制促进了资源配置效率的提高，那么就说明政府所选择的规制方法是正确的。

(2)史普博模式

史普博(Daniel F. Spulber)主要是从规范的角度来分析政府规制问题的，其目的是探讨政府规制政策的充分界限及市场中政府行为的作用，同时考察规制机构和市场参与者之间的相互关系，并评估规制活动的福利含义。史普博对政府规制的分析模式如下：一是选择实现规制目标的一些政策措施；二是提出并设计规制以提供能够促进资源的市场配置效率的一般规则；三是划定规制领域，即市场失灵

---

① [美]约瑟夫·熊彼特．经济分析史(第二卷)[M]．杨敬年，译．北京：商务印书馆，1992：247．(两次论战，一次是关于“价值”，一次是关于“普遍过剩”。)

② Stephen G. Breyer. Regulation and Its Reform [M]. Cambridge, Mass: Harvard University Press, 1982: 191.

的范围。史普博认为,市场失灵只能作为政府规制介入的必要条件而非充分条件,市场失灵可以被划分为进入壁垒、外部性和内部性三大类,要针对每一种具体情况,分别考察政府干预的潜在功能,以划清政府规制可能发生作用的领域和政府规制不宜介入的领域①。

(3)斯蒂格勒模式

斯蒂格勒(George Joseph Stigler)是从实证分析的角度来构建其政府规制分析模式的。斯蒂格勒在《规制者能规制什么》②一文中,通过对受规制和不受规制的供电企业展开绩效比较分析,指出政府规制很可能根本就没有收到预期的大幅降低电费效果。斯蒂格勒的分析流程如下:首先,比较规制和非规制情形下的电费水平,简单统计后发现规制对电费的平均水平并没有实质性影响,影响电费的更多的是其他非规制性因素;其次,对电费结构、股东收益等展开比较分析,也未能发现对电力公用事业的规制有任何显著绩效。为解释上述发现结论,斯蒂格勒提出两个假设:一是规制机构无法控制企业的日常运营,因此受规制的企业仍然设定了一个高价;二是规制理由并不成立,即传统供电企业是垄断企业这一所谓"天然"结论并不成立。斯蒂格勒的实证分析模式已成为诸多学者进行类似测度规制绩效的研究样本。

综合比较以上三种模式,布雷耶尔模式和史普博模式主要是从规范角度来分析政府规制,其中布雷耶尔模式更多地考虑到法律和政策在政府规制问题中所起的作用和影响,史普博模式更多地考虑到市场的需求,把政府规制的领域限定在市场失灵的领域,并严格界定市场失灵的范围。斯蒂格勒作为经济学家,其在对政府规制进行实证分析的过程中,大量运用了经济学的分析模式和方法。

本书试图将定性与定量、规范与实证相结合,从逻辑基础、价

① [美]丹尼尔·F. 史普博. 管制与市场[M]. 余晖,等,译. 上海:三联书店出版社,1999:64.

② [美] G.J. 斯蒂格勒. 产业组织与政府管制[M]. 潘振民,译. 上海:上海人民出版社和上海三联书店,1996:157-178.

值取向以及价值链等多维角度，对电力普遍服务供给规制的“为什么规制”、“规制为什么”、“如何规制”以及“规制绩效”等问题进行探讨。因此，在本书研究中将综合应用布雷耶尔模式、史普博模式和斯蒂格勒模式。

此外，本书还运用到了比较研究方法，即基于国际和产业视域，对电力、电信、邮政等网络型普遍服务供给规制的国际实践和经验进行了一定程度的比较分析。当然，文献研究方法是课题研究中最常用的方法，几乎所有的课题，都要先进行文献研究。所谓文献研究是指根据一定的研究目的或课题需要，通过查阅文献来获得相关资料，全面地、正确地了解所要研究的问题，找出事物的本质属性，从中发现问题的一种研究方法。本书针对普遍服务的概念与理论基础、中国电力普遍服务的引入及定义、电力普遍服务交叉补贴、吸脂效应、激励性规制、利益集团、博弈模型等研究内容，进行了广泛的国内外文献调研，整理国内外关于普遍服务（尤其是电力普遍服务）的各种相关论述和研究，以便保持本书研究的系统性、前沿性和实用性。

1.4.2 本书的主要创新点

综上所述，本书力求理论性和现实性、学术性和应用性相结合，在进行理论分析的同时，立足产业实践、国际经验及中国实际。笔者以为本书的主要创新点可归纳如下：

（1）全文试图从电力普遍服务“用户市场结构”模型出发，不断放宽条件，对可能存在的情形展开假设、证明以及提出相应的规制选择。这可主要视为研究思维上的创新。

（2）充分运用了现代规制经济学理论（包括信息经济学理论和博弈论），对电力普遍服务供给规制方法进行了一定程度的数理模型分析，这可以视为研究方法上的创新。

（3）引入管理学中经典的“价值链分析模型”，建构了基于价值链的电力普遍服务供给规制框架，可以视为本书最大的创新点。具体而言，如果把电力普遍服务供给看成一个价值链的话，那么其

“基本活动”就是供给资金的投入、供给主体的选择和实施以及供给价格和质量的产出。除了上述“基本活动”，影响电力普遍服务供给的其他因素都可以看作是“支持性活动”，这可能包括普遍服务规制法律化、利益集团（对规制的规制、电力企业社会责任、公众参与）、可再生能源分布式发电甚至开发性移民等。针对“基本活动”和“支持性活动”，本书分别给出了规制方法和建议，以供实践之用。

(4)此外，本书还有两个创新点：其一是关于“什么是电力普遍服务”的界定。本书在梳理和评价现有研究文献引用的关于中国电力普遍服务的定义后，基于电力产业放松规制的竞争环境，提出了从内涵和外延两个方面来比较完整的界定电力普遍服务。其二是关于电力普遍服务供给规制的价值取向问题。本书引入福利经济学的功利主义公平观、罗尔斯的权利主义公平观、市场主导公平观这三种现代社会主流的公平观点，提出电力普遍服务供给规制的公平价值取向路径是从功利主义公平到权利主义公平。

第2章 中国电力普遍服务政策及供给规制基础

本书主要讨论竞争环境下电力普遍服务供给规制问题，很多人认为这是中国电力普遍服务政策的大方向。但是在讨论这些问题之前，首先必须准确地界定普遍服务内涵和评估普遍服务供给，然后才能讨论“为什么规制”、“规制为什么”以及“如何规制”。

2.1 关于普遍服务：内涵和理论基础

2.1.1 普遍服务的内涵

2.1.1.1 普遍服务的定义及动态性

“普遍性”是一个经常被用作哲学或者政治学上的概念，通常可以理解为一个国家能够公正平等、一视同仁地对待其全体国民。由“普遍性”衍生出的“普遍服务”（Universal Service），无论是作为一个理念，还是作为一项义务，最早都是在电信领域内诞生和出现①。按照学界的主流观点，普遍服务一词，则是20世纪初在美国电信事业形成独占的过程中，为了重新实现在美国电话市场中的独家垄断经营优势，由美国电话电报公司（American Telephone and Telegraph Company，AT&T）总裁 Theodore Newton Vail 于1907年在

① 李创军．电力普遍服务监管：本源、任务与方法[N]．中国经济时报，2008－07－08(5)．

该公司的年度报告书中提出的一句著名口号,即“一种政策、一个系统、普遍服务”(One Policy, One System, Universal Service)①。由以上源起可知,普遍服务的用意原本是指“欲以同一技术与服务水平,提供全国统一服务的经营目标,以避免市场混乱,用户无法获得公平、合理的服务情况发生”②。直到 1913 年 AT&T 公司迫于美国司法部压力,被迫承诺承担在全美普及电话服务的义务,“普遍服务”这时才真正上升为一种提供公共服务过程中的义务原则和责任规范。有关普遍服务的概念正式出现于官方资料,则始于 1934 年的《美国电信法》。在此法的第一条中明文规定“电信事业的经营,应以充分的设备及合理的资费,尽所有可能,提供美国全体国民,普及的有线及无线的通信服务”③。而此规定也成为美国联邦通讯传播委员会(Federal Communication Committee, FCC)在制定有关网络互连等普遍服务政策或行政命令的授权法源④,甚至在当时作出允许 AT&T 以长途电话与市话交叉补贴⑤的方式提供普遍服务,希望达到家家户户皆有电话(A Telephone in Every Home)为其政策目标,而其亦成为许多国家在普遍服务上共同的政策目标。事实上除电信领域以外,在邮政、电力、民航、煤气、铁路、银行等网络型公用事业,公民有权获得相关产品或服务的普遍服务理念已经被广泛地承认和实践,甚至转化成了国际法和国内法的强

---

① 转引自维基百科关于“Universal service”[EB/OL],http://en.wikipedia.org/wiki/Universal_service。See ①“Unnatural Monopoly: Critical Moments”. Cato Institute. Retrieved 2009-06-14. ②“AT&T Milestones in AT&T History”. AT&T. Retrieved 2009-06-14. ③“Cybertelecom: Universal Service”. Cybertelecom. Retrieved 2010-09-15.

② Mueller, M. L., 1993, Telephone companies in paradise: A Case Study in Telecommunications Deregulation. New Brunswick: Transaction Books, 362-363.

③ Section 1 of 1934 Communication Act. The article prescribes that“make available, so far as possible, to all the people of the United States, a rapid, efficient, Nation-wide and world-wide wire and radio communications service with adequate facilities and reasonable charges.”

④ Angela J. Campbell, Commentary: Universal Service Provisions: The“UGLY DUCKLING”of the 1996 Act, 29 Conn. L. Rev. 189

⑤ 交叉补贴对于普遍服务有着重要意义,本书将在以后的分析论证反复提及。

制形态。

然而,时至今日,普遍服务的概念仍然缺乏一致性的定义。经济学文献中通常把普遍服务界定为普遍服务义务(Universal Service Obligation, USO),主要指供给商为所有用户提供可承受价格的高质量基本服务的义务(Valletti, 2000; Cremer、Gasmi 和 Laffont, 2001),或者以基准价格水平,确保对一个国家或地区内的所有国民提供一定质量服务的义务(Hultkrantz, 2005)。显然,经济学对普遍服务的定义给基准价格、提供服务质量、覆盖人群的精确集合等界定留出了空间,但是并没有完全清晰地表达出普遍服务的内容,更多的只是确定了普遍服务的原则,或者普遍服务需要满足的原则(Rapp, 1996)。如果单从字面上进行理解,普遍服务至少要遵循普遍性原则和非歧视性原则两大原则(Chone、Flochel 和 Perrot, 2000; Cremer、Gasmi 和 Laffont, 2001; Hult krantz, 2005)。其中,普遍性原则是指网络应该覆盖整个市场,每个消费者都应该能够平等地接入网络,哪怕是对于高成本地区消费者所制定的价格水平很可能要低于为其服务的成本费用;非歧视性原则意味着不管消费者处于什么地理位置、连接成本是多少,都应该给所有的消费者制定同样的价格水平,供给商不能对不同类型用户和不同地理位置实行价格歧视,普遍服务旨在保证服务在时间尤其是空间上的连续性,这实际上是普遍性的另一个方面,即在给定的领土上为每个地方提供同样质量要求的服务(Rapp, 1996)。

日前,最为明确,也最被广泛接受的普遍服务定义来自于2006年国际经济合作与发展组织(Organization for Economic Cooperation and Development, OECD)ICCP 报告书中对于普遍服务的概念界定"任何人在任何地方任何时候都能以承担得起的价格享受产品服务,而且服务质量和资费一视同仁"①。OECD 还将上述普遍服务

① 注:OCED 的普遍服务主要是针对电信普遍服务定义的。原文可参见 OECD, 2006 , Rethinking universal service for a next generation network environment [EB/OL], http://www.oecd.org/searchResult/0,3400,en_2649_201185_1_1_1_1_1,00.html, 2008/5/5.

概念分为以下三个要素进行详细说明:①可及性(Availability),即不论民众居于何地工作,其服务的价格、水平或是质量应该是相同的,也就是说,居住在乡村或是偏远地区的民众不会受到影响;②可负担性(Affordability),即在进行服务上的使用时不会造成消费者的负担,尤其是社会弱势群体的使用;③非歧视性(Accessibility),即不论是特殊、行动不便或是伤残的民众皆可使用服务,其亦不会阻碍服务上的使用(OECD,2006:10)。

在给出大致定义之后,明确普遍服务应该包含哪些内容,则是一个更加复杂的政治和经济问题。其中可能涉及三个主要因素(Panzar, 2000):网络效应的强度、提供网络效应的成本以及再分配目标。从经济的视角看,只有包含了显著的网络外部性,这个服务内容才应该包含在普遍服务之内。反过来说,网络效应的重要性取决于技术成熟的程度及其普及率。然而,关于哪些具体服务应该被包含在普遍服务之内,存在许多争论。Milne(1998)以电信为例,分别用“强定义”和“弱定义”来澄清普遍服务内容的变化(表2-1)。

表2-1 高电话密度环境中普遍服务内容的变化

	强定义	弱定义
服务类型举例	POTS	蜂窝电话
居民普及率特征	超过80%	不到50%
边际利润率	可能很低	高
扩展网络的成本	低	高
扩展网络的社会收益	高	未知
个人连接的需要	高	低
扩展网络的主要动机	公平	效率
需要规制参与的程度	高	低
运营商义务类型	社会	服务
主要要求	可承受服务的能力	可获得的服务
是否需要共享基金	可能	不

资料来源:C Mime. Stages of Universal Service policy[J]. Telecommunications Policy, 1998, Vol 22(9), 775-780.

OECD(1995:25)认为,虽然至今也没有明确的界线,但普遍服务的供给内容会随社会经济的成熟度、科技的进步、社会价值观的不同而有所改变。

20 世纪 80 年代后,由于各国纷纷推行国际化、自由化、民营化等放松规制政策,导致许多大型的独占公营事业陆续解体,如电力、电信、铁路、邮政等。而如此的结构性变化也直接影响了长久以来所维持的普遍服务供给系统。过去,独占的公营事业藉由内部交叉补贴来维持普遍服务的供给,也就是同一事业以其获利的业务或部门来补贴亏损的业务或部门。然而,伴随放松规制政策的实施,原本独占的市场因竞争的导入而发生改变,过去独占且获利高的业务因竞争者的加入而必然降低其获利率,从而造成补贴业务的困难,而普遍服务之类的亏损业务在竞争导入的机制下则乏人问津。在此情况下,如要继续确保民众享有普遍服务的权利,则恐怕难以由单一业者负责供给和维持。因此,普遍服务的供给概念逐渐从过去由公共部门或公营事业来供给和维持的思考模式,倾向于由新旧业者一起共同负担。

20 世纪 90 年代后,伴随科技的进步,以低廉的价格来享受精致、高质量服务的可能性逐渐增加,也因而出现将精细、高质量服务的供给也应纳入普遍服务供给范围内的要求。所谓精细、高质量服务,是相对于普遍服务的一般性与简单化而言,系因应个人或团体高度需求的个性化服务。以电信事业为例,普遍服务的供给内容从过去的电话服务扩展至提高学校及公立图书馆的联网普及率,扩大数据通信至小区,使全国国民不论所居何处,均得以合理价格宽带上网。由此可推知,在互联网时代,甚或 21 世纪,有关普遍服务的内容,应已不再局限于传统的基本服务。而其服务的供给范围,在国民所得和人民生活水平提升之际,也会随之扩大。

总结以上所述可知,随着时代的演进和市场需求的变化,有关普遍服务概念和供给内容似乎也逐渐产生改变。以电信事业为例，最初普遍服务的概念是源于电话服务的利用可能性，其服务的供给对象包括地理上和经济上的弱者；然而，随着电信市场结构的改变，竞争者的加入、互联网的发达和需求的多样化，普遍服务的供给范围从过去基本的电信电话服务，而扩大到互联网服务，其供给对象也不再局限于地理上和经济上的弱者，而拓展至满足社会全体的需求，其供给质量也从简单、一般性向精细、个性化提升。因此，有关普遍服务的内容有从早期的强调"地理上和经济上的弱者"的微观性普遍服务，逐渐扩展至强调"满足社会全体需求"的宏观性普遍服务概念的趋势①。

另外需要特别指出的是，王俊、昌忠泽（2007）②突破传统意义上"普遍服务"的概念，创新性地提出了中国社会普遍服务体系的两个发展层次，即人文普遍服务和产业普遍服务。他们认为，社会普遍服务应该包括两个递进的发展层次：人文普遍服务和产业普遍服务。最基础的层次是体现人文普遍关怀的"人文普遍服务"，当全体社会公民都能享受到政府提供的人文普遍服务，获得了基本的生存和发展权利，对物质生活和精神生活有更高的追求，就需要再构建一个以基础服务为主导的"产业普遍服务"体系，这是社会普遍服务的高级层次，让每一个公民能分享现代化的成果，缩小社会个体和区域差距，并以此为主要途径完成由二元分割社会向城市文明、工业文明的转型。人文普遍服务就是要让每一个社会成员在社会上能够拥有平等的生存、发展权利，为每一位公民提供最低生活保障、基础教育、基本医疗、基本职业培训、自由迁徙的权利，让每一个社会成员在国土范围内任何地方，都能以可承受的代

① 近年频繁提及的"基本公共服务均等化"可以看作是网络型产业普遍服务概念的扩大化。所谓基本公共服务是指覆盖全体公民、满足公民对公共资源最低需求的公共服务，涉及义务教育、医疗、住房、治安、社会保障、基础设施、环境保护等方面。基本公共服务均等化是指政府要为社会公众提供基本的、在不同阶段具有不同标准的、最终大致均等的公共物品和公共服务，内涵包括全体公民享有基本公共服务的机会均等、结果大体相等，同时尊重社会成员的自由选择权。

② 王俊，昌忠泽．社会普遍服务的建立［J］．经济研究，2007（12）．

价享受到普遍提供的服务。产业普遍服务,所涉及的行业通常是关系国计民生的重要基础产业和公用事业,产业普遍服务的目标就是在重要的产业领域推行普遍服务,实现整个社会的工业化、信息化、城市化和知识化。

2.1.1.2 普遍服务的层次和阶段性

不管普遍服务的定义、内容、要求、实现途径有何不同,普遍服务的可获性、可承受性、非歧视基本上已经得到各界的认同。也就是说现代意义的普遍服务已不是一个单一的概念,而是一个复合概念,包括服务的普遍性、用户承受性及接入的平等性三方面内容。同时实现这三个目标必然导致政策选择时的矛盾:一方面建设全国性的网络耗资巨大,另一方面把价格规定在可承受的范围内又会使营收过低甚至业务亏损。协调普遍服务中的可获性、可承受性、非歧视这三个相互冲突的目标,事实上已成为世界范围内大多数政府普遍服务供给所面临的一个难题。

普遍服务的可获性、可承受性、非歧视之间的层次性可以用图2-1表示。普遍服务第一层次的目标是实现产品和服务的可获得性,即垄断性产业要实现网络的全国范围覆盖;普遍服务第二层次的目标是实现可承受性目标,即在制定产品和服务价格的时候要考虑用户的收入能力;普遍服务第三层次的目标是实现接入的平等,即非歧视,对所有的用户在产品的质量、价格、服务方面做到一视同仁。

可获得性是普遍服务的第一层次目标。所谓可获得性,即服务的普遍性,是指不论何时何地,只要有需求就应该有覆盖全国范围的网络和服务。这里强调产品和服务的可获得,指能够通过网络或其他方式,享用到所需的产品或服务,其主要表现为扩大网络的覆盖率,使产品和服务能够顺畅地输送到公众,满足公众的需求。建立互联互通且覆盖全国的网络是普遍服务的基础条件和首要前提,没有这一基础网络,就是奢谈,可获得性就是空中楼阁,只有这个目标实现了,才能在此基础上对产品和服务提出其他的要求。美国等西方发达国家垄断性产业的早期做法印证了这一论断,虽然没有明确提出普遍服务,或者写入相关法规,但其实践做

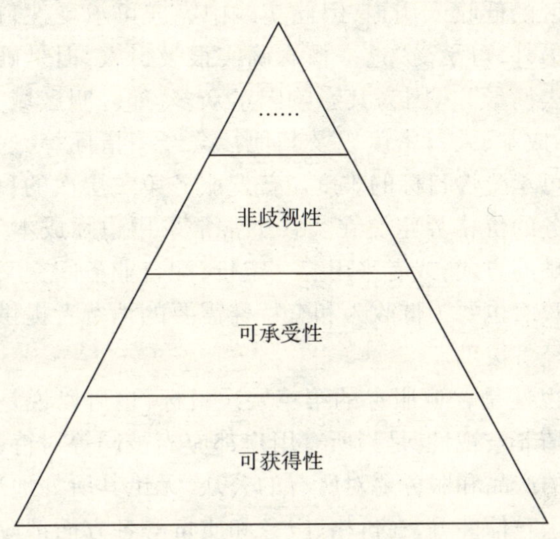

图2－1　普遍服务的三个层次

法却是想尽办法提高网络覆盖率，为公众提供更好的服务。需要指出的是，另一个与普遍服务相近的名词是普遍接入。国际电信联盟就认为，衡量获取信息通信技术标准的关键在于区别普遍服务和普遍接入。普遍接入可以通过家庭、工作地点、学校和公共接入点来实现，更适合中低或低收入的发展中国家；普遍服务是信息在家庭层面的高水平普及，更适合高收入和中上收入国家；因为发展中国家的网络覆盖率是发展中的第一要务，而发达国家则是在网络全面覆盖的基础上，逐步提高服务的质量。总之，提高网络的覆盖率，使公众能够获得其需要的产品和服务，是普遍服务的第一层次目标，也是普遍服务得以开展的基础和前提。

可承受性是普遍服务的第二层次目标。所谓可承受性，是指垄断性产业提供的产品和服务的价格应当为大多数用户能够承受得起。由于普遍服务的对象是高成本地区和低收入用户，高成本地区意味着提供产品和服务的成本很高，常常大于企业能够获得的收益，而且高成本地区的用户往往收入能力更差，即属于生活在高成本地区的低收入用户,因此实践中完成可承受性目标存在很大难度。另外,可承受“这一概念确实很吸引人,但是确实很难用某种方式去衡量”①,因为其影响因素众多,如呼叫区域大小、收入水平、生活成本、人口密度以及其他社会经济指标等,这些也都加重了完成可承受性目标的难度。普遍服务第二层次的目标集中在产品和服务的价格界定。在实践中常常采用边际成本定价,亏损由财政补贴的方式;或者采用统一定价,配合业务间交叉补贴的方式;另外,政府也要为低收入和有特殊需要的消费者提供直接的收入补偿或经济援助。

非歧视性是普遍服务的第三层次目标,也可以说是最高层次目标。所谓非歧视性,是指所有用户都应当被同等对待,即垄断性产业提供的产品和服务要对所有的公众,无论其所处地理位置、种族、性别、宗教信仰等,在价格、服务和质量等各方面都应做到一视同仁。在价格、服务和质量一视同仁,意味着以同样的价格提供同样质量的产品,但是,提供同样质量的产品其成本却可能因为地理位置等存在区别。譬如在人群密集的地区和人口稀少的地区提供同样的质量的服务,其边际成本的差别可能是无穷大。根据市场经济基本规律,成本决定价格,价格反映成本,在成本与价格的巨大矛盾中,降低质量往往就成为一个优选之途。因此,非歧视的重心不应该在价格方面,更多需要强调的是产品和服务的质量,在产品和服务的质量方面,对所有的公众,无论其居住位置,收入多少,普遍服务供给企业都不能区别对待。然而,尽管在各国的普遍服务概念中都有非歧视,但事实上绝大部分并没有相应的内容或细则去规范如何做到非歧视,特别是在服务质量方面。当然,随着发达国家普遍服务的逐步完善,非歧视的相关规定已经开始慢慢出现。

---

① Milne, C., 1995, Meeting Basic Needs in Telephony: A New Focus for Universal Service Objectives?. In Universal Service Obligations in a Competitive Telecoms Environment, Proceedings of Expert Symposium, Analysys Ltd. Cambridge.

基于普遍服务的目标要求，英国学者克莱尔·米尔恩（Claire Milne，1998）认为网络发展水平是导致普遍服务差异的关键因素，而这些差异又在客观上形成对普遍服务的不同要求。表2-2为Claire Milne划分的普遍服务各阶段的条件、目标要求与管理特征等。

表2-2　普遍服务政策的五阶段进程

	建网阶段	网络扩张阶段	市场大规模整合阶段	网络完善阶段	服务个性化阶段
主线普及率	0.5%	1.20%	15.40%	35%~60%	>50%
人均GDP范围	低收入水平	中下收入水平	中上收入水平	高收入水平	高收入水平
业务用户电话	0.30%	20.80%	70%~100%	100%	100%
住宅用户电话	0.10%	5%~30%	20.85%	75%~100%	100%
电话公司文化	企业家主导	政府行政力量	劳动力操纵	商业性（有私有化可能）	竞争性主导
管理重点	大规模投资于新技术	改进网络技术，公共服务	网络扩张	增加收入	增加盈利
网络扩张的主要障碍	资金、适宜的技术与技能	资费过高限制需求，用户转用替代手段	满足待装用户的资源不足	为贫困者提供服务；让社会接受电话文化	市场的吸引力
电信公司的公共政策	刺激投资	为维护本国的安全与经济发展而实行政府控制；各地资费统一	保持低水平的初装费和租赁费以刺激线路需求	网络竞争；按成本导向确定资费	自由、公平的竞争环境
普遍服务目标	技术性的（获取新技术）	地域性的（维护资费的全国统一性）	经济性的（刺激经济增长）	社会性的（形成政治凝聚力）	自由性的（充分满足个人通信需要）

续表

	建网阶段	网络扩张阶段	市场大规模整合阶段	网络完善阶段	服务个性化阶段
普遍服务目标举例	各中心点通长途；所需之处设置公用电话	所有集中居住地点通电话：业务用户的电话普及	住宅电话的普及；满足一切合理的通话需求	人人用得起电话；提供特殊性电话服务	满足每个人的基本电信需求：提供高级业务的普遍接入（特别是教育与医疗）
市场研究重点	付费电话的费率和电话设置地点	小业务用户的需求	住宅用户的需求	农村、残疾人、低收入者的需求	由新业务创造的需求（如移动通信，因特网）
实现普遍服务的措施	制定发放许可证的制度与条件	规定营利性厂商对非营利性厂商的责任	控制费率变更的速度	确定补贴的目标和方法	识别并满足非市场性需求

资料来源：Claire Milne. Stages of Universal Service Policy[J]. Telecommunications Policy, 1998, Vol. 22, No. 9, 775 - 780.

建网和地理位置上的网络扩张是网络发展的两个早期阶段，处于这种早期阶段的国家，电话密度低，限于收入水平，绝大多数人需依靠公用电话和电话局完成通信，因而普遍服务的目标是基本电信业务即固定电话的普遍接入。第三阶段是市场整合阶段，此时要求保护普遍服务的呼声更多的来自电话公司。这是因为，与网络迅猛发展相伴随的是设备租用和安装费均低于成本，此时，竞争的引入需要靠改革资费为条件，由于该阶段待装用户激增，所以，在这一阶段适时的实行按成本定价有利于减少待装，实现普遍服务的目标，而不致威胁到网络的发展。网络完善阶段是电话从奢侈品到必需品的阶段，业务与住宅电话的迅速普及可在十年之内完成。最后的阶段则是电信服务的个性化阶段,目前只有美国等少数发达国家已进入这一阶段的初期水平。自然,以上各阶段的划分只是大体框架,技术(特别是无线通信)的发展完全有可能使某国各阶段的界限模糊,互相重叠,甚至跳跃某一阶段。尽管如此,以上将网络发展作为普遍服务进程标准的分析方法仍不失为政策决策较好的参考性工具,它体现了普遍服务与网络发展的内在关系,展现出其历程由几个相互衔接而又有区别的阶段构成,而每个阶段也被视为拥有自己"天然的"普遍服务目标。

另外,Noam(Noaxn,1994)从经济学的角度,将网络效用和费用曲线放在一起,说明公共网络(Commonnetwork) 的发展对普遍服务的影响。图2-2横轴为电信公共网络规模,以用户数表示,纵轴则为平均成本费用(Average Cost)或效用(Utility)的货币价值,以元为单位表示。图中 P = AC 为平均成本曲线,随着用户数的增加,平均成本先降到 N_1 后才开始递增;另外一条 U(N)曲线为用户使用公共网络后所能获得的平均效用,平均效用将随用户数的增加而逐渐上升到 N_4 后才会缓慢降低。Noam 认为:在 N_1 之前,即建设初期,费用高于效用,除非有来自外部的国家补贴或交叉补贴,否则网络规模不会扩大;从 N_1 到 N_2,这是效用明显上升而成本费用严格下降的时期,网络会自身扩张;到平均费用最低点 N_2 后,效用仍高于费用,网络仍会增长;到 N_3 点时,边际费用和边际效用相等,利润最大;此后随着网络的扩张,利润逐渐下降,过 N_4 点后,费用超过效用,又需要来自于外部的补贴,企业才能继续提供服务。如图2-2所示,在0与N之间,Noam 将公共网络的发展划分为补贴成长阶段、自我成长阶段、引导发展阶段及规范体制下成长阶段四个历程。

由上述普遍服务的三个层次、多个阶段的分析可以看出,普遍服务供给是一个长期的过程。普遍服务在不同的时期有不同的内容,如发达国家已经实现了全国范围的网络覆盖,而发展中国家则仍要为扩张网络进行筹资。而一个国家内部各产业之间的进度亦

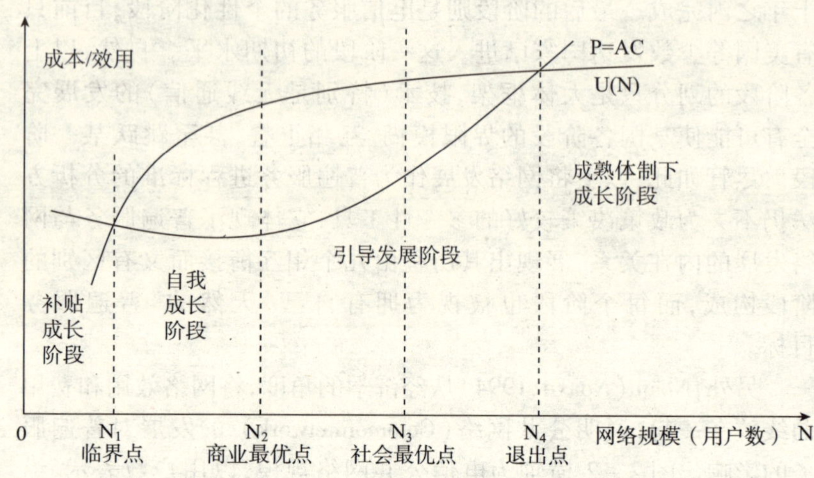

图2-2 Noam公共网络发展模式(Noam,1994)

有不同,政府在制定普遍服务政策时,要考虑产业自身的发展阶段,根据产业的改革进程和发展进程,采取适当的普遍服务供给规制。

2.1.2 普遍服务的理论基础

2.1.2.1 普遍服务与公共产品理论

公共产品理论是现代西方公共经济学的核心理论,它研究公共部门应提供什么服务,以及提供多少服务的问题。长期以来,人们习惯于对现实的物品进行公—私划分,公共产品①正是相对于私人物品而言的。也就是说,人们对公共产品的研究源于对公共性问题的讨论。英国哲学家、经济学家大卫·休谟(David Hume)最早关注这一问题并指出"某些对每个人都有益的事情,却难以由个

① 国内也有人把这个概念译作"公共物品"、"公共品"等。这里选择"公共产品"的译法,因为"物品"和"产品"或"商品"是不同的概念,"公共物品"、"公共品"容易使人误以为是public product或public commodity,不够严谨。

人来完成,而只能通过集体行动来实现,所以需要政府"①。"公共产品"一词最早是由林达尔于1919年在《公平税收》一文中正式提出的。1954年,美国经济学家保罗·A.萨缪尔森(Paul A. Samuelson)发表的《公共支出的纯理论》(Pure Theory of Public Expenditure)一文才率先给出了公共产品的经典定义,"在理论上,市场机制可以有效地解决私人物品的供给和配置,但有一类物品的供给和配置市场机制则办不到,而必须从税收中通过预算支出来解决","纯粹的公共物品指的是这样的物品或劳动,即每个人消费这种物品或劳务不会导致别人对该种物品或劳务消费的减少"。乔治·恩德勒(Georges Enderle)从经济伦理角度指出两条原则定义公共产品:第一条原则是非排他原则,即与私人物品相比较,公共产品的消费不排斥其他人的消费,无论出于技术的原因(因为物品的性质不允许排斥)或者效率的原因(因为这种通过价格负担的排斥将不恰当的变得昂贵),还是出于法律或伦理的原因(因为其他人不应当被排斥);第二条原则是非竞争性原则,它假定与其他消费者的关系(即不止一个消费者对这物品感兴趣)缺乏敌对性或竞争性。恩德勒的贡献在于指出非排他性的原因包含了法律上和伦理上的因素,这样就可以解释那些虽然从技术上可以实现竞争性与排他性、按照效率原则本应该由市场来提供的产品和服务,但仍然被作为公共产品由政府来提供。布坎南(Buchanan,1965)在《俱乐部的经济理论》中指出,萨缪尔森所定义的公共产品是"纯公共产品",而完全由市场决定的产品是"纯私人产品"。实际上,现实世界中大量存在的是介于公共产品和私人产品之间的一种产品,即准公共产品。他认为,"只要是集体或社会团体决定,为了某种原因通过集体组织提供物品或服务,便是公共产品"②。总体上看,萨缪尔森等人对公共产品与私人产品的区分建立了公共产品理论研究的范式,布坎南对准公共产品的讨论则

① [英]大卫·休谟. 人性论[M]. 关文运,译. 北京:商务印书馆,1983:578－579.

② Jmaes M. Buchana. An economic theory of clubs[J]. Economical, 1965(32):1－14.

拓宽了公共产品的概念,公共产品理论成为更多产业和领域研究的基础理论。

普遍服务是社会公共服务的一个组成部分,作为一种无形的服务,其本身的边界很难界定清楚。由于普遍服务的公共性,我们仍以非竞争性和非排他性标准来对普遍服务的性质进行分析。从普遍服务的实践视角看,普遍服务不符合非竞争性的含义,因为每增加一个消费者,普遍服务的成本相应都要增加。网络的建设成本极高,虽然网络建设具有规模经济效应,但高成本地区的用户居住分散,为增加一个新用户,付出的成本是高昂的,边际成本不是零,基本上高于平均成本水平。另外,普遍服务也不符合非排他性特征,垄断性产业提供的产品和服务具有消费上的排他胜,某个消费者占用了一条电信通道,这时别的消费者就不能用这条通道通话,某个消费者消费了一千瓦时的电量,别的消费者就只能消费另外生产出来的电力。虽然普遍服务不能严格满足非竞争性和非排他性标准,但其提供的产品和服务属于准公共产品,是社会生产和公众生活的必需品。普遍服务是公共服务的有机组成部分,在公共服务均等化的理念下,加强普遍服务建设也是政府的义务。正是由于普遍服务提供的产业和服务具有准公共产品性质,普遍服务的公共利益特征显著。

"公共利益"(Public Interest)是一个富含价值的概念,系有关公共生活及公共管理所有价值的常见用语,至今仍未有定论。公共利益概念起源于早期的西方政治思想,原意为政体或公共生活之"善"(The Good)。到了17世纪末期,公共利益一词逐渐取代了政治哲学中惯用的"共同善"(Public Good)及"公益"(Public Weal)等。概括而言,公共利益一般用来泛指某些影响所有人并受到普遍承认的利益,强调全社会成员共同整体的利益,这意味着追求一个政体中大多数人民的共同利益,其基本理念是公共政策最终必须促进每一个人的福利,而非只是促进少数人的福利(Morgan,2001:151-152)。公共利益规制理论就认为,规制是为了保护全体公众或人数众多的社会集团,是为他们的利益制定的。按照植草益(1992)的论述,公用事业部门具有两重性特征,即公共性和企业性。公共性与普遍服务义务的特点相关,企业性则与企业提供这种产品和服务的可维持程度相关,企业要有一定的利润,否则就没有企业愿意进入。这两个目标之间存在一定的矛盾和冲突,主要体现为普遍服务就意味着公用事业产品和服务必须是被普遍范围的公众所接受,不论是低收入还是高收入阶层、是亏损还是盈利产品,这是政府对公民的基本承诺和义务;企业性就意味着企业提供产品需要利润。给定公共性,企业的盈利能力就受到了约束;给定企业的利润,公共性也就很难全面得到满足。王俊豪(2008)认为普遍服务是政府做的正当的事情,是为了维护公众的利益而出台的规制政策。这部分公众的数量很大,是需要政府帮助的群体,他们生活的地区地理环境恶劣、经济发展水平低,基础设施不完善,提供服务的成本非常高,依靠市场竞争,产品和服务提供的可能性几乎为零,因此,为维护全体公民的基本权利,缩小贫富差距,国家制定与实施普遍服务政策,最终实现公共利益。由此可见,普遍服务是为了实现公共利益而制定的公共政策。

2.1.2.2　普遍服务与外部性、亲贫规制

外部性是市场失灵的主要表现形式之一,马歇尔在1890年发表的《经济学原理》中首次提出了外部性的概念,区分了外部经济和内部经济:"对于经济中出现的生产规模扩大,我们是否可以把它区分为两种类型,第一类,即生产的扩大依赖于产业的普遍发展,第二类,即生产的扩大来源于单个企业自身资源组织和管理的效率。我们把前一类称作'外部经济'(External Economics),将后一类称作'内部经济'(Intemal Economics)"。外部性的实质是社会成本(社会收益)与私人成本(收益)的偏离,一般可以分为正外部性(Positive Externality)和负外部性(Negative Externality)。其中,正外部性是某个经济行为个体的经济活动使他人或社会受益,但其本身却不能由此而得到补偿,经济主体从其活动中得到的私人利益小于该活动所带来的社会利益。普遍服务的正外部性是指当某一运营商承担普遍服务义务,向高成本地区或低收入用户提供服

务时,产生的正外部经济效果。即收益附加于普遍服务对象,但普遍服务对象并没有因此而付出相应的报酬。更直观地说,普遍服务运营商的普遍服务行为对低收入用户的福利所产生的好的效果,而这种效果并没有从货币或市场交易中完全反映出来。①

从经济学供求定律角度看,普遍服务的正外部决定着需求与供给的均衡并不能达到经济效率的最优点。我们可以用图 2－3 来分析在普遍服务正外部性存在的情况下,供给小于需求的均衡。

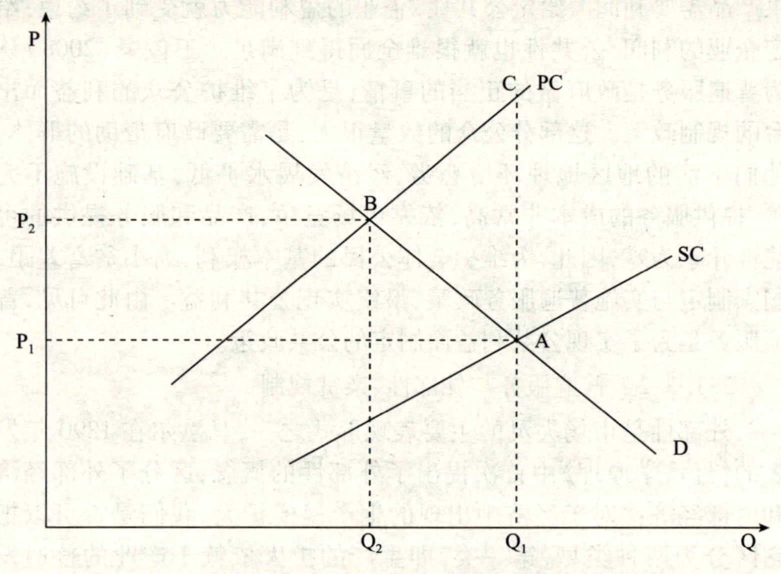

图 2－3　正外部性的资源配置

图 2－3 中横轴表示普遍服务的供给数量,纵轴表示均衡时的价格水平,SC 表示社会成本(Social Cost),PC 表示私人成本(Private Cost)。显然,为了满足整个社会的需求,应该按照社会成本曲线 SC 与需求曲线 D 的交点 A 来决定最佳的普遍服务数量 Q_1 和价格水平 P_1。但是,由于正外部性的存在,私人成本曲线(PC)位于

① 高伟娜:垄断性产业的普遍服务机制研究[D].长春:东北财经大学,2011:46－47.

社会成本曲线(SC)之上,如果企业提供 Q_1 数量的产品,均衡价格水平 P_1 事实上并没有反映企业提供 Q_1 数量时的外部成本 AC,因此企业没有动力去提供社会合意产量水平。对企业来讲,按照私人成本曲线 PC 与需求曲线 D 的交点 B,提供数量 Q_2 和收费水平 P_2 的普遍服务能够维持其发展潜力,因为只有这样,企业的成本既包含了私人成本,也包括社会成本。但是,此时企业提供的普遍服务数量 Q_2 少于社会的需求数量,而且收费水平也偏高。在可承担得起这个普遍服务目标的约束下,企业可能的选择是按照企业成本和需求曲线的交点决定提供的数量 Q_2,并执行 P_1 的价格水平收费,这样企业的损失相比较而言会少一些。因此,政府要强制规制或提供补贴,以使承担普遍服务的企业自觉把普遍服务的供给数量从 Q_2 提高到 Q_1。

如何将外部性内部化?庇古希望借助政府的力量将外部性内部化,而科斯希望通过市场机制来实现内部化过程。庇古(Pigou)认为,由于外部性的存在而引起的边际私人纯产值与边际社会纯产值的背离,不能靠在租约中或合同中约定补偿的办法予以解决,这时市场机制无法发挥作用,即产生市场失灵,必须借助外部力量加以解决,即政府干预。此后在解决外部性问题方式上,经济学家基本上均主张以税收的形式或补贴的形式来解决外部性问题,强调政府规制和立法的重要性。解决外部性问题,强调政府规制和立法的重要性。科斯(Ronald Coase,1960)主张在外部性问题上应当是使当事人所遭受的损失尽可能小,而不能局限于私人成本和社会成本的比较,因此他提出通过市场交易从而将外部性内在化,这样就可以导致资源的有效配置或社会产值最大化安排。当然,在现实世界中,科斯定理所要求的前提往往不存在,因此,依靠市场机制矫正外部性是有一定困难的。但是,科斯定理提供了一种通过市场机制解决外部性问题的新思路和方法。

无论是补贴还是界定产权,其实对于外部性的政府干预都有一个核心理念,那就是尽可能保护贫困消费者的利益,这其实就是亲贫规制思想。所谓亲贫规制(Pro - poor Regulation),从广义角度来定义(World Bank/PPIAF,2002),就是采取有利于穷人的规制措施来保护贫困消费者的利益,不管他们身处何地(城市或农村),也不管是谁在为他们提供服务。简单地说,就是采取有利于穷人的规制措施,这包括对富人和穷人实行差异化的服务策略,进行政府补贴等。亲贫规制往往伴随着补贴措施,但任何一种补贴方案,不管它是如何被设计的,总会有一些限制。比如它会扭曲相对价格水平,对非目标群体的漏出效应,或者造成浪费性消费等,而这些都会降低经济效率。政府一方面允许价格是反映经济稀缺资源的真实成本,另一方面又通过给予那些不能支付这些价格的消费者以直接的补贴。Foster、Gomez - Lobo 和 Halpern (2000)的研究表明,在发展中国家和经济转型国家,这些直接补贴的行政成本需要可能超过了这些国家的经济能力。Sophie Tremolet 和 Sara Browning (2001)认为,亲贫规制还应考虑规制设计和规制制度的框架,其中涉及以下诸多问题:①垂直定位(Vertical Location),即究竟是哪一级政府来实施规制?是联邦政府,地方政府还是市政府?一般地,离服务提供水平越近,则越应该承担为贫困消费者作为规制主体的责任,当然,这需要财权和人事权的提高,然而,越是低一级的政府越缺乏这种能力。②水平定位(Horizontal Location),即多部门的规制是保护穷人的利益的吗?一般地,多部门的规制体系往往可以减少交易成本和加强部门间的有力合作和协调,然而由于不同部门的产品生产和提供的特殊性,这种统管一切的规制体系往往缺乏规制设计的针对性,从而在另一个方面造成规制失灵,越是在发展中国家,普遍实行的却正是这种多部门的规制体系。③是否应设立一个专门的亲贫规制主体?如果设立一个专门的亲贫的规制机构,那么其结果可能是会冒损害穷人长期利益的风险,这是因为它将主要的服务提供者和众多的服务可能提供者人为分开,从而将穷困消费者限制在一个特定的制度下。此外,亲贫规制的设计和更有效率的补贴方式,需要有贫困居民在消费、支付意愿以及社会经济个性等方面的更连续和详尽的数据资料。尽管亲贫规制实行起来非常麻烦和困难,但 Rohan Samarajiva、Sri Lanka (2002)的研究表明,一个好的规制体系不仅能够通过给予企业适当的激励而保证不断提高的公用事业的产品和服务的供给，而且还能直接将这些产品和服务的提供针对穷人。①

2.1.2.3　普遍服务与责任理论

“责任”在现代社会中已成为人们非常关注、重视的一个概念，同时，也是公共管理中所追求的一种理念。根据布莱克维尔政治学百科全书解释，责任（Responsibility）在政治活动和公共管理中最一般的含义是指与某个特定的职位或机构相联系的职责。

为了回应社会诉求，“政府责任”逐渐成为世界许多国家政府所追求的行政理念与模式。1829 年英国的政治辩论中首次出现“责任政府”（Responsibility Government）这个概念，英国率先形成了责任政府制度，英国的政治家和学者最先研究和概括本国的责任政府制度，形成了责任政府理论。一般而言，责任政府通常从政治或行政角度出发，以责任政府本身为研究对象，探讨一个责任政府应该是什么样的。政府责任则是从另一个角度研究政府的责任，即从社会或公共经济角度出发，以政府应该承担起怎样的责任为目的，探讨政府应该对什么事项负责。从政治学角度谈政府责任，更多地集中在对政府自身运作所应该承担的法律责任、行政责任、道德责任等展开评述。从经济学角度论述政府责任，则是从政府应该在市场失灵，如公共产品、垄断、外部性和信息不对称等领域，进行干预，对社会经济生活进行配置、分配、调节和稳定等，缓解市场失灵所造成的短缺、不公平等现象。亚当·斯密（Adam Smith）②在《国富论》中论述君主暨政府的义务时认为，君主或国家的三大职责分别是：“保护社会免受其他独立社会的暴行的侵略”，“尽可能保护社会的每一个成员免于社会每一个其他成员的不公正和压迫行为的伤害”，“建立和维持公共机构和公共工程”。简而言之，

① 许峰．中国公用事业：民营企业进入中的亲贫规制[D]．上海：复旦大学，2006.

② [英]亚当·斯密．国民财富的原因和性质的研究（下卷）[M]．杨敬年，译．西安：陕西人民出版社，2001：759－790.

这三大职责分别为国防、司法、公共工程和机构。政府责任理论的发展为垄断性产业的普遍服务提供了基础，政府在普遍服务义务方面负有不可推卸的责任已成共识。世界银行在《1997 年世界发展报告——变革世界中的政府》中认为，政府的第一项职责是做好基础性工作并保证全社会的公平。罗国亮、刘志亮（2007）认为电力普遍服务是公共服务的重要组成部分，在电力普遍服务中，政府必然要发挥主导核心作用，确保电力普遍服务得到提供。电力普遍服务不管由谁来提供，不管用什么样的方式提供，最后对电力普遍服务提供的结果负责的是政府。政府监管的目标就是使电力普遍服务的目标、标准和范围落到实处，政府必须对电力普遍服务的实施结果进行监督和评估。并认为政府干预电力普遍服务的重要渠道和手段其实就是政府承担服务的成本，政府对普遍服务的成本付费，也就是政府"买单"。杨万华、张明玉（2007）提出电力社会普遍服务的责任主体应该是政府部门。一方面，作为政府有义务保障公民的基本权利，包括生存权。全面实施电力社会普遍服务，是满足人民生活需求和国民经济持续稳定健康发展的重要措施。另一方面，电力社会普遍服务应该是扶贫工程的一部分。政府须肩负起电力社会普遍服务的责任，对普遍服务进行立法、规划、监管，真正的让所有公民用得上，用得起电。王俊豪（2009）认为电信、电力、邮政、铁路运输、自来水等垄断产业提供的基本服务应属于人民群众享受的生活必需品。但由于在农村和山区边远地区的基础设施建设滞后，经济发展水平低，许多人无法消费垄断产业的这些基本服务。同时，在城镇也存在低收入群体、下岗失业人员、孤老伤残人士等弱势群体，他们也难以充分享受垄断产业的基本服务。对于这些落后地区和弱势群体，政府和有关垄断产业经营企业有责任通过提供有关普遍服务，落实普遍服务政策，逐步使全体人民有能力享受垄断产业的基本服务。

企业社会责任（Corporate Social Responsibility）是社会经济发展到一定阶段的产物，这一概念的提出，颠覆了传统观念中"企业就是追求利润最大化"的观点。人们开始探讨企业除了满足投资者的需求外,究竟还应该担负怎样的责任和义务。20 世纪以后,工业的大力发展产生了许多负面的影响,批评家们开始指责“社会达尔文主义”的残酷和冷漠,并意识到企业必须承担应有的社会责任。英国学者欧文·谢尔顿(Oliver Sheldo,1923)最早提出企业社会责任概念,他把企业社会责任与企业满足产业内外人们需要的责任联系起来,认为企业社会责任含有道德因素。霍华德·W. 鲍恩(Howard Brown,1953)出版 *Social Responsibility of the Businessman* 一书,认为企业社会责任是指商人按照社会的目标和价值,向有关政府靠拢、作出相应的决策、采取理想的具体行动的义务。美国佐治亚大学教授阿奇·卡罗尔(Archie Carroll,1979)提出企业社会责任金字塔(Pyramid of Corporate Social Responsibility)模型,他认为企业社会责任指某一特定时期社会对企业所寄托的经济、法律、伦理和自由决定(慈善)的期望,包括经济责任、法律责任、伦理责任和慈善责任。即企业必须负有生产、盈利及满足消费者需求的经济责任:企业必须在法律范围内履行其经济责任的法律责任;企业必须符合社会准则、规范和价值观的伦理责任;企业必须具有坚定意志和慈爱心怀的自愿责任。韦翰尼(Werhane)认为“企业的社会责任是指企业具有的那种超出于对其业主或股东狭隘责任观念之外的替其整个社会所应承担的责任”。欧盟认为企业社会责任是指企业在自愿的基础上,把生活和环境的影响整合到企业运营以及与利益相关方的互动过程中。20 世纪 70 年代中叶,美国经济发展委员会发表了 *Social Responsibilities of Business Corporations* 一文,文章指出,主动承担社会责任,可以使公司经营者更加灵活地、建设性地、高效率地开展经营活动,还可以避免在企业对社会责任麻木不仁而导致商业道德危机时政府或社会对企业进行的不必要的制裁措施。对于企业社会责任,虽然企业界、政府、国际组织的主流观点认为是企业自愿采取的措施,是建立在企业自愿基础上的一种自愿性的、非强制性行为,但是,在企业社会责任实践中,企业社会责任越来越带有“强制性”,企业社会责任在某种程度上从一种倡导变成了一种实质性的约束。大部分企业认为社会责任的投入应量力而行，在社会责任自检报告中表明，企业承担责任的主要动力在于政府相关部门的号召或者要求，或者说，企业把很多社会责任内容作为政治任务来承担。廖进球、吴昌南(2009)提出电力产业改革后，电力产业运营模式由原来的垂直一体化模式转为纵向分离模式，目前我国电力产业正处于输配售一体的模式。随着电力产业运营模式的变化，电力普遍服务的主体也发生了变化。在垂直一体模式下，电力普遍服务的主体是政府；而在输配售一体模式下，电力普遍服务的主体是电网企业。

2.1.2.4　普遍服务和 Atkinson – Stiglitz 定理

从普遍服务“对所有用户提供同样价格和质量的基本产品或服务”定义出发，在一定意义上，普遍服务是专门针对高成本地区和低收入人群的一种更多出于“公平”而非“效率”的特别服务。其目的主要有两个：

一是对高成本地区的援助，以平衡地区发展问题。关于这一点，美国经济史学家 FalkIler 指出，“铁路的经济意义绝对不仅仅是简单地提供运输，更重要的是在打破农村的孤立形态以及连接农村与城市之间的关联利益方面，其所产生的城乡便利与社会意义可以说是无法估计的”[①]。吉尔伯特·C. 菲特也认为，“铁路线网络有利于充分利用广阔地域所带来的各种各样的自然资源，充分发挥专业化的优越性”[②]。当然，普遍服务促进地区间平衡发展，其实这不仅仅是铁路，也是邮政、电信、电力、航空等网络型产业的共同价值[③]。

二是对低收入群体的援助，以治理弱势贫困问题。电信、邮政、电力、交通等网络型产业的普遍服务，实践中主要是通过价格交叉补贴来实现供给，从理论上说，这实质上是低成本地区(城市)用户对高成本地区(农村)用户进行的某种转移支付，是消费者集

---

① [美]福克纳. 美国经济史(下卷)[M]. 北京：商务印书馆，1964.

② [美]吉尔伯特·C. 菲特，等. 美国经济史[M]. 大连：辽宁人民出版社，1981.

③ 胡汉辉，刘怀德. 产业开放背景下的普遍服务问题之我见[J]. 东南大学学报(哲学社会科学版)，2002，(3).

团内部消费量较大的大客户和地理位置处于优势的城市用户向消费量较小的一般居民用户和地理位置较偏的农村用户的收入再分配过程。显然，普遍服务带有逆市场操作的色彩，普遍服务的目的更多的是出于“公平”考虑，而非“效率”①。

尽管普遍服务往往与政治、人道主义、公平发展等联系在一起，普遍服务供给有诸多规范或实证意义上的考虑，但这并不意味着提供普遍服务就一定是合理的。因为，著名的 Atkinson - Stiglitz 定理（阿科森和斯蒂格里兹定理，以下简称 A - S 定理，1976）证明：直接对收入或劳动力等生产要素征税，而不是利用扭曲产品或服务的相对价格，是实现收入再分配的最佳方式②。

因此，与 A - S 定理相对应的一个关于普遍服务的流行命题是：

命题：即使需要收入再分配，也不一定非要选择普遍服务政策，因为实施普遍服务政策实质上等于让政府代替消费者进行消费选择，但政府的选择不可能代表消费者的偏好。

表面上看来，上述命题无疑对普遍服务政策形成一个严重挑战。但实际上，A - S 定理与普遍服务政策并不矛盾，因为 A - S 定理的成立需要具备以下 5 个假设条件③：

表 2 - 3　　A - S 定理的假设条件

假设 1：消费者获得收入的能力有区别，并且税务部门不能观察到这些区别，因为消费者获得收入的能力是私有信息；
假设 2：税收部门可以证实消费者的实际收入；
假设 3：收入税的设计不受任何限制；
假设 4：消费者的偏好相对于劳动投入（如工作时间）和产品或服务而言是可以分离的，也就是说，消费者对任何两种产品或服务的偏好与劳动投入无关，任何两种产品或服务之间的边际替代率与劳动投入无关；
假设 5：不存在消费外部性。

① 李以宁. 浅析我国电信改革中的普遍服务［J］. 当代财经，2005，（11）.

② 张昕竹. 普遍服务——以电信为例［EB/OL］. http://iqte.cass.cn/iqteweb_old/rcrc/rcwp21.htm.

③ Atkinson，A. B. and Stiglitz，J. E.，1976. The design of the tax structure：Direct versus indirect taxation［J］. Journal of Public Economics，（6）：55 - 75.

从上述表 2 – 3 所示的 5 个假设条件可知,A – S 定理基本上是理想模型,因为在实践中上述 5 个假设更多情形是无法同时满足。对于普遍服务,其存在的可能性则可以证明如下:

A – S 定理的假设 1 无疑是成立的,因为现实中几乎每个人获得收入的能力都存在事实差异,这也是任何再分配政策存在的前提。但是对于电信、电力、邮政等网络型公用事业,A – S 定理的第 2 ~ 5 个假设基本上不可能同时满足,那么在这种情形下的普遍服务便是一次性直接税的良好替代。具体而言,假设 2 要求税收部门能了解每个消费者的实际收入,这显然是不能的,现实中大量的逃税或避税的行为完全可以证明这一点。假设 3 在现实中也不成立,因为预算平衡约束始终影响任何“税收—补贴”形式的再分配,而通过销售价格的交叉补贴其实是自然垄断产业或垄断厂商的内部行为,所谓财政约束更不能存在。假设 4 在现实中往往也不成立,因为不同的消费者对自然垄断产品或服务有不同的偏好。假设 5 在外部性存在的条件下也是不成立的。外部性主要有两种情况:其一如电信业的网络外部性,网络覆盖增加将是电信用户获得更大范围的互联互通收益;其二是“俱乐部效应”,电力、邮政、铁路等网络型公用事业都存在这种效应,以电力为例,如果有足够多的消费者来分摊成本,输配电网络完全可以覆盖到投资成本相当高的偏远山区,但是没有消费者愿意第一个通电,尽管此时全社会福利可能是增加的。

通过上述论证可知,在一定条件下,利用普遍服务政策实现收入再分配可能会是一个好的选择。但是,基于交叉补贴机制的普遍服务政策并不是有效率的方式。因为放松规制就会产生“吸脂”(Cream—skimming)效应,并导致普遍服务供给失灵和规制困境,关于这一点正是本书重点关注的问题,将在本书后面章节详细展开讨论。

2.2 中国电力普遍服务的定义和供给

2.2.1 电力普遍服务的引入

诚如上述,普遍服务的概念虽然是从电信事业发展出来的,但此概念不仅适用于电信事业,也可以援引至所有网络型公用事业,可视为是网络型公用事业的一般概念。电力事业不仅是国民经济和社会发展的重要基础产业,也是具有自然垄断特征的网络型公共事业领域,自然具有普遍服务的性质。回顾中国电力产业发展历程可知,电力普遍服务其实是电力体制改革过程中引入的"全新"理念①。

2002 年,《国务院关于印发电力体制改革方案的通知》(国发〔2002〕5 号),将"负责监督社会普遍服务政策的实施"明确纳入了新设立的国家电力监管委员会的规制范畴。这是首次在有关电力行业的政策上出现普遍服务概念,同时也意味着国家正式明确电力企业承担着普遍服务义务。

2003 年,《国务院办公厅关于印发国家电力监管委员会职能配置内设机构和人员编制规定的通知》(国办发〔2003〕7 号)再次明确国家电力监管委员会"负责监督电力社会普遍服务政策的实施,研究提出调整电力社会普遍服务政策的建议",具体由电监会供电监管部"根据国家有关政策制定电力普遍服务计划并监督实施"②。

2005 年,《关于公布"电力业务许可证管理规定"的令》(电监会 9 号令)规定,申请供电类电力业务许可证的,必须"承诺履行电

① 在中国官方文件,一直用的是"电力社会普遍服务"一词。本书为了研究的可比性和严谨性,一律使用"电力普遍服务"术语。

② 中国政府网. 国务院办公厅关于印发国家电力监管委员会职能配置内设机构和人员编制规定的通知[EB/OL]. http://www.gov.cn/zwgk/2005-08/12/content_21892.htm,2005-08-12/2011-03-01.

力社会普遍服务义务”，提供履行电力社会普遍服务义务的承诺书[①]。

2005年，《电力企业信息报送规定》（电监会第13号令）规定，从事供电业务的企业应当报送“提供电力社会普遍服务的情况”[②]。

2007年，《国务院办公厅转发电力体制改革工作小组关于“十一五”深化电力体制改革实施意见的通知》（国办发〔2007〕19号）提出“制定、实施农村电力社会普遍服务政策”[③]。

2009年，《供电监管办法》（电监会27号令，自2010年1月1日起施行）进一步明确，电力规制机构对供电企业履行电力社会普遍服务义务的情况实施规制，供电企业应当按照国家规定履行电力社会普遍服务义务，依法保障任何人能够按照国家规定的价格获得最基本的供电服务[④]。

当然，如果从内涵一致性角度，在中国现行的电力法律、法规及相关政策中，对于电力普遍服务可以说也有部分规定。比如，《中华人民共和国电力法》第八条“国家帮助和扶持少数民族地区、边远地区和贫困地区发展电力事业”，第二十六条“供电营业区内的供电营业机构，对本营业区内的用户有按照国家规定供电的义务；不得违反国家规定对其营业区内申请用电的单位和个人拒绝供电”，第四十一条“对同一电网内的同一电压等级、同一用电类别的用户，执行相同的电价标准”[⑤]。此外，国家还颁发文件，确定了

---

① 中国政府网．http://www.gov.cn/gongbao/content/2006/content_389593.htm.

② 中国政府网．电监会13号令[EB/OL]．http://www.gov.cn/ziliao/flfg/2005-12/08/content_121230.htm,2005-08-12/2011-03-01.

③ 国务院办公厅文件．国务院办公厅转发电力体制改革工作小组关于“十一五”深化电力体制改革实施意见的通知[EB/OL]．http://www.gov.cn/zwgk/2007-04/12/content_580305.htm,2007-04-12/2011-03-01.

④ 国家电力监督委员会．《供电监管办法》（电监会27号令）[EB/OL]．http://www.serc.gov.cn/zwgk/jggz/200912/t20091208_12416.htm,2009-12-08/2011-03-01.

⑤ 中国政府网．中华人民共和国电力法[EB/OL]．http://www.gov.cn/ztzl/2005-12/30/content_142165.htm,2005-12-30/2011-03-01.

对少数民族地区、边远地区和贫困地区的农村电力建设采取重点扶持，以及对农村用电价格按保本保利原则确定、城乡同网同价等政策。

2.2.2　中国电力普遍服务的内涵与外延探讨

尽管电力普遍服务如上述早在2002年已经写入中国的政府文件和相关法规，但是，对于电力普遍服务的定义，即什么是电力普遍服务，无论是中国政府还是电力监督委员会的官方文件至今都没有明确。

现有研究文献引用的关于中国电力普遍服务的定义，基本上出自2003年时任国家电力监管委员会副主席宋密在《积极推进电力体制改革，构建新形势下的电力社会普遍服务体系》一文中的提法，即"电力社会普遍服务包括三层含义：一是可获得性，即无论何时何地，都应当得到电力的服务；二是非歧视性，即所有用户都应当被同等对待；三是可承受性，即服务的价格应当为大多数用户所能够承受"①。

应该说，这个关于电力普遍服务的定义基本上融入了网络型产业普遍服务所应具备的三大共性：其一是"普遍性"或"可获得性"，对于那些希望得到并愿意付费的所有用户，无论其在何时或者处于何地，都应该保证其可以享受到基本的服务；其二是"非歧视性"或"平等性"，所有的普遍服务受众对象，都没有年龄、性别、职业、民族、地理上的差别，都可以机会均等地获得普遍服务，并且不存在资费和标准上的歧视，应获得一视同仁的待遇；其三是"可支付性"或"可承受性"，产品或服务的价格水平应该限定在一个用户可以承受的合理、适度范围。

但是，考虑到放松规制与电力市场化改革所带来的影响，电力普遍服务还需要在上述三大共性的基础上特别强调"强制性"。这

① 宋密．积极推进电力体制改革 构建新形势下的电力社会普遍服务体系[N]．中国电力报，2003-12-23(1)．

主要是对普遍服务供给者的一种强制义务或责任约束，是国家法律与政策要求企业必须做到的。事实上，对普遍服务供给商进行成本补贴，就是要求企业基于义务和责任为全体公民提供普遍可以接受的价格来满足基本的生活用电需要。当然，政府相关职能部门也必然实施规制，监督普遍服务供给商的相关义务和责任的落实。

基于对上述电力普遍服务四个基本特征的认识和理解，笔者以为，中国电力普遍服务的内涵和外延可以这样来界定：

在内涵上，笔者赞成把电力普遍服务定义为“在授权的市场范围（供给区域），电力供给商（供给主体）在其生产能力限度之内（供给能力），必须向那些希望得到服务并愿意支付的所有消费者（供给对象），提供具有相同服务种类、资费、质量等（供给标准）的基本电力服务”。

在外延方面，笔者以为，电力普遍服务至少应该包括如下三个方面的内容：

第一，消费群体上的普遍服务。也就是说，电力普遍服务供给商在提供产品或服务时不能因为用户所处区域和阶层而对不同的消费群体实行有区别、歧视性对待。这一点对当前电力普遍服务尤其重要，因为目前中国无电户主要散落在偏远山区甚至孤立的小岛，电力普遍服务供给商在技术、经济条件成熟的前提下，必须对这些无电户实施电力普遍服务，绝对不能借以自然环境恶劣、用电量低、供电成本高、无利可图等诸多借口。

第二，时间空间上的普遍服务。电力普遍服务供给商须尽最大努力保证一致、充足、持续的服务来满足供给区域内的普遍服务需求。必须在授权的市场范围内提供一致的普遍服务，“禁止挑肥拣瘦”，绝对不能以“超负荷”为由，任意中断电力服务，相反，应保持一定的“峰值能力”或“贮备能力”等。

第三，服务种类上的普遍服务。获得特许经营权的电力普遍服务供给商，绝对不能对高成本地区或低收入用户进行任意中断或停止提供基本电力服务种类，必须在该授权区域内为消费者提供无差别的电力普遍服务种类。①

当然,电力普遍服务在国内尚属新概念,其“供给内容会随社会经济的成熟度、科技的进步、社会价值观的不同而有所改变”(OECD,1995:25),因此需要不断探索。

2.2.3 电力普遍服务供给主体、对象、成效及问题

2.2.3.1　电力普遍服务供给主体

2002 年电力体制改革前,电力工业作为一个独占垄断企业而存在,发电厂与供电局仅仅是电力的生产车间和销售网点。其中,发电厂负责把煤、天然气等一次能源转化为电能,供电局则负责把电能从发电厂经过输配后卖给用户,或者转售给趸售用户②再到终端用户。在这种垂直垄断一体化环境下,电价不是由电力企业根据其成本制定,而是由国家和地方的价格管理部门根据当地的物价和生活水平来制订一个目录电价。尽管没有明确提出“电力普遍服务”的概念,但是各级政府在制订目录电价时,都默认了电价交叉补贴的存在,使电力企业在其内部可以从高利润业务与地区转移支付给低利润业务与地区,因此电力企业实质上就是普遍服务的实施主体。

2002 年电力体制改革后,政企分开、电力市场化改革、电力垂直垄断一体化的运营体制被打破,厂网分开,电力企业成为不依附于政府的独立市场主体。目前,对于电力普遍服务供给主体主要

---

① 蔡炳煌. 经济法视野下的公用事业普遍服务原则[D]. 重庆: 西南政法大学,2010:10.

② 符合国家有关法规规定,以县级行政区域为供电范围的县级趸购转售单位称为趸售用户。所谓趸售,是与直供相对应的,指向与公司联网(网外)的各县电力公司供电。在 1998 年进行农村电网改造之前,中国约有 2400 多个县级供电局和企业负责农村电力的输送,其中三分之一由上级电网公司对供电企业进行直接管理,称为直管直供县;三分之一由供电企业自行经营,称为趸售县;另有三分之一则完全由企业自己发电自己供电,称为自供自管县。

存在三种观点:即企业说、政府说[1]和混合说。笔者以为,企业才是真正的普遍服务供给主体,而政府对于普遍服务而言更多的应该是作为规制主体。具体来讲至少包括三个方面:第一是政策。首先,电力普遍服务不管由谁来提供,不管用什么样的方式提供,最后对电力普遍服务提供的结果负责的是政府。其次,就是政府要制订普遍服务目标、标准、内容和范围等,中国的电力普遍服务的目标应该分地区、分阶段、分层次逐步实现,规制目标就是使电力普遍服务的目标、标准、内容和范围落到实处。第二是规制。首先,政府应制定电力普遍服务的规则和标准,并加以严格的监管,通过监管充分发挥市场的作用,同时减少市场失灵带来的危害。其次,是对结果进行评估。政府制订目标,对结果负责,所以政府必须对电力社会普遍服务的实施结果进行评估。第三是买单。首先,政府通过直接购买电力普遍服务以承担服务的成本,这是政府干预电力社会普遍服务的重要渠道和手段,它能够起到的作用是通过政府付费来实现服务的均等化,保证电力普遍服务提供的均等性;其次,是通过付费职能确保基本生活用电的供应和需求,实现区域发展平衡和社会和谐。当然,考虑到中国的实际情况和公共事业民营化理论与实践趋势,并不排除采取“新的政企合作”,即公私伙伴关系(Public - Private Partnerships, PPP)[2]模式来共同实施普遍服务义务。

(1)供电企业天然是普遍服务供给主体

电力社会普遍服务的供给主体首先、天然是供电企业。就中国目前而言,其组成包括国家电网公司和南方电网公司所属的供

---

① 支持政府说观点主要依据现行的《电力法》第八条规定“国家帮助和扶持少数民族地区、边远地区和贫困地区发展电力事业”,可见政府是电力普遍服务实施过程中的主体之一。

② 20世纪90年代,英国率先提出了公私伙伴关系(Public - Private Partnerships,简称PPP或PPPs,又译公私合伙或合营、公私合作制、公私协力)理念以积极开展公共服务民营化,但到目前为止并没有形成一个严格、统一的认识。联合国发展计划署(1998)将公私伙伴关系界定为“政府、营利性企业和非营利性企业基于某个项目而形成的相互合作关系的形式”。

电企业，以及包括水利厅管辖的以小水电为主的电网在内的地方所有的供电网络。根据现行《电力法》第25条规定，之“供电营业区内的供电营业机构，对本区内的用户有按照国家规定供电的义务，不得违反国家规定，对其营业区内申请用电的单位和个人拒绝供电”①。供电企业天然是普遍服务供给主体，还有更多理由支撑：一方面，无论是大网还是小网的供电营业区，一般都是专有和垄断的，所以供电企业必须承担电力的普遍服务；另一方面，供电企业大部分是国有企业，从国有企业性质而言具有不可推卸的义务和责任；除此以外，供电企业同时还有独特的技术优势、完整的电力专业技术人才优势，往往也是最能够了解当地的情况，最能够提出当地普遍服务的规划办法，也最能够知道当地电力社会普遍服务的重点与难点等。

(2)发电企业成为普遍服务供给主体的可能性

电力体制改革后，中国电力工业中独立出来了5大发电集团，以及若干中小型水电、火电企业。从电力产业链角度，发电企业一般只要把生产的电能通过竞价上网的方式卖给电网企业就可以了，消费者用电由电网企业负责，因此，传统的观点是发电企业不应该承担电力普遍服务义务。但是，正如我们一再提到，中国现存的无电户主要分散于偏远山区甚至孤立的小岛，这很可能使得输配电网络延伸绝对不经济，甚至不可能。但是这些地区如果水力发电、太阳能发电等可再生能源供电存在可能性，那么由发电企业来承担这些地区和人口的普遍服务义务，可以解决输配电成本过高、亏损严重等问题，从而最大程度实现电力普遍服务供给。所以从这个角度看，发电企业可以成为合格的电力普遍服务供给商。

当然，如果以发展的角度分析，中国电力市场化的进程必然是继续将输配电分离，形成发、输、配、售环节完全竞争。因此，输电、配电

① 中国政府网．中华人民共和国电力法[EB/OL]. http://www.gov.cn/ztzl/2005-12/30/content_142165.htm,2005-12-30/2011-03-01.

企业也应该是电力普遍服务的供给主体。简而言之,完全竞争环境下,具备电力资质的电力企业都可能成为电力普遍服务供给者。

2.2.3.2 电力普遍服务供给对象

根据普遍服务"用户市场结构"模型(图1-1),也可以对电力普遍服务供给对象进行分类。一方面,在中国13亿人口中有9亿农村人口,如果按照政府的贫困线①划分,目前大约有4000万贫困人口,如果按照世界银行每人每日1.25美元的贫困线标准②,中国的贫困人口将更多,这些数据意味着中国农村电力普遍服务任务的繁重。另一方面,从成本角度,一般认为农村是高成本地区,而城市是低成本地区。理由是在农村地广人稀,绝大多数用户以生活用电为主,电力负荷需求密度一般都较低,输配电网损较大;相反,在城市人口稠密,输配电网能够充分发挥其规模经济效益,线损一般较低,高收入水平导致家庭电气化程度普遍较高,电力负荷需求密度远高于农村地区。为此,如果将收入在贫困线以下的电力消费者称为贫困电力消费者,其他称为非贫困电力消费者,那么以收入和成本为划分标准,可细分为以下四类电力消费者,如图2-4所示。

	高供电成本	低供电成本
高收入	(Ⅰ) 农村非贫困电力消费者	(Ⅱ) 城市非贫困电力消费者
低收入	(Ⅲ) 农村贫困电力消费者	(Ⅳ) 城市贫困电力消费者

图2-4 中国电力普遍服务的受众对象

就农村非贫困电力消费者(Ⅰ)而言,家庭收入相对可观,家庭电气化达到一定水平,甚至可能通过经营家庭小作坊,或者开办乡

① 1985年,中国首次确定人均年纯收入200元作为贫困线,2009年,将贫困线提高至人均年收入1196元。

② 世界银行网站,2008年,《关于发展中国家的最新贫困人口测算数据》。世界银行使用"购买力平价"(PPP)的方法,将世界贫困线标准从1美元提高至1.25美元。

镇企业等,将生产与生活用电的可变成本部分全部或者部分计入产品的成本中,农村生活电费基本上不会成为其负担,因此他们不是电力普遍服务受众对象。

对城市非贫困电力消费者(Ⅱ)而言,家庭收入非常可观,虽然家庭电气化达到了较高水平,但是电费占其家庭总收入的比重比较小,因此他们更多的是梯度电价关注对象,而非电力社会普遍服务受众对象。

就农村贫困电力消费者(Ⅲ)而言,家庭收入很少,基本上还未解决温饱问题,家庭电气化基本上处于极度贫乏状态,即使通过政策减免电力接入方面的固定投资与维护成本,其生活用电的可变成本也很可能成为家庭重要负担,因此他们是电力社会普遍服务的重点对象。

就城市贫困电力消费者(Ⅳ)而言,家庭收入有限,家庭电气化还处于初级阶段,面临高昂的城市生活成本,基本生活电费也可能成为家庭负担,特别是生活在城市的孤寡老年人和弱势群体,因此他们也是电力社会普遍服务的供给对象。

2.2.3.3　电力普遍服务供给成效及问题分析

政府之所以要把电力普遍服务作为重要的公共政策,与电力行业的基础性地位密不可分,综合而言,电力普遍服务的必要性主要源于以下几个方面[①]:第一,作为重要的基础性投入,电力供应与社会生产密切相关。普遍服务的可接入性可以保证落后地区的社会生产能够获得相应的电力供给,为落后地区的社会经济发展提供支撑并保证其可持续性,也就是说,电力普遍服务对改善当地的社会生产至关重要。第二,作为现代文明的标志,电力与人民日常生活密切相关。电力普遍服务的实施可以为弱势群体和落后地区居民提供基本的电力供给,在提高人们生活水平和生活质量,帮助居民获取外界社会、经济、科技、教育信息方面起着非常重要的作用。第三,目前社会尚存在着相当数量的需要社会关注的人群,如

① 阚光辉. 我国电力普遍服务问题研究[J]. 电力技术经济,2006,05:7-10.

低收入阶层、残疾人等，以及地处农村和边远地区的人口，他们同样需要基本的电力服务改善其生产和生活现状，提高生活质量。如果不能保证他们的用电需要，社会的不平等程度便会进一步拉大，并因此带来或加重社会矛盾。特别是在人类文明日益提高的信息社会下，通过电力普遍服务实现可持续发展和构建和谐社会就显得更加重要。

从电力普遍服务的性质和所期望达到的目标来看，电力普遍服务具有明显的社会福利性和公益性特征，是政府部门实施公共管理的重要职责，是一种消除用电贫富差距的非营利的政府行为。属于政府公共政策目标的范畴。事实上，电力行业一直在不同程度地履行着电力普遍服务的义务，并且成效显著。从最早提出的“人民电业为人民”到“三为服务”，从县县通电、村村通电、户户通电到扶贫通电工程，从农村用电标准化、农村电气化建设到全国范围的“两改一同价”、“优质服务承诺”等，都是电力普遍服务的具体体现。

但就目前中国的电力服务情况而言，我国实施电力社会普遍服务还存在诸多问题，如意识上的问题。目前，许多地区的电力公司包括电力职工对电力社会普遍服务的认识比较模糊，把优质服务和普遍服务混为一谈。虽然《供电服务监管办法(试行)》已经发布实施，但是我国还缺少从法律层面上对电力普遍服务的规定，这将会影响政府公众政策目标的实现。普遍服务的主体包括责任主体和实施主体，从电力普遍服务的性质来看，普遍服务的责任主体应该是中央政府或地方政府。在政企合一的情况下，电力部门既有责任主体也有实施主体。同时，通过建设分散式电源，建设地方小电网，各地区地方政府也承担了部分责任主体和实施主体的职能。在厂网分开改革实施后，我国尚没有对责任主体和实施主体进行明确。事实上目前的电网公司基本上既是责任主体也是实施主体，这种情况在电力体制改革后明显缺乏公平性。纵观发达国家的法规制度，各国对普遍服务定义、业务范围、普遍服务的接受者、质量标准进行了界定，为普遍服务的实施提供了重要保证。包括普遍服务中哪些用户是需要扶持的，地域性的还是以收入为判定标准的，除了接入服务外最基本的普遍服务内容又有哪些，对于可靠性、价格、补贴等方面又是如何规定的。在我国，由于没有明确的电力普遍服务对象和标准的规定，已经导致补贴范围过大和农村地区供电可靠性较低的现象的存在。

更重要的是发达国家早已实现都市化，总体来看，无论是发电容量，还是输电容量，基本上都处于绝对富裕状态，电力网络覆盖也几乎达到100%，因此，发达国家的电力普遍服务目标定位于提高电力供给质量而非简单的电力供给价格，电力普遍服务受众对象主要集中于城市一小部分低收入与孤寡老年人口、残疾人士等。与发达国家不同，中国作为发展中国家，电力普遍服务至少有三个层次的重要任务：第一，扩大农村与边远山区电网覆盖率，保证电力用户的普遍接入；第二，降低农村与城市贫困与低收入人口电费负担，保证弱势群体得到基本电力服务；第三，增强供电可靠性，保证电力用户的连续用电，提高电力普遍服务质量。

目前，中国电力产业的普遍服务实现形式主要是以国家为主，委托国有电网公司实施普遍服务义务，所需资金由国家、地方政府、电网公司三方共同筹措。这实质上是以政府补贴和交叉补贴的成本补偿机制来提供普遍服务。其主要问题如下：

(1)普遍服务供给水平低

因为农村电力设施基础差，农村经济发展薄弱，电力普遍服务供给水平低主要体现在农村。一个经常被人提及的就是电力服务的质量差，表现为农村供电可靠率明显低于城市电网，农村地区的拉闸限电、服务响应、故障保修、线损超标等现象仍然大量存在。除此以外，还表现在电网覆盖低和地区发展不平衡这两个方面。

当前中国电网覆盖率低，其范围还远不能满足高成本地区用户的需求。根据国家电力监管委员会《全国无电村无电户基本情况调查》[1]：截至2007年末，国家电网公司供电区域[2]内无电行政村1694个，行政村通电率为99.66%；无电居民户25万户，户通电率99.87%；截至2008年末，南方电网公司供电区域[3]内未通电行政村37个（均位于云南省），行政村通电率为99.94%，无电居民户23.28万户，户通电率99.51%；内蒙古自治区主要由地方所属的内蒙古电力（集团）有限责任公司负责供电，截至2007年底，营业区域内还有71313户，285252人口未通电；新疆生产建设兵团共有无电户10346户；四川省地方电力所辖的无电地区（无电村和部分无电村）主要集中在甘孜、大坝、凉山三州和盆地周边远山区县（市、区），分布在13个市（州）77个县（市、区），共涉及1226个乡镇的3884村（其中完全无电村1983个），36.99万户，人口154.74万人；2007年，西藏乡镇通电率为69.02%，村通电率为54%，户通电率为62.98%[4]。

普遍服务供给水平低的另一个重要体现是地区发展严重不平衡。2006年“户户通电”工程启动时，北京、上海、天津、河北、山东、福建6省市早已实现农村普遍地区的“村村通电”、“户户通电”；工程实施一年以后，浙江、江苏、山西、黑龙江、吉林、辽宁、湖北、湖南、江西、安徽、陕西、宁夏12个省相继实现“户户通电”到边远农村地区；而根据国家电网规划，“十一五”期末努力实现重庆、河南、

---

① 注意，由于统计工作的缺失和供电利益集团的隐藏，电力普遍服务领域并没有一个相对统一、权威的数据。

② 国家电网公司的供电区域涉及26个省（自治区、直辖市）。其中，北京、天津、河北、山东、上海、浙江、江苏、安徽、福建、湖北、河南、江西、辽宁、黑龙江、甘肃和宁夏16个省（自治区、直辖市）全部由国家电网公司供电（包含其代管供电）；内蒙古、吉林、山西、陕西、青海、新疆、西藏、湖南、四川和重庆10个省（自治区、直辖市）除了国家电网公司负责部分区域的供电外，还有地方供电企业负责供电。

③ 南方电网公司的供电区域涉及5个省（自治区），分别为广东、广西、云南、贵州、海南。其中，广东、贵州和海南省完全由南方电网公司供电（包含其代管供电），广西和云南省（自治区）内，除了南方电网公司负责部分区域的供电外，还有地方供电企业负责供电。

④ 中国电力企业联合会．改革开放30年的中国电力［M］．北京：中国电力出版社，2008：281.

甘肃、四川、青海、内蒙古、新疆、西藏等省(直辖市、自治区)“户户通电”。从上述数据可知,各省市农村实现电力普遍服务任务的进展发展极其不均衡。除了基础条件不同外,这其中最根本的原因是采用电网公司和地方政府共同出资提供普遍服务的方式(即50%的工程资金由国家电网公司组织筹措,其余50%的资金由国家和各级政府解决)①。这种方式显然没有考虑到落后地区的电力基础设施滞后和地方政府财政困境问题,因此不但不利于落后地区,还将进一步扩大东部及沿海发达地区与中西部落后地区的差距,造成电力普遍服务的不公平。

(2)普遍服务供给效率低

尽管中国电力市场改革形成了国家电网公司和南方电网公司两个经营企业,但由于是按地域划分,相互之间不能跨地域经营,因此在自己的经营范围内事实上还是独家垄断。也就是说,中国电力普遍服务实施主体仍是国有独占垄断经营企业,这必然延续原有国有电力公司的供给低效率的老问题。另外,普遍服务的供给对象大多在农村偏远山区甚至孤立的小岛,电网投资大与用户规模小之间形成了强烈的经营性矛盾,这意味着运营高成本与电量低水平同时存在,因此,电力普遍服务的供给是一种承受巨大亏损的社会福利性义务,如果没能从政府那里获得足够多的补贴,电网企业并没有太多意愿来提供普遍服务。这无疑导致普遍服务的绩效往往难以得到保障,普遍服务供给低效率。

(3)普遍服务供给资金缺

电力产品具有不可储存特性,电力产业输配电网络属于高投资项目,因此,没有大量资金的投入根本不可能将电网覆盖到全国。而就目前实际情况看,电力普遍服务的资金来源渠道是,国家财政补贴一部分,国家电网公司和地方政府分别提供一部分。根据 WTO《补贴与反补贴措施协议》,迫于国际压力,中央政府对电

① 王俊豪, 高伟娜. 中国电力产业的普遍服务及其管制政策[J]. 经济与管理研究, 2008, (1):31 -37.

力经营企业的直接财政补贴必将呈现减少趋势。电力市场化改革的结果致使现有电网公司的垄断利润减少，加之新竞争者威胁，原在位电力企业的内部补贴终将难以为继。另外，地方政府，尤其是西部落后地区的地方政府，地方财政吃紧，往往会在诸多推动地方发展的项目上权衡财政资金的使用，对于地方电力普遍服务而言，有可能严重缺少资金支持。总之，相比较未通电地区每年平均100多亿的电力普遍服务资金需求，电力普遍服务资金的供给远远不足①。

综上分析，一方面中国电力普遍服务任务繁重，另一方面电力普遍服务供给问题突出，具体表现为供给水平低、供给效率低、供给资金不足等。因此，无论是基于电力普遍服务的内涵本质还是供给现状与问题，电力普遍服务都需要政府的强有力干预，也就说，对于电力普遍服务供给规制有其内在的需求。事实上，政府对电力普遍服务供给进行干预，即电力普遍服务供给规制还有其更本质的理论基础，关于这点将在下节予以论证。

2.3 市场失灵与电力普遍服务供给规制的逻辑基础

2.3.1 市场失灵与公共利益规制理论的基本假设

政府规制经济学认为，公共利益规制理论隐含着三个基本假设②：第一，市场自行运转脆弱，易发生无效率或不公平，即出现市

① 王俊豪，高伟娜. 中国电力产业的普遍服务及其管制政策[J]. 经济与管理研究，2008，(1)：31－37.

② 需要交代的是，随着时间的推进，这些假设发生了一些变化。比如，政策分析开始关注政府行为的附加约束（放弃无所不能的假设）和信息约束（在委托代理或机制设计理论中放弃无所不知的假设），但仍然坚持政府是慈善的假设，即坚持公共利益范式。这样，传统的公共利益规制理论就变迁到公共利益范式下的激励性规制理论。因此，从理论发展的前后关联来看，公共利益范式下的激励性规制理论可以看作公共利益规制理论的一部分。

场失灵；第二，政府规制是应社会或公众对效率和公平的要求所作出的无成本、有效和慈善的反应；第三，政府是慈善的（Benevolent）、无所不能的（Omnipotent）和无所不知的（Omniscient），能实现社会福利最大化。也就是说，一方面，政府被假设为"道德人"，即政府由一些道德情操高尚的人组成，除了公共利益之外，没有自己的独立利益，因此，政府必然无私地追求公共利益，把公共利益最大化看成自身行动和政策的最终目标。另一方面，政府被假设为"理性人"，具有完全的充分有序的偏好和无懈可击的计算能力（意味其具备完全理性），无所不能；同时，政府对所规制的对象的有关情况（或经济变量）具有完全信息（Perfect Information），无所不知，因而可以代表公众对市场作出一定理性的计算，使这一规制过程符合帕累托最优原则，实现社会福利的最大化。

显然，在这三个假设之下，整个规制过程被看作直接产生于市场失灵和在公共利益方面政府行为的必要性。因此，在公共利益规制理论的框架下，政府规制是针对私人行为的公共行政政策，从公共利益出发而制定的规则，目的是为了控制受规制的企业对价格进行垄断或者对消费者滥用权力，具体表现为控制进入、决定价格、确定服务条件和质量、规定在合理条件下服务所有客户时的应尽义务等。①

简而言之，在规制经济学的规范分析中，市场失灵构成了政府规制的前提。因为存在市场失灵，就有了政府规制的必要。罗伯特·W. 哈恩（Robea W. Hahn）指出："如果没有显著的'市场失灵'，那么政府就不应该干预。如果市场失灵严重，且有充分的理由相信规制能够改进效果，那么政府就应该干预。"（Hahn et a1.，2003）根据经济学的基本理论，市场失灵主要表现在垄断（Monopoly）（包括人为垄断和自然垄断）、公共品（Public Goods）、外部性（Externality）以及信息不对称（Information Asymmetry）等方面。

下面，笔者就从电力普遍服务市场失灵的具体表现上来论证

---

① 张红凤．西方规制经济学的变迁［M］．北京：经济科学出版社，2005：31－32.

电力普遍服务供给规制的必然性，即其逻辑基础。

2.3.2 电力产业的自然垄断性

早在19世纪，英国古典经济学家约翰·穆勒在《政治经济学原理》中阐述地租时第一个提出了自然垄断的概念①。而较早对自然垄断特征进行描述的是Farrer(1902)和Ely(1937)两位经济学家。Farrer指出自然垄断行业应该具有五个方面的特征②：一是向社会提供生活必需品或者服务；二是产业厂址具有地域优势；三是产品具有不可储藏性；四是具有规模经济的资本密集型产业；五是产品需要通过某种协调机制直接供给消费者。在他之后的Ely则试图对上述特征进行抽象，他指出自然垄断行业存在的情形可以概括为四种类型：占据特殊资源型、信息封闭型、政策优惠型和特殊产业③。随着经济学家们对这一行业研究的不断深入，逐渐地发现所有被称为自然垄断的产业都具有一致的特征规模经济。建立在规模经济前提条件下的传统自然垄断利润，其基本特征是生产函数呈规模报酬递增(或者成本递减)的成本次可加性状态④。而现代自然垄断理论则认为，在产品的生产阶段或者配送阶段，都可能存在规模经济。尤其是当某产业存在网络供应系统时，规模经济性表现更加明显，其主要体现在两个方面：第一是通过网络覆盖区域的扩大使需求量不断增加，这样分摊到每一需求上的固定成本将有可能不断下降，从而获得规模经济效益，这种实际上意味着增加了网络的使用“密度”，因此常被称为密度经济(Economical Density)；第二是通过使用者数量的扩大使需求量不断增加，需求量增加必然使每一需求所承担的固定成本不断下降，因此整个网

---

① [英]约翰·穆勒.政治经济学原理(上卷)[M].北京：商务印书馆，1991：472.

② Farrer，T. H. The State in Relation to Trade[M]，Landon，Macmillan，1902.

③ Ely，R. T. Outlines of Economicws[M]，New York，Macmillan，1937. 转引自[英]马歇尔.经济学原理(上卷).北京：商务印书馆，1964.

④ 于立，肖兴志，姜春海. 自然垄断的“三位一体”理论[J]. 当代财经，2004，(8).

络系统获得规模经济。另外,自然垄断还表现在固定成本的沉淀性上。因为自然垄断产业的固定成本一般具有投资巨大、专用性强、使用时间长的特点,一旦投入就往往形成巨大的“沉淀成本”。

与生产其他商品的产业一样,生产、运输、销售和使用也是电力产品一个完整过程。但与其他产业相比,电力产业的产销存在显著的不同,由于电力产品无法大规模储存,因此电力生产过程呈现出连续性和瞬间性,发电、输电、变电、配电和用电同一瞬间完成并随时保持平衡①。通常将发电厂、变电站(所)、输配电线路②及电力用户连接起来构成的整体,称为电力系统,如图2-5。

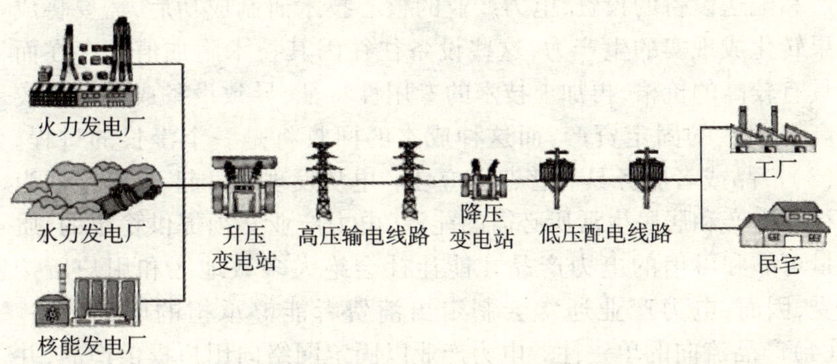

图2-5　电力系统示意图

电力产业与交通运输、通信邮政等产业一样在普遍意义上都具有以下一般性特征:(1)产业的服务网络系统较为稳定。电力产业在提供电力时,必须拥有从产品的生产到配送,再到用户的一整套网络系统设备才能实现其最终产品销售的目的。这种网络系统

---

① 2003年8月14日的美加大面积停电、2005年5月25日莫斯科大停电以及2006年11月4日欧洲大停电等一系列事故的发生,从物理层面看,其直接原因就是电网薄弱、负载过重、没有统一调度。

② 输电线路通常指35kV及以上电压等级的电力线路,而35kV以下电压等级的电力线路常称为配电线路,前者构成输电网络,后者构成配电网络,它们共同组成并统称为电网。

覆盖面较大,有利于形成效应显著的规模经济与范围经济,从而使电力产业的平均成本与边际成本随着产量的增加而逐渐降低,最终结果是在一个区域内的电力市场上仅有一家电力厂商便足以满足社会需求。(2)巨额的沉淀成本。电力产业的沉淀成本主要表现在技术和设备两个方面。电力产业通常需要较高水平的技术支撑,例如,发电机组研发就是电力产业技术的核心,高效率的发电机组会将有限的热能或者自然能最大限度地转化成电能,而这种技术很难应用于其他行业,具有较高的专用性,因而一旦启动便不得不面临成本沉淀的风险;电力产业另一重大的沉淀成本就是生产和配送设备的投资,电力产业的核心技术研制成功后,需要将成果转化成现实的生产力,这些设备往往因其技术附加值的存在而具有较高的价格,再加上技术的专用性特征,导致设备成了具有较高专用性的固定资产,而这种成本的回收将是一个漫长的过程。(3)产品或者服务具有普遍适应性。电从发现之日起,逐渐地成为社会生产和居民生活所必需的能源,电力产业必须提供稳定的、质量可靠和可信的电力产品才能让社会绝大多数地区和用户所接受,因而,电力产业通常会制定出消费者能够承担的电力价格。(4)产品流向的单一性。电力产业以固定网络向用户提供产品,并不将产品寄存于某类中间商手中,而是通过网络直接配送给用户,这是一个单一流向的过程,电力产品一经提供便不能从用户手中收回。(5)具有特许经营权。这种权利是国家为了保证人民的基本生活需要而向某些提供基本生活必需品的生产厂商提供的特殊权利。特许经营权除了允许某个企业进行电力生产外,还要求这一企业必须保证电力的充分供给。

上述这些特征决定了电力产业属于自然垄断行业。事实上很长一段时间里,各个国家大多也把电力产业作为整体划入自然垄断行业,对其制定相应的法律法规,并按垄断产业进行规制。但是,随着实践与研究的深入,我们发现发电、输电、配电和售电四个环节的情况差异是非常大的。为正确理解和认识电力产业的自然垄断性,在此按照发电、输电、配电、售电四个领域,分别考察电力产业的规模经济、密度经济、范围经济、固定成本沉淀性等因素，电力产业的自然垄断特征可归纳为表2-4。①

表2-4 电力产业的自然垄断特征

领域	规模经济	密度经济	范围经济	沉淀成本	自然垄断程度
发电	一般	不存在	几乎不存在	很大	较弱
输电	较大	较大	不存在	很大	很强
配电	不存在	较大	较大	较大	较强
售电	不存在	不存在	不存在	不存在	很弱

首先，电力生产领域规模经济特性。在这一领域的规模经济特性首先表现在其发电机组的规模。在发电领域曾经存在一种对于建造发电厂普遍的看法，即由于电力产业需要政府特许、资金需求巨大、技术要求高、发电设备和设施资产专用性高，因而在机组规模上往往选择大机组要比小机组更有优势，最明显的效果就是将更大限度降低生产成本，从而获得更多的规模收益。但是这种看法越来越受到现实的挑战。技术进步使得小型机组的定价更为便宜，从而使一些应用小型发电机组的企业节约了一定的成本，这种变化降低了大机组电力企业规模经济的显著性。尽管如此，机组的规模经济在一定范围内还是存在的，尤其是在许多重要的电源中，如火电、核电等，火电机组容量小于30万千瓦时，随着机组容量的增加，规模经济效益比较明显，超过这一数值，规模经济将不显著，而相比较而言核电机组的规模经济的最小程度要比火电大。在生产领域里存在规模经济效应的另一方面就是通常意义上的企业整体规模与生产成本之间的关系。在20世纪70年代时，美国曾对发电企业的最佳规模进行过测算，测算结果是，发电企业在

① 具体论证可参阅：刘阳平，叶元煦．电力产业的自然垄断特征分析[J]．哈尔滨工程大学学报，1999，(5)；罗国亮．中国农村电力普遍服务的理论基础分析[J]．中国农学通报，2008，(1)；于良春．自然垄断与政府规制[M]．北京：经济科学出版社，2003；蒋绪望．中国电力产业规制与竞争[D]．长春：吉林大学，2009．

达到年发电量180亿千瓦附近时,平均成本曲线逐渐变得平缓,基本接近规模经济水平,但是当发电企业的规模过大时,尽管依然保持一定的规模经济特性,但是由于其设备超常利用,导致设备存在较大的事故风险,因而这实际上是一种非效率状态。

其次,在电力企业的输电领域具有较强的规模经济特性与巨额的沉淀成本。在输电过程中,需要对输电线路进行规划和建设,电力企业通过输电线路将电从发电厂送到配电网上。这种输电线路最终形成一个有序的网状结构,它的规模经济主要体现在两个方面:一是由于电网规模的扩大,使输电企业能够向更多、更广的消费者和区域供电,从而增加对电网的利用,降低单个消费者所分担的平均固定成本,实现规模经济;二是通过扩大电网规模,输电企业能够从网络外部获得更多的经济收益,这是由于网络规模的扩大会使相邻的小电网联结成为一个整体,如此一来,一个输电企业的备用容量可以由这些相邻的小电网分担一部分,从而能够减少输电企业的总备用容量。同时,电网规模的扩大还可以有效地解决高峰用电不足问题,从而实现经济效益的增加。输电环节的沉淀成本表现在输电设施的建设要投入大量的具有极强专用性的固定资产。这些资产几乎不能被用作其他方面。由于输电环节不存在产品的生产问题,因而也就不存在范围经济特征。

再次,配电领域的资本密集型和沉淀成本特征。配电线路一般是在同一个区域内,配电的电压等级较低,输送容量也较小。配电领域的自然垄断特征主要来自于用电的密集性和固定投资的沉淀。配电的区域通常是按照用电的密集程度自然形成的,如果一个地区的用电密集度较低,那么,在这一地区进行配电显然是不经济的,因此,配电领域的规模经济受到用电密集度的严重制约,为此,各国政府为获取密度经济效益,通常会对配电区域实行特许专营的政策。配电地区的沉淀成本产生于配电网络,相比输电网络而言,配电网络的投资较小,但同样具有较高的专用性,非正常状态下的退出将使这些投资无法全部收回。

最后,售电环节不存在自然垄断的特征。对于散户消费者而言,由电力生产企业生产出来的电能,到达用户的过程不是由输配电企业直接输送,而是各地区电力零售企业通过交易中心从输配电企业那里批发买入电能,再转手销售给分散的用户。而对于大宗用户,其可以直接通过输电网络从发电厂商处购电。电力零售企业根据其与用户签订的售电合同,承诺以收入售电费用的方式向用户提供充足的电力产品。由于电力零售商的数量较多,因而存在着明显的竞争,也就不存在自然垄断问题了。此外,电力零售企业不需要面对较高的沉淀成本投资,这也使这一环节更像一般的销售企业。但是应该指出的是,因为电力产品的特殊性也给这一环节带来了较多的不同:电力的产、输、配、售、销必须连续、同时完成,且各环节的流量完全相等,这就与一般有形商品从生产到销售的整个过程存在巨大区别;此外,发电、输配电和售电之间存在着较高的不确定性,这主要是由于这些环节中的任何一个都可能因为设备方面或者消费者需求方面的问题而给每个环节造成影响,但假如这些环节中有一个环节出现问题,都将影响到纵向关联的各阶段的成本,从而损害整个系统的利益。

2.3.3 电力普遍服务的公共物品性

公共物品①是相对于私人物品而言的。人们对公共物品的研究源于对公共性问题的讨论,“某些对每个人都有益的事情,却难以由个人来完成,而只能通过集体行动来实现,所以需要政府”②。1954 年,美国经济学家保罗·A. 萨缪尔森(Paul A. Samuelson)发表的《公共支出的纯理论》(Pure Theory of Public Expenditure)一文

① 国内也有人把这个概念译作“公共产品”、“公共品”等。这里选择“公共物品”的译法,因为“物品”和“产品”或“商品”是不同的概念,“公共产品”、“公共品”容易使人误以为是 Public Product 或 Public Commodity,不够严谨。“公共物品”这一概念最早是由财政学家林达尔于 1919 年在《公平税收》一文中正式提出的,他认为“公共物品是国家对人民的一般给付,个人或个人集团对公共物品所支付的价格就是赋税”。

② [英]大卫·休谟. 人性论[M]. 北京:商务印书馆,1983:578-579.

给出了公共物品的经典定义,即“纯粹的公共物品指的是这样的物品或劳动,即每个人消费这种物品或劳务不会导致别人对该种物品或劳务消费的减少”①。他还用数学公式对纯粹的私人物品和纯粹的公共物品加以严格的区别:

对于私人物品而言,其社会总消费量等于所有个人消费量(额)的总和,因此:

$$x_j = \sum_{i=1}^{I} x_j^i (j = 0, \cdots, J) \qquad (2-1)$$

式中 i 表示个人,显见,有 I 个个人;j 表示产品,有 J 量产品。

而对于公共物品而言:

$$x_K = \sum_{i=1}^{I} x_k^j (k = J+1, \cdots, J+K) \qquad (2-2)$$

即表示 I 个消费者消费 k 种公共物品(分别标为 J+1,J+2,…,J+K)。

萨缪尔森关于公共物品的定义对其他学者产生了很大影响,并由此引发了西方经济学者关于公共物品概念、属性、分类以及供给的广泛讨论,但至今尚未达成共识②。一般来说,公共物品按是否同时具有非排他性③和非竞争性④,可分为纯公共物品(Pure

① Paul A. Samuelson. The Pure Theory of Public Expenditure [J]. The Review of Economics and Statistics, Vol. 36, No. 4. (Nov., 1954),387-389.

② 比如,曼瑟尔·奥尔森(1965 年)将公共物品定义为“任何物品,如果一个集团中的任何个人能够消费它,它就不能不被该集团中的其他人消费,这类物品便属于公共物品”。布坎南(1972 年)将公共物品定义为“任何由集体或社会团体决定,为了任何原因,通过集体组织提供的物品或劳务”。

③ 非排他性(Non-excludability)指在技术上没有办法将拒绝为之付款的个人或厂商排除在公共物品受益的范围之外。或者说公共物品或服务不能由拒绝付款的个人或厂商加以阻止,任何人都不能以拒绝付款的方法,将其不喜欢的公共物品或服务排除在享用范围之外。

④ 非竞争性(Non-rivalry)指某一个人或厂商对公共物品或服务的享用,并不排斥和妨碍其他人或厂商对该物品的同时享用,也不会因此而减少其他人或厂商享用该公共物品或服务的数量和质量。这就是说,增加一个消费者并不减少任何人对公共物品或服务的消费量,或者说增加一个消费者其边际成本为零。

Public Goods）与准公共物品（Quasi－public Goods）[①]。

一般认为准公共物品具有三大本质特征：①拥挤性；②消费数量非均等性；③局部排他性。所谓拥挤性，其实就是物品消费存在一个“容量”问题（拥挤点A），即准公共物品对消费主体的数量是有一定限制的。在容量之内，即拥挤点A左边，该物品消费具有比较明显的非竞争性，增加一个物品消费者，既不会影响到现有消费群体的效用，也不会增加该物品的边际成本；但是，如果一旦消费群体的数量超过了容量界线，即拥挤点A右边，该物品消费立即就会产生强烈的竞争性，新增一个物品消费者，不但将减少原有消费者的效用，而且还将该物品的边际社会成本不断上升。如果消费者数目达到容量极限，那么只要再增加额外物品消费者，其边际社会成本将趋于无穷大（如图2－6所示）。

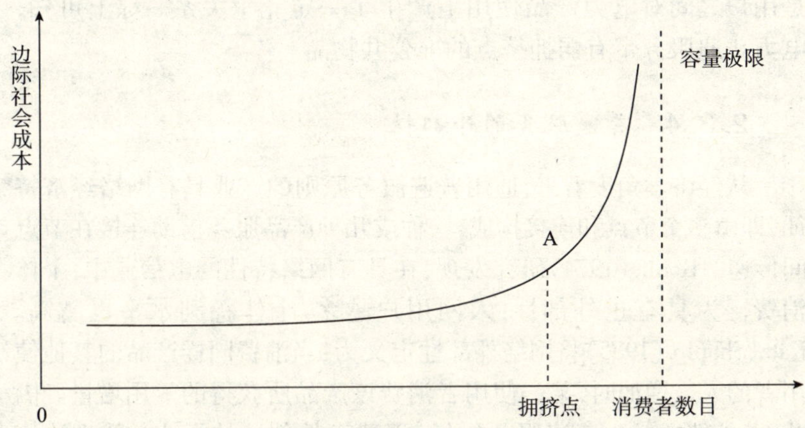

图2－6　准公共物品拥挤性示意图

① 准公共物品实际上还可以分为两类：一类是优效产品（Merit Goods），即不论人们的收入水平如何都应该消费或得到的公共产品，这种消费往往带有强制的成分，如社会卫生保健；另一类是与规模经济有关的公共物品，这类公共物品一般来说属于社会基础设施，具有自然垄断性，如电力产品。

对于电力普遍服务而言，首先具有了一定程度的非排他性①。这主要体现在两方面：其一，电力普遍服务本质上要求其资费水平是用户可以承受的，这事实上造成了消费者不完全付费或者部分不付费就可以获得无歧视的电力产品，电力普遍服务供给商承担了高成本与低价格所产生的亏损。其二，尽管在技术上可以解决完全付费的问题，但在制度安排上弱势群体可以全部或者部分少付费获得电力普遍服务。另外，电力普遍服务具有非竞争性特征，因为任何电力用户对于普遍服务的消费或者使用，都不会影响到其他用户的消费或者使用。但是，在电力需求量超过拥挤点之后，包括电力普遍服务在内的电力产品不仅具有排他性，而具有一定程度的竞争性。因为当电力负荷超过设备容量时，任何电力用户对电力产品使用的增加，就意味着其他用户使用的减少，这实际上是用户之间对电力产品使用上产生了一定竞争关系。综上可知，电力普遍服务带有弱拥挤点的准公共物品。

2.3.4 普遍服务的外部性

从经济学角度看来，适用普遍服务原则的产业具有网络经济特征，即由多个节点和连接构成，一种或几种产品服务借助连接在节点间传递。Rohlfs(1974)研究发现，在具有网络特性的电信业中，个体消费行为具有正外部性：入网用户越多，个体福利水平也越高。Katz、Shapiro(1985)将网络外部性定义为：当消费同样产品的其他使用者的人数增加时，某一使用者消费该产品所获得的效用增量。因此，正外部性成为普遍服务（具有消费正外部性的行业）的理论依据。电力产业是一个具有典型网络外部性的产业，当一个新用户接入到电信网络时，不仅新用户因为产生消费者剩余而使个人效用增加，而且网络中原有用户的效用也得到增加。网络的外部性使得网络的经济效益随着网络用户的增加而增加，电力网络的规模越大，网络用户从电力网络中得到的效用越大。从宏观的角度来看，实施电

① 罗国亮．中国农村电力普遍服务的理论基础分析[J]．中国农学通报，2008，(1)．

力普遍服务也能给整个社会带来正外部效应。这是因为推行电力普遍服务不仅使电力网络自身价值得到提高,也能够促进当地的经济、文化、教育、医疗卫生事业的发展,还能缩小地区经济差距和区域发展不平衡,从而维护社会稳定,促进各民族之间的团结。

很多的学术研究也从电力产业的网络性、外部性和产品公共性来证明普遍服务的外部性。齐新宇(2004)论述说:由于公共事业通常提供一种公共利益所必需的产品或服务,消费具有较强的正外部性,因此同其他普通物品相比,公共事业的普遍服务义务不以经营能否获得利润为基础,而是以社会效率为前提的。例如,在电信产业,通过促进互联互通,普遍服务义务增强了网络系统对全体消费者的服务功能,增加了全体消费者的利益,这种需求方面的"规模经济"也被称作"网络外部性"。尽管电力产品的物理及经济特性决定了电力消费不具有明显的网络外部性——因为电力用户之间的互联互通对于整体福利没有显著改善,但电力消费具有其他形式的外部性。家庭用电的普及能够促进家电行业的发展,提高国家或地区的电气化水平,从而带动整个经济的发展;电力消费还可以保证使用场所的清洁,可以相对降低污染,具有明显的正外部性;在现代社会,电力不仅是重要的生产能源,也是一种很难替代的生活必需品;满足家庭用户的电力需求是维持正常生活的条件之一,对社会稳定等方面意义重大;保证居民能够在可支付价格水平上的生活用电是电力普遍服务的重要内容,对于从农业经济向工业化转型的国家而言,保证农村电力供应是实现经济发展战略不可或缺的基础条件。①

但是,网络是维系产业的基础,初始投资成本极高,远远超过可变的边际成本,生产规模越大,单位分担的网络固定成本就越少。换句话说,在价格确定的情形下,以收抵支甚至获取净收益的前提就是规模达到乃至超过"阀值"。因节点远近所形成固定成本高低以及服务半径内用户数量多寡会导致产品服务供给的区域差别,显然,以追求利润最大化为目的的经营者缺乏在地偏人稀等高成本地区主动投

① 齐新宇.普遍服务与电力零售竞争[J].财经研究,2004(1).

资的意愿,特别是当价格还受到政治等因素约束的情况下更是如此。此外,新用户接入交互型网络,原有用户的效用也随着网络规模的扩大而增加。但是,新用户的决策依据是个人成本和收益的比较。因此,网络外部性产生的社会收益大于个人收益时,网络产业的覆盖范围一定会小于社会最优规模。[①] 总之,由于生产规模化和消费外部性的存在,导致部分公民无法通过市场机制获得相应的产品服务,这无疑需要政府出面加以规制解决这个矛盾。

2.3.5 信息不对称

信息不对称(Asymmetry of Information)[②]通常是指在社会政治、经济等活动中,一些成员拥有其他成员无法拥有的信息,由此造成信息的不对称,从而能产生交易关系和契约安排的不公平或者市场效率降低问题。

电力普遍服务的责任主体电力规制机构和实施主体供电企业之间存在信息不对称问题,具体表现在两个方面:其一,供电企业在普遍服务中的信息优势体现在充分了解电力系统、企业经营管理和用户需求等状况,并拥有普遍服务资源配置的决策权;其二,电力规制机构虽然有权制订普遍服务政策,但却无法直接观测到供电企业的具体行为,难以全面把握电力系统和用户信息,处于比较明显的信息弱势地位。因此,信息的不对称使得电力规制机构难以制订出科学合理的普遍服务政策,导致其规制方式缺乏有效激励,无法促使供电企业努力提高普遍服务水平,难以达到普遍服务的帕累托最优状态。

---

① Jim Rossi, Universal Service in Competitive Retail Electric Power Markets: Whither the Duty to Serve?, 21. ENERGY L. J. 27, 29 (2000).

② 阿罗 1963 年在其经典论文《不确定性和医疗保健经济学》中论述医疗市场的特征时指出“医疗市场中医患双方处于信息不对称状态,从而使购买医疗服务出现很大的风险和不确定性”。乔治·阿克洛夫(George Akerlof)提出了旧汽车市场分析理论(Lemons Theory),认为“市场上买卖双方各自掌握的信息是有差异的,通常卖方拥有较完全的信息,而买方拥有不完全的信息”。

2.4 公平效率与电力普遍服务供给规制的价值取向

2.4.1 政府规制的目标：公平与效率的选择问题

对政府规制目标的分歧一直都存在，从政治学或行政管理学的角度来说，政府为了实现公共利益，承担不可或缺的责任，即政府规制的目标是保护和实现公共利益。从经济学的角度来说，政府规制的目标是校正市场失灵所带来的无效率或不公平现象。从规制经济学的角度来说，传统的公共利益规制理论认为规制是为了公共利益，即由于市场机制不完善及存在市场失灵，如自然垄断、外部性等，因此应对企业活动进行规制，规制的目的是在确保资源配置效率情况下，保证公共利益不受损害。当时市场失灵是假定存在的，是讨论各种问题的前提，很少有人对此提出怀疑。直到20世纪60年代，赞同对经济进行规制的政策主张一直占据了主流。但在现实的规制实践中，一些国家的政府规制却出现了重大失败，如制度僵化、腐败问题严重、规制成本增加、垄断企业内部人浮于事、技术创新缓慢，等等。这些问题的存在引发了对政府规制目标问题的重新思考，由此出现的规制俘虏理论认为，政府规制的目标实际上为了满足利益集团的利益要求。对该理论的最早系统阐述来自奥尔森（1965）的集体行为的逻辑（Logic of Collective Action）学说，他认为政府对某个产业的监管从设计到实施都首先从被监管对象的利益出发，其隐含内容是，政府对产业的监管并非从全民或公共利益出发；进而他提出了著名的“集团规模”命题：利益集团的规模越小，其成员就越有积极性采取某种手段去影响政府的监管。斯蒂格勒（1971）进一步发展出“监管市场”（Market for Regulation）理论，认为所有的监管安排同样由需求和供给决定，并发现政府对产业的监管调控进程往往为少数存在利益相关性的企业所左右。在上述理论前提下，匹兹曼（Peltzman，1976）和贝克尔（Becker，1983）分别建立并完善了“完全信息下的投票模型”,证明了一个重要命题,即产业部门比消费者更有积极性去影响政府决策。顺着这条思路出发,对政府规制的目标及利益集团的制度均衡又有新的发现:基于经济利益的考虑,利益集团的互动影响着规制制度的均衡。史普博(1999)指出,政府对市场的规制涉及规制机构、消费者、企业之间直接的和间接的互动关系。直接互动关系通过公开听证和规则制定过程在消费者和企业之间发生;间接互动关系则是指消费者和企业利益集团企图通过立法、行政、司法等渠道影响规制决策的活动。

公共选择理论认为,现实中的政府部门都是由具有经济人特征的政府官员构成的,政府的行为最终体现的是政府官员们的集体行为。因此,政府的目标中也就夹杂了政府官员们的个人目标。当政府官员们的个人目标偏离公共利益目标时,政府目标就会发生异化。在政府制定规制政策的过程中,规制部门的官员们难免会将个人目标倾向带入政府规制政策中去,政府规制的目标就难免会打上个人目标的烙印,从而也使政府规制偏离其原始委托人的利益。在规制结构中的各个利益团体总是可以通过对官员们的个人目标施加影响来改变规制的均衡效果。在冗长的委托代理链条中,通过各自的策略性行为使政府规制的目标向有利于自己的方向转化,使规制主体的目标偏离社会公众的目标。

Robert Baldwin 和 Martin Cave(1999)对应于规制理由曾归纳了政府规制的主要目标(表2-5)。

表2-5　政府规制的原因和主要目标

规制的理由	规制的主要目标
垄断与自然垄断	抑制抬高价格和减少产出的意图;强化规模经济产生的收益;确认真正的垄断领域
暴利收益	将厂商暴利收益转移到消费者或者纳税人手中
外部性	迫使生产商或消费者来承担产品的完全成本,而不是将成本转嫁到第三方或是社会身上

续表

规制的理由	规制的主要目标
信息不充分	让消费者知情从而使市场运作
服务的连续性及可获得性	确保基本服务达到社会期望水平或最低保护水平
反竞争行为和掠夺性定价	防止反竞争行为
公共物品和道德风险	利益共享中发生搭便车现象时确保成本分担
不平等的议价能力	在市场失效时保护弱势者权益
稀缺与配给	出于公共利益而配给稀缺商品
分配的公正性与社会政策	为公共利益而进行的分配;防止不良行为及后果
优化与协调	在交易成本阻碍了市场获得网络收益或规模效率时保证高效生产并标准化
规划	保护后代的利益;协调利他主义思想

资料来源:Robert Baldwin and Martin Cave. Understanding Regulation:Theory,Strategy,and Practice[M]. Oxford,1999:17.

汉克·多马斯(Michael Hantke - Domas)为了很好地解释政府规制目标的实现标准,以及政府在最优和次优经济中作用边界与种类,构建了一个有影响的规制目标示意图,①如图 2-7 所示。

综上所述,笔者以为概括而论,政府规制的目标,就其本质,完全可以归结为“公平与效率”的选择问题。在新古典经济学中,效率是配置效率的简称,这是 20 世纪初意大利经济学家帕累托在其经典著作《政治经济学讲义》和《政治经济学教科书》中给“效率”一词作出的一个精准但相当狭窄的定义。因此人们又把配置效率称为“帕累托效率”(Pareto Efficiency)。按照帕累托的解释,效率是指这样一种状态:对于某种资源配置,如果不存在其他生产上可行的配置,使得该经济中的所有人至少和他们在初始时情况一样良好,而且至少有一个人的情况比初始时更好,那么这个资源配置

① Michael Hantke - Domas. 2003. The Public Interest Theory of Regulation: Non - Existence or Misinterpretation? [J]. European Journal of Law and Economics,15(2),189.

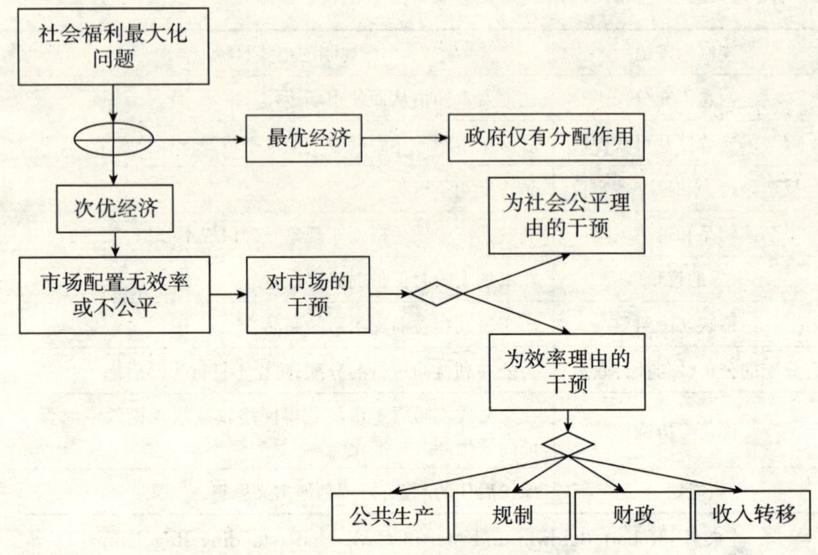

图2－7 规制目标示意图

就是最优的。在西方经济学者中间，如果说对“效率”一词的理解还能达成基本一致的话，那么对于“公平”一词的理解，却一直争论不休，而且至今仍没有一个普遍认同的观点。在《新帕尔格雷夫经济学大辞典》中，涉及“公平”含义的词条就包括 Equality（平等）、Equity（公平）、Justice（公正）、Fairness（公平性）、Fair Division（公平分配），等等。而不同经济学家赋予了这些词条不同的内涵。但是，如何准确地区别和使用这些词条的含义，却没有一个公认的规范标准。阿伦·M. 费尔德曼曾说：“‘公平’取决于用户的倾向，人们几乎可以对它作出任何解释。”本书将使用20世纪60年代后期以来经济学家和社会学家所沿用的公平的含义，它接近于均等或公正的意思。这里的均等和公正有两层含义：一是指人们在面对同样资源的情况下，机会是均等的，类似于法律面前人人平等的概念；二是指效用与成本相符原则，即同样的效用支付的成本应该是一样的。

事实上,公平与效率的问题从人类社会形成的那一刻开始就有了,公平与效率是社会经济生活中客观存在的一种关系,在经济学、哲学等一切社会科学和人文科学领域都是一个基本命题。正如阿瑟·奥肯(1999)所指出的:"公平与效率之间的冲突是我们最大的社会选择,它使我们在社会政策的众多方面遇到麻烦。我们无法既得到市场效率的蛋糕又公平地分享它。"对于公平与效率的辩证关系,一般认为:从短期看,公平与效率可能存在一定的替代关系;但从长期看,公平和效率问题是一致的,这种一致性表现在没有市场效率,就不可能实现理想的社会公平。任何制度,包括政府规制,都十分重视公平和效率关系的协调。但是,由于两者之间实在难以很好地协调,而且各自有独特的作用机理,所以,在具体实践中常常有所侧重,大致有效率优先论、公平优先论、公平与效率交替优先论这三种主流观点。

2.4.2 从功利主义公平到权利主义公平

钱穆说:"任何制度之创立,必然有其内在的用意。"①制度的内在用意,其实就是制度的价值取向或价值预期。电力普遍服务供给规制作为一种重要的制度安排,笔者赞同其公平价值取向,这至少有以下三个理由来支持这个观点:

第一,公平正义是人类社会追求的永恒价值信念。从古希腊柏拉图的《理想国》到近代英国莫尔的《乌托邦》,再到马克思的科学社会主义都反映了不同时代的人们对理想的公正社会的孜孜追寻。正如罗尔斯所说:"正义是社会制度的首要价值,正像真理是思想体系的首要价值一样。"②

第二,被赋予新公共管理职能的政府治理的目标就是通过"善

---

① 钱穆. 中国历代政治得失[M]. 上海:上海三联书店,2001:5.

② [美]约翰·罗尔斯. 正义论[M]. 何怀宏,等,译. 北京:中国社会科学出版社,1988:3.

治”(Good Governance)①建立一个和谐社会,它将满足公众的需要和实现公共利益摆在第一位,以公平取代效率成为社会管理的首要价值。国内外学术界对于构成“善治”(Good Governance)的要素的理解基本相同,即:参与性、协商性、责任性、透明性、回应性、有效性、公正性与包容性以及法制精神。(1)参与性。参与可以是直接的,也可以是通过合法的中介制度或者代议制。代议制民主并不意味着决策时社会弱势群体的利益能够得到充分表达。(2)协商性。任何一个社会中,都存在多重的参与者,这些参与者之间的立场和观点都有所不同。善治要求调和社会中不同的利益要求,在社会中尽可能地实现广泛的协商一致,满足最大多数人的利益需要。(3)责任性。这一要素是善治的核心要素。政府公共部门、私营部门和公民社会都必须对公众以及其利害相关者负责。(4)有效性,即效率与效能。善治意味着程序和制度导致的结果能够满足社会的需要,同时充分利用已有的各项资源。(5)公正性与包容性。社会的福利取决于保证所有成员感觉到他们与该社会相关,而且不感觉到他们被主流社会排除在外。这需要所有团体,尤其是那些最弱势的团体,都有机会来提高或者维持他们已有的福利。可见,社会治理更强调社会导向,以公正取代效率成为社会管理的首要价值,它将满足公众的需要和实现公共利益摆在第一位,而将追求效率放在第二位,认为效率只有用来满足公众的需要和实现公共利益时才有意义。

第三,普遍服务政策作为一个公共政策,对所有的用户提供同样价格和质量的基本产品或服务,无疑是专门针对高成本地区和低收入人群的一种更多出于“公平”而非“效率”的特别服务。

---

① 按照学者俞可平的概括:善治就是使公共利益最大化的社会管理过程,善治的本质特征就在于它是政府与公民对公共生活的合作管理,是政治国家与公民社会的一种新颖关系,是两者的最佳状态。善治的基本要素包括合法性(Legitimacy)、透明性(Transparency)、责任性(Accountability)、法治(Rule of Law)、回应(Responsiveness)以及有效(Effectiveness)等。具体可见:俞可平. 治理与善治. 北京:社会科学文献出版社,2002:5-11.

但值得注意的是，在现代学科体系中，公平从来都不只是纯经济学概念，它还包含有伦理学的意义。正是由于人们对公平的价值判断的标准不统一，现代社会形成了以下三种主要的公平观点：

第一种是福利经济学的功利主义公平观。其主要代表人物是杰里米·边沁和庇古，由于福利经济学在讨论公平问题时，总是将其同效用最大化问题联系在一起。所以，功利主义经济的公平观可以表述为：使社会所有成员的总效用最大化，也就是说，公平就是使社会所有成员的效用最大化。

第二种是罗尔斯的权利主义公平观。罗尔斯在其代表作《正义论》中将其公平观概括为：最公平的配置是使境况最糟的人效用最大化，即“最小者最大化”。①

第三种有着重要影响的观点是市场主导公平观。它实际上是经济自由主义的公平观，这种观点认为，通过市场竞争得到的结果是最公平的，因为它能激励那些最有能力的和工作能力最强的人。

普遍服务作为电力规制政策的主要内容之一，其侧重点是让更多的人都连接到电力网络上来，使他们享受到电力带来的好处。当以罗尔斯的权利主义公平观作为标准来衡量普遍服务的必要性时，会发现向更多高成本地区的低收入用户提供普遍服务，不仅仅是消除他们由于经济、地理、身体原因导致的普遍服务上的不平等，更重要的是通过向他们提供电力，使他们享受到他们以前不曾想到的好处，从而保证他们能更好地实现社会赋予的基本权利，包括享受电力、电信、邮政服务、受教育、医疗健康等。同时，当转换一个角度，从福利经济学的功利主义公平观出发时，一样也会发现普遍服务能带来的好处，如增加用户的福利、降低交易成本和社会成本等。可见，推行普遍服务不论是对个人，还是对社会都是有益

① 在罗尔斯的《正义论》中，他提出了两个作为公平的正义的原则。第一个原则（平等自由原则）：“每个人对与所有人所拥有的最广泛平等的基本自由体系相容的类似自由体系都应有一种平等的权利。”第二个原则（差别原则和机会的公正平等原则）：“社会的和经济的不平等应这样安排，使它们，①在与正义的原则一致的情况下，适合于最少受惠者的最大利益；②依系于在机会公平的条件下职务和地位向所有人开放。”

的。因而从维护公平的角度出发，普遍服务政策是完全有必要的，对电力普遍服务供给规制也应以公平为价值取向。

但是，这也带来了新的困惑，即是以功利主义公平观为标准，还是以权力主义公平观为标准，或者兼而有之呢？笔者以为，根据电信普遍服务临界点理论（吴洪、李晓春，2002；石文华，2004）推导，电力普遍服务供给规制的公平价值取向应该是从功利主义公平到权利主义公平（图2－8）。

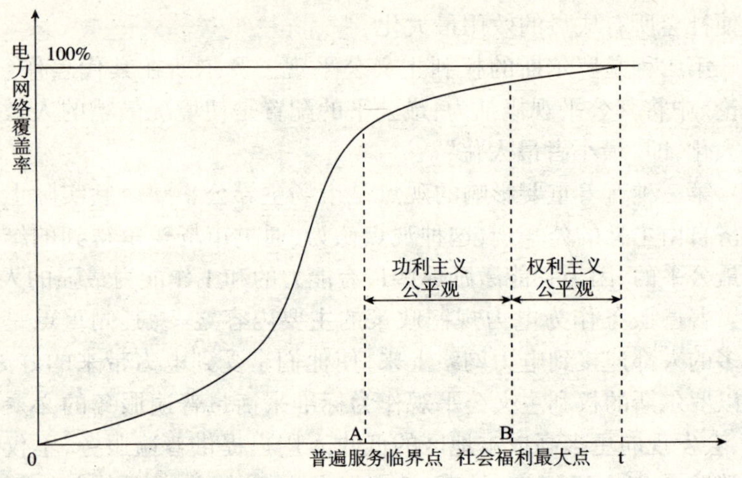

图2－8　电力普遍服务供给规制价值取向

也就是说，到达普遍服务临界点（A）之后，虽然电力普遍服务供给规制始终以公平为价值取向。但是，一开始应该是功利主义公平观，以社会总福利最大化为规制价值取向，这样普遍服务供给不仅保证了公平，也促进了效率的改善，是“双赢”结果。一旦在社会福利最大点（B）过去后，意味着提高电力网络覆盖率从社会总福利的角度看也是损失的，也就是每增加一个用户的社会成本高于社会收益。从功利主义的角度看，这个时候应该不再需要普遍服务供给了，但如果从权利主义公平观的角度来考虑，这时候还是需要普遍服务供给。因此，这个时候需要转变为以权利主义公平观为价值取向，对电力普遍服务供给进行规制，从而最终实现100%

的电力网络覆盖率①。

由于本书采用了较多的定量建模分析，同时也是符合上述价值取向过程，因此，在本书以下有关电力普遍服务供给规制的假设与模型分析中，均采用了功利主义公平观价值取向，即判断的标准是社会总福利最大。

① 实际上，根据 Brooks Albery（1995）理论，这个时候实际上存在着自然未普及率。Brooks Albery 认为，普及率要达到100%的普及率只会是一个梦想。以电话为例，假定所有没有电话的家庭可以分为两类：支付不起电话的和传统上排斥电话的。如果实行适当的辅助计划，第一组可以被说服购买电话，而第二组很难被说动。这是构成自然未普及率的重要原因。显然，Brooks Albery 理论在电力领域也是可能存在的，即因为安全考虑，传统上排斥电力，在这种情况下，电力网络100%覆盖率仅是一种理想状况。

第3章 放松规制与电力普遍服务供给规制困境

虽然通过上章分析我们已经清楚了“为什么规制”和“规制为什么”,但是,放松规制与电力市场化改革的现实背景让我们不得不思考电力普遍服务供给规制的根本性问题:即在电力工业垄断规制时期,以国有电力企业的形式,通过电价控制、交叉补贴和单一行政规制的方式,可以方便地实现电力普遍服务,但是在放松规制竞争环境下,这种简单的规制方法还有效吗?本章将基于“用户市场结构”模型,比较并证明了垄断条件和竞争环境下电力普遍服务交叉补贴的有效和失灵、放松规制的“吸脂”效应以及可能出现的规制困境,这为后续研究提出了需要解决的问题,也提供了内在的理论基础。

3.1 放松规制与电力改革

3.1.1 网络型产业放松规制

3.1.1.1 什么是放松规制

20世纪70年代开始,以美国为首的西方国家发起了一场以放松规制为主要内容的规制改革运动。所谓放松规制(Deregulation)[①],一般是指政府取消或放松对自然垄断产业的进入、价格等方面直接性行政、法律监管,是对规制失灵的一种矫正。放松规制有两层含义:其一是完全撤销对被规制产业的各种价格、进入、投资、服务等方面的限制,使企业处于完全自由的竞争状态;其二是部分地取消规制,即有些方面的限制性规定被取消,而有些规定继续保留,或者原来较为严格、烦琐、苛刻的规则条款变得较为宽松、开明,如在进入规制中,由原来的审批制改为备案制等[②]。需要注意的是,放松规制并不意味着取消规制,而往往表现为减少规制或者用另一种规制手段取代现行规制。而且放松规制往往表现为放松规制和再规制的交叉复合体,如20 世纪70 年代后社会规制的兴起。

3.1.1.2　放松规制的动因

尽管政府对经济活动的规制行为自政府产生以来就已经存在,但西方发达市场经济国家规范的政府规制体制是以20 世纪30 年代资本主义大危机为背景建立起来的,并在凯恩斯国家干预主义盛行的影响下,于20 世纪五六十年代达到顶峰。他们通过制定各种行业规制法规,设立经济、法律和贸易的规制机构,形成了一套以对自然垄断行业进行价格和进入规制为中心的庞大的政府规制体系,对市场失灵领域进行了广泛的干预,并进一步扩展到许多竞争性领域。但几乎是同时,以价格和行业进入为主要手段的传统政府规制制度暴露出很多严重的弊病。这些弊病构成了西方国家放松政府规制的原因。具体包括:

第一,自"二战"以后,多数西方国家实行了国有化政策,而国有企业的效率和凯恩斯主义的过度政府干预招致了越来越多的

① 放松规制译自英文 deregulation,在日文文献中也将其译为规制缓和。考虑到规制缓和的概念在中文中带有较温和的规制改良的意味,容易引起误解,因此本书采用放松规制的译法。

② 马云泽. 规制经济学[M]. 北京: 经济管理出版社,2008:256.

批评。

第二,被规制企业内部低效率或 X 非效率(X - inefficiency)。Harvey Leibenstein(1966)[①]认为:经济学理论主张企业的管理应该是追求利益最大化和风险最小化,所以其对外部行为反映为最小化成本,在竞争性市场环境中,企业内部会自上而下产生一种压力感,从而导致该企业提高生产效率、降低成本,即产生 X 效率;但是,在不完全竞争时,如垄断的产生,在受规制的垄断市场环境中,外部市场竞争压力小,内部层次多,垄断企业中上至经营者,下至作业者的每个成员都会显露出人的惰性,并逐渐成为惯性,使企业成本最小化和利润最大化的标难以实现,导致企业内部资源配置效率降低,其成本往往由于竞争的削弱而提高,这通常被称为 X 非效率。

第三,A - J 效应[②]的产生。所谓 A - J 效应是指在利润最大化的驱使下,受规制厂商有过度投资的倾向,导致生产的低效率或 A - J效应,从而导致政府规制失灵。政府规制失灵,以及政府规制的巨大成本招致了强烈的反规制运动。

第四,规制成本及关联费用的不断增高。包括政府制定、实施和执行规制所带来的成本以及规制给企业带来的成本。

第五,规制当局自由裁决权过度,以致“寻租行为”泛滥。

第六,规制的修订和废止往往落后于瞬息万变的市场环境,导致过时的规制大量存在,我们称之为“规制时滞”。这种“规制时滞”成为经济发展的阻碍因素,也会造成企业和消费者的损失。

第七,由于技术的发展,使得自然垄断的边界发生了变化,出

---

① See Harvey Leibenstein. Allocative Efficiency and X - Efficiency. The American Economic Review, 56 (1966), 392 - 415.

② A - J 效应是由 Averch 和 Johnson 在 1962 年发表的著名论文“在管制约束下的企业行为”中提出:管制机构采用客观合理收益定价模型对企业进行价格管制时,由于允许的收益直接随着资本的变化而变化,从而导致被管制企业将倾向于使用过度的资本来替代劳动等其他要素的投入,导致产出是在缺乏效率的高成本下生产出来的,此即所谓的 A - J 效应。

现了产业间的替代竞争，使传统的规制政策与手段失去了现实的必要性。20 世纪 70 年代后，由于以信息技术和高新技术为中心的技术革新发展，在先前的自然垄断和寡头垄断领域内形成了新企业进入所需的诸多技术基础，导致通过规制来维持垄断和寡头垄断市场结构的基本理由已经削弱。

第八，在技术进步迅速，人们消费需求日益多样化的现代社会，刻板僵化的行政程序也越来越丧失民心。以上的诸多弊端，再加上规制俘虏理论的广泛传播，使人们对规制的信心大减。因此，放松规制开始成为主流的思想。

除了规制的以上弊端，支持放松规制者的理由主要还有以下三个方面：第一，即使有正当动机的规制，如保护公共利益或弥补市场失灵，一旦实施，它们仍然不会产生预期的效果，甚至会产生有害的效果。第二，规制被从政治上批评为用来奖励政治同盟和保护产业集团利益的手段。第三，很多学者认为，政府解决社会和经济问题的任何努力，与自由市场相比，都会产生非最优的结果。

放松规制的另外一个重要原因来自于规制经济学对放松规制与激励性规制的研究。根据理论建立的时间沿革，一般认为有四个对放松规制具有重要影响的规制经济学理论：第一个是政府规制俘虏理论（Capture Theory of Regulation），由 G. J. Stigler，R. Posner 和 S. Peltzmann 等人建立。1962 年，George J. Stigler 在《规制者能规制什么》一文中开创了实证研究先河，通过对美国电力产业的数据分析，证明了受规制企业并不比无规制企业具有更高的效率和更低的价格。总体来看，规制俘虏理论是被规制企业利用规制者的自利动机进行寻租活动为其核心思想，规制者演变为被规制者的“俘虏”，规制失败。第二个是特许投标理论（Franchise Bidding Theory），由美国经济学家 H. Demsetz 在 1968 年《为什么规制基础设施产业》一文中提出，即使在自然垄断产业中，也可以通过将特许经营权拍卖的形式引入竞争，从而在提高效率的同时又可避免出现垄断价格。第三个理论是可竞争市场理论（The Theory of Contestable Markets),又称可竞争性理论(Contestability Theory)[①],由William. Baumol, Panzar, Willig等人在1982年建立,该理论认为,即使是传统的自然垄断产业,只要是可竞争的,由于存在潜在进入者的威胁,那么即使没有政府的外部干预,垄断者也会制定一种“可维持价格”以获得平均利润,而不是制定垄断高价。因此,规制部门应该做的不是限制进入,而是降低产业的进入壁垒,使产业能够自由进出。即使厂商的进入偶尔导致了重复生产和浪费,但与潜在竞争所带来的收益相比肯定要少得多。此外,产业间替代竞争的加剧也使传统规制的依据丧失。即便是受规制的垄断产业,也存在着与替代产品之间的竞争,这种存在着替代竞争的产业被称为“结构性竞争产业”(Structurally Competitive Industry),如铁路、航空、公路等运输部门。第四个是标尺竞争理论(Yardstick Competition Theory),由A. Shleifer在1985提出,其主要观点是利用“影子企业”,来促使不同地区垄断企业间的间接竞争以提高企业的内部效率。上述四个理论的提出为政府放松规制建立了理论依据,其中规制失灵的内在原因可以在政府规制俘虏理论中找到答案,而可竞争市场理论、特许投标理论和标尺竞争理论则使人们认识到在自然垄断产业引入竞争是可行的。

3.1.1.3 放松规制的浪潮

如前所述,由于规制本身问题的存在,加之规制经济学理论研究方面的进展,从20世纪60年代末开始世界各国都开始对政府规制方式和领域进行了改革,积极引进和不断强化市场竞争机制的力量,以提高网络型产业的运行效率,从而形成了世界范围的以放松规制为特征的政府规制的改革浪潮。比如美国是最早实行政府规制改革的国家之一,其首先在交通运输领域实行放松规制政策。

---

① 1981年12月美国著名新福利经济学家威廉·鲍莫尔(William Baumol)在美国经济学会年会上作了题为“可竞争市场:产业结构理论的一次革命”的发言。1982年,鲍莫尔与美国西北大学教授潘扎尔(Panzar)、普林斯顿大学教授威利格(Willig)一起出版了《可竞争市场与产业结构理论》一书,标志着系统化的可竞争性理论的形成。

美国在1976年、1982年先后颁布了《铁路复兴与铁路规制改革法》、《航空货运放松规制法》、《航空客运放松规制法》、《汽车运输法》、《铁路法》和《公共汽车管理改革法》等一系列法案。对美国的交通运输产业的政府规制进行了重大的改革，放松了政府对民航、铁路和公路的规制，并导致美国政府撤销了民用航空局，调整了联邦政府的有关规制机构。1984年，美国分拆AT&T。1996年，新的电信法出台，美国全面放开电信市场。

表3－1　　美国被规制领域的比重及其变化　　(%)

	1965年	1970年	1980年	1987年
价格、准入限制	9.8	15.6	15.0	8.7
自然垄断性产业等	6.6	12.1	11.6	5.3
金融、保险业	3.2	3.5	3.4	3.4
健康、安全、环境规制	—	14.5	12.0	10.9
合　计	9.8	30.1	27.0	19.6

注：(1)被规制产业在全部产业中的比重是以附加价值额为基础计算的。

(2)自然垄断性产业包括铁路、货运、仓储、航空、电信、电话、电力、煤气、水道等。不过，1987年则只包括电信、电话、电力、煤气和水道。

数据来源：(日)植草益．微观规制经济学[M].朱绍文，胡欣欣，等，译.北京：中国发展出版社，1992.

另外，日本在1985年4月，将原国有的日本电信电话公司实行了民营化，改名为“日本电信电话株式会社”(简称“NTT”)，将电信市场向民间和国际开放，取消了政府垄断制。1987年4月，日本又将日本国有铁路公司(简称国铁)实行了民营化，将“国铁”分割为11个单位，通过各公司之间的竞争提高效率，其结果不仅降低了票价，而且使“国铁”扭亏为盈。1984年，英国对电信产业实行重大改革为先端，相继对煤气、自来水、电力和铁路运输等基础设施产业的政府规制体制进行了一系列改革，把原来政企合一的政府规制体制改革成政企分离的体制，不断开放市场，引进和强化市场竞争机制，提高了基础设施产业的经济效率。此外，其他国家如德国、澳大利亚等经济发达国家也都开展了针对规制体制的改革。

从时间上看，与电信、航空、铁路等产业相比，电力产业放松规制的时间要晚一些。但自20世纪80年代末期以来，“自由化、民营化、放松规制、打破垄断、引入竞争机制”的电力市场化改革的浪潮席卷全球①。在电力市场化改革过程中，开放输电环节可以形成批发市场，开放配电环节可以形成零售市场(见图3－1所示)。

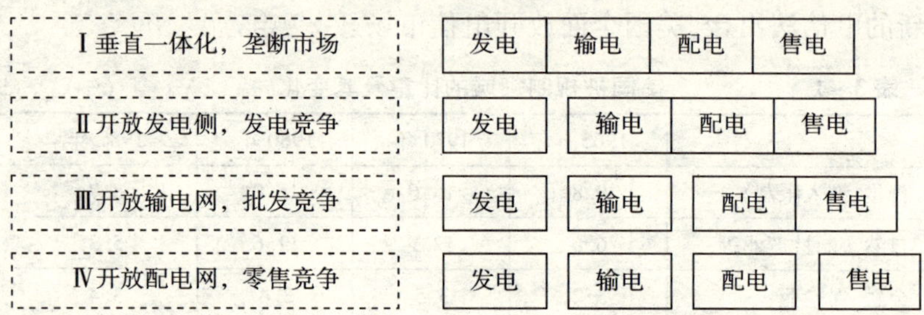

图3－1 电力市场的开放步骤

以英国为例，1990年以前的英国电力工业实行的是垂直一体化管理体制，即由中央发电局负责将电力批发给12个地区供电局，而每一个供电局为一个封闭的地区或特许企业服务。其中英格兰和威尔士的国有电力工业结构是一个大型的发电和输电公司，国有英国中央发电管理局拥有全国的电网和绝大多数的发电厂，其所属发电厂发电量约占全国总发电量的94%，几乎高度垄断着电力市场并控制电力价格，电力委员会作为协调机构全面处理有关政策方面的问题。由于缺少竞争，电力工业缺少活力。这种垄断的市场结构效率低下和规制的巨大成本导致电力企业效益低下、企业负债增多和电价居高不下，这就事实上产生了对电力产业

① 王永干，刘宝华．国外电力工业体制与改革[M]．北京：中国电力出版社，2001.

智利(1986)、新西兰(1988)、荷兰(1989)、英国(1990)、挪威(1991)、美国(1992)、阿根廷(1992)、瑞典(1992)、芬兰(1993)、澳大利亚(1993)、德国(1993)、葡萄牙(1993)、西班牙(1993)、日本(1993)等先后放松规制，进行电力市场化改革。

放松规制的内在需求。

最终，电力产业放松规制的改革由1979年当选为英国首相的撒切尔夫人在20世纪90年代发起，其总体设想是分解电力系统发、输、配、售电各个环节，厂网彻底分开、输配分开、用户自由选择供电。整个改革的过程就是放松规制引进竞争的过程，大致可以分为两个阶段：第一阶段主要完成英国电力工业在发电、输电、配电和供电的私有化，放松进入规制；第二阶段主要建立开放的电力批发和零售市场，放松价格规制。

(1) 第一阶段：私有化和放松进入规制

1988年2月，英国政府发表《电力市场民营法》白皮书，正式拉开电力市场化改革的序幕，其核心是实行私有化和在电力工业中引入竞争，按发电、输电、配电和供电4个环节拆分电力工业；1989年，英国政府颁布《电力法》，为电力工业改革和私有化提供法律基础，以保证私有化的实施、市场竞争的引入和雇员转移等有关改革事宜。1990年3月31日是私有化授权日，从这一天开始，英格兰及威尔士和苏格兰的国家电力工业改由19个分立的法人取代，在英格兰及威尔士形成了由3个发电公司、12个地区配电公司和1个高压输电公司组成的国家供电公司。在苏格兰则组成了2个发、输、配电纵向兼并的一体化公司及1个苏格兰核电公司。同年，设立“电力监管办公室”，负责对电力市场的监管，保证市场化的实行，并将国有12个配电公司出售给私人，配电市场的放松市场准入规制的改革完成。1991年至1997年间，基本上完成了发电部门的私有化，这标志着发电部门的进入规制改革的完成。

对于电网的改革，主要是通过将电网公司的国有股权上市出售，分两次完成了国有股权的转让，1991年将电网公司NG上市，出售60%国有股权，1995年又出售了国家电网公司所剩余40%国有股权。尽管全部国有股上市，但英国政府保留电网公司的控制权，虽然输电网络仍然维持了独有的垄断地位，但是私人资本的引入改善了经营管理，特别是电网公司不拥有一家发电厂，使得各个发电公司能够公平、自由地进行竞争,电网的效率仍然有较大的提高。

(2)第二阶段:三种市场运营模式和放松价格规制

英国电力市场对价格的放松规制主要通过建立开放的电力批发和零售市场、引入竞争机制展开,这在改革的过程中并逐渐形成了 POOL、NETA 和 BETTA 三种不同的市场运营模式。

第一个是用户选择发电商自由权的确立。1994 年,开放 50 万个负荷水平在 100kW 以上的用户自由选择供电商,1998 年,开放所有 2200 万用户自由选择供电商,建立自由竞争的电力零售市场。

第二个是对于电力交易的市场运营模式的构建。1997 年,联营交易所 POOL 成立,POOL 模式第一次建立起一个自由的电力交易批发市场。它的运作模式是,发电商卖电给电力库,供电商从电力库买电,形成全国的统一的电力交易市场,电网公司负责电力库的日常管理工作,并将根据各发电公司的报价高低确定每台机组的发电出力和运行时间。POOL 这种模式能够保持发电企业的有效竞争,但是存在的诸如单边竞价、强制性电力池成员制、电价机制复杂等问题。

1999 年,颁布新的电力交易规则 NETA,以双边合同市场和平衡机制市场代替 POOL。NETA 的基础是发电商、供电商、中间商和用户自愿参与的双边交易市场。主要由以下方面构成:① 远期合同市场:是供求双方制定的双边合同,与原有差价合同不同的是,这种合同不仅规定价格,而且规定供电量,占总电量的 95% ~97% 的电力交易在这个市场中进行。②相关的衍生品市场,主要是期货市场和期权市场,冲销了贸易各方的经济风险。③短期双边市场:该市场在时间上接近实时运行系统,采取公开屏幕交易。④平衡市场:用以维持系统供给和需求的实时平衡,交易的电量占总电量的 3% ~5% 。同 POOL 模式相比,市场参与者享有更多自主权报价形式更简单、电价更透明以及更接近于实时的电力买卖,这使得电网的运行更为平稳。事实也证明,这种模式下的电力市场交易更有效率,价格机制更能有效地发挥作用。

2004 年,在电力交易市场中价格机制发挥主导作用以后,为了更有效地发挥资源配置的优势，英国又及时提出了 BETTA 模式。英国政府颁布《能源法》，为在英格兰、威尔士和苏格兰地区建立一个统一的竞争性电力批发市场以及 BETTA 其他各方面机制建立基本的法律框架。2005 年 4 月至今，电力市场运营模式 BETTA 实施，这种模式使得 NETA 模式推广到全国范围，改变了苏格兰电网与英格兰、威尔士电网长期运行的分裂状态，建立起统一的英国电力市场体系（见图 3－2）。

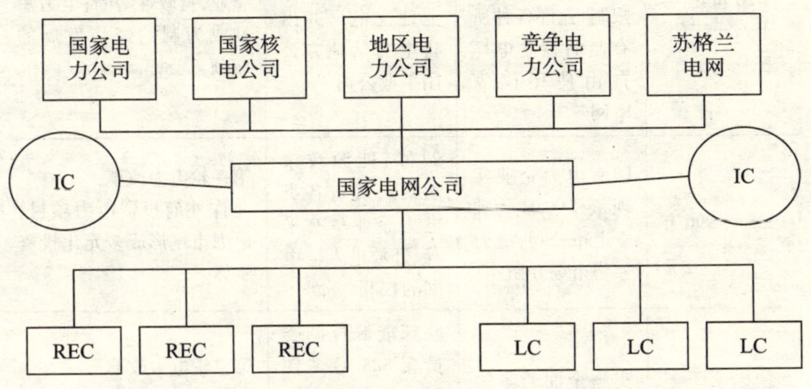

图 3－2　放松规制后的英国电力工业组织结构

注：IC——独立电厂；LC——大用户；REC——地区电力公司

3.1.2　中国电力市场化改革路径

相比之下，中国的电力改革以政企分开、打破垄断为核心，自 20 世纪 90 年代至今大致经历了三个阶段①（见表 3－2）。

---

①　于良春、杨淑云、于华阳（2006）在《中国电力产业规制改革及其绩效的实证分析》一文中将中国电力产业的规制改革分为了四个阶段，其中第一个阶段是严格的管制时期，本文认为此阶段没有进行放松规制，因此把中国的电力产业放松规制分为三个阶段。另外，也有部分学者把中国电力产业的规制分为三个阶段，按此来说，放松规制只能分为两个阶段。不过本书认为 1998—2001 年间的厂网分离试点，是中国电力产业部分放松规制。因此本书更倾向于良春的观点。

表 3－2　　　　中国与英美电力改革比较

	英国	美国	中国
电力市场改革核心	实行私有化、引入竞争	放松规制、引入竞争、提高效率、降低电价	政企分开、打破垄断、引入竞争、促进电力发展、支持经济建设
20 世纪七八十年代	颁布《能源法》，取消非公共企业进入电力行业的限制，允许各种所有制的独立电厂自由使用国家电网	出台公共事业规制政策法，允许企业建立电厂并出售电力给地方公用事业公司	发输配售一体的国有电力企业，行政性垄断；电力短缺成为制约经济发展的瓶颈
1985—1996 年	国有电力企业实现私有化，成为独立上市公司；电力零售市场开拓	颁布《能源政策法案》，规定各类电力企业享有平等、开放进入输电网的权利	第一轮电力改革： 允许外商投资电力项目，电力市场形成多元化投资主体
1997—2002 年	实施全面的零售竞争	联邦能源规制委员会 888 号文件要求开放电力批发市场；独立市场运营商成立	第二轮电力改革： 完成公司改制，实现政企分开；国家电力公司成立
2002 年以后	实施新电力交易制度 NETA；电力行业横纵整合	计划建立覆盖北美的现代超级电网	第三轮电力改革： 国务院批准新的电力体制改革方案；国家电网公司、南方电网公司和各发电集团公司成立；国家电监会成立，实现政监分开；电力短缺，电价上涨，电力企业（尤其电网）盈利水平低

资料来源：笔者根据相关资料整理而成。

第一阶段，即 1985—1996 年，中国电力产业初步放松了发电部门的进入规制、价格规制。

总体而言，在这一时期，由于长期缺电和中央政府财政资金不足,以及电力行业效率低下等原因,政府从放开投资权和赋予国有电力企业自主经营权着手电力体制改革。这段时间改革的目标是“政企分开,省为实体,联合电网,统一调度,集资办电”和“因地因网制宜”①。一方面,国有电力企业尝试了全面包干经济责任制、简政放权、自负盈亏、以电养电等方案。另一方面,集资办电政策放宽了发电端的市场准入,民营、外资、地方政府和企业均可参与到电厂建设和投资。这一阶段的改革改变了电力市场组织形式,体现在两方面:一是电力市场供需水平的变化。中央政府通过放松发电侧的市场准入及改革上网电价制度,创造发电市场的投资激励机制,成功拓展了发电部门建设资金的筹资渠道,装机容量迅速增长,到1997年,全国性的严重缺电局面基本得到缓解。发电侧的投资主体和所有者相应多样化。二是国家垄断的市场格局的变化。发电侧投资主体多元化,独立发电企业的出现改变了发电部门的中央垄断格局。原来由中央政府一家拥有和控制的电力行业演变为一个双轨体系,即中央国有企业为主导,发电端同时并存多种所有制投资主体,即不同层级的地方政府、地方国有企业、外资企业和私有企业。

这一时期,政府对电力行业的管理并没有随新市场结构的出现而相应调整,仍沿用计划经济的行政和经济管理模式,即政企合一、垂直垄断等管电方式。根据世界银行(1994)的一个研究,中国电力行业呈现垂直一体化的垄断结构(见图3－3),反映出行政垄断和经济垄断的双重特征。改革部分解决了发电侧的投资问题,但发电还需要输配电环节才能到达用户,而输配侧投资没有配套的制度的保障。此外,由于实行了“还本付息电价”,又没有配套法规控制成本,结果导致电价节节攀升。上述矛盾酝酿了下一轮的改革。

第二阶段,即1997—2002年,电力产业政企分开,部分省市放松规制试点。

① 改革方针是1987年9月由国家计委、国家经委、水电部共同召开的加快电力发展与改革座谈会上提出来的。

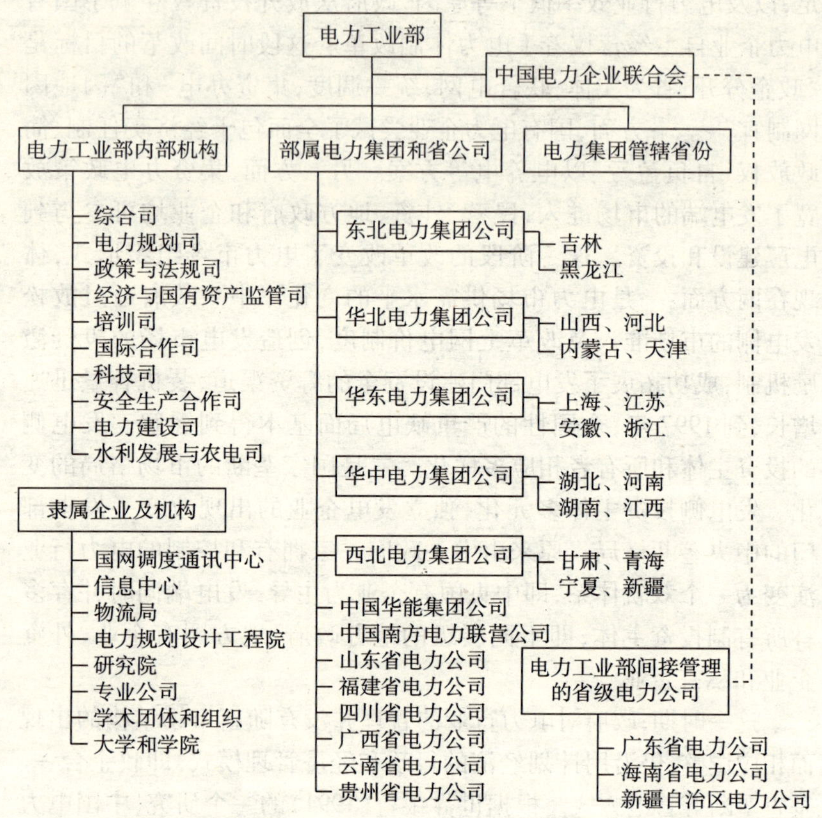

图 3-3 电力行业规制体系(1985—1996)

资料来源:World Bank(1994). China Power Sector Reform: Toward Competition and Improved Performance. Washington,DC: World Bank,2.

1997 年实施的机构改革是电力行业改革的第二个里程碑。改革的重点是政企分开,将政府行政职能和企业经营职能分开,改变政企合一的问题。1997 年成立了国家电力公司,1998 年撤销电力部①,由国家经贸委及各省经贸委负责政府管电职能。国家电力公

① 1998 年 3 月,九届人大一次会议批准国务院机构改革方案,决定撤销电力工业部。

司进行了公司股份制改组，通过各个省分公司运营原电力工业部管理的发电和输配电国有资产，具体而言，包括原电力工业部下属的华北、东北、华东、华中、西北5大区域集团公司及7个省公司和华能、葛洲坝2个直属集团，总资产达到7582亿元，拥有当时全国约48.3%的发电资产，全国90%以上的电网资产及77%以上的总售电量。初步形成国家经贸委、国家计委等部门行使政府管电职能，国家电力公司等电力企业自主经营，中国电力企业联合会①等行业协会自律服务的体制框架。基本实现了电力行业的政企分开，改变了新中国成立以后电力行业主管部门的传统经营管理模式，探索破除垂直一体化垄断的可能途径。价格监管部门进行了上网电价制度的改革，为改变还本付息电价带来的成本无约束导致上网电价不断攀升的状况，1998年在浙江、上海、山东、辽宁、吉林、黑龙江6个省(市)试行"厂网分开，竞价上网"的市场化改革试点②。1998年国家出台了"经营期电价"政策来取代"还本付息电价"政策。按照发电项目经营期，根据补偿成本、合理收益的原则制定上网电价，与还本付息电价相比，核定的期限和成本基础不同，将还贷期拉长为经营期，将按个别成本定价改为同类机组社会平均成本定价，有利于刺激企业提高效率，降低成本。

经过这阶段的改革，电力行业实行了"政企分开"的改革实验，电力工业部撤销，企业经营职能和政府管理职能分别归属不同主体，形成了国家经贸委、国家计委和财政部等部委对电力行业实行分工协作的规制框架(见图3－4)，电力工业政企合一的体制性弊

---

① 中国电力企业联合会是1988年根据国务院下发的国办函(1998)80号文件批准成立的，是"全国电力行业企事业单位的联合组织，非营利的社会经济团体"。其职能主要是实行行业管理、提供咨询服务、维护电力行业合法权益等。

② 1998年8月，国家电力公司提出了"政企分开，省为实体"和"厂网分开，竞价上网"为主要思路的改革方略。同月，国家电力公司向国家经贸委上报了《实行网厂分开、建立发电侧电力市场方案框架(试行)》。1998年12月，国务院办公厅转发了《国家经贸委关于深化电力工业体制改革有关问题的意见》，1999年4月，国家经贸委先后发出了《关于进行厂网分开、竞价上网试点有关问题的通知》和《关于做好厂网分开、竞价立网试点工作有关问题的通知》。

端得到了一定程度的克服。但电力系统仍保持着条块分割、层层审批的规制框架,其基本矛盾主要集中在垂直一体化的行业垄断。“省为实体”的初衷并没有实现,演变为“省为壁垒”。进行了竞价上网试点,但是,到2000年底试点被迫叫停①。电力行业亟待进一步市场化改革。

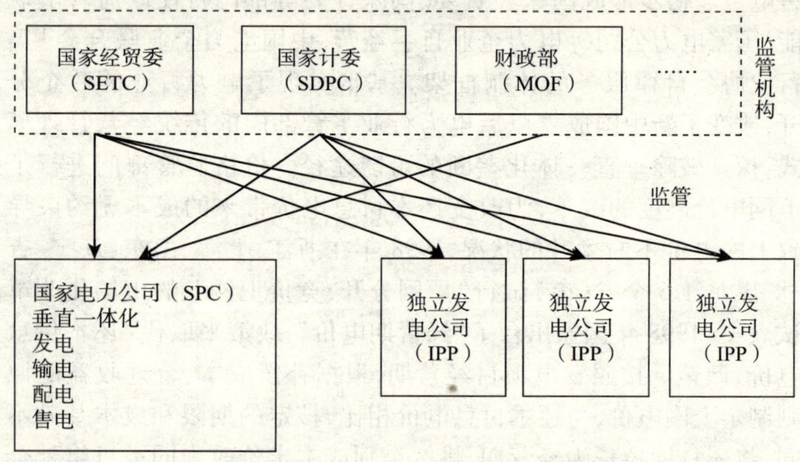

图3-4 中国电力规制框架(1997—2002)

第三阶段,即2002年至今,厂网分开,竞价上网。2002年,电力行业改革迈出了重要的一步,打破了国家电力公司的垂直垄断,可视为中国电力行业市场化改革的第三个里程碑。2002年2月,国务院印发国发(2002)5号文件,即《国务院印发电力体制改革方案的通知》,批准了由国家计划与改革委员会和有关部门提出的电力体制方案。方案的总体目标是“打破垄断,引入竞争,提高效率,降低成本,健全电价机制,优化资源配置,促进电力发展,推进全国联网,构建政府监管下的政企分开、公平竞争、开放有序、健康发展的电力市场体系”。根据国务院批准的《电力体

① 2000年11月,国务院办公厅正式下发《关于电力工业体制改革有关问题的通知》,明确要求“厂网分开,竞价上网”的试点不再扩大。

制改革方案》,对原国有电力垄断企业——国家电力公司实行重组:将原国家电力公司的发电资产进行重组,组建华能集团公司、大唐集团公司、华电集团公司、国电集团公司和电力投资公司5家发电企业;同时,将原国家电力公司的电网资产进行重组,分家为国家电网公司和南方电网公司;另外,还独立成立了中国电力工程顾问集团公司、中国水电工程顾问集团公司、中国水利水电建设集团公司和中国葛洲坝集团公司四家电力辅业集团公司。2003年,电力监管委员会的成立更是被看作中国吸收国际经验,实施现代化电力规制制度的起点。2007年5月31日,国家电网公司通过协议向国电集团等转让涉及647项目共计920万千瓦发电资产①,该发电资产转让协议被视为“厂网分离改革基本破题,发电侧的市场化改革框架基本构造完毕,中国电力体制改革即将进入输配分离、配售分离阶段”②。

总的说来,自2002年厂网分开后,中国电力工业正由传统的垂直一体化垄断结构向竞争性市场结构转变,电力市场正在发育之中。现阶段电力工业结构及交易特点如图3-5所示。

① 国家电力监管委员会. 电力监督年度报告(2008)[EB/OL]. http://www.serc.gov.cn/zwgk/jggg/200804/W020080504372495184827.pdf.

② 陈富良,徐涛. 电力行业规制政策的变迁及启示[J]. 财经问题研究,2009,(2):50-54.

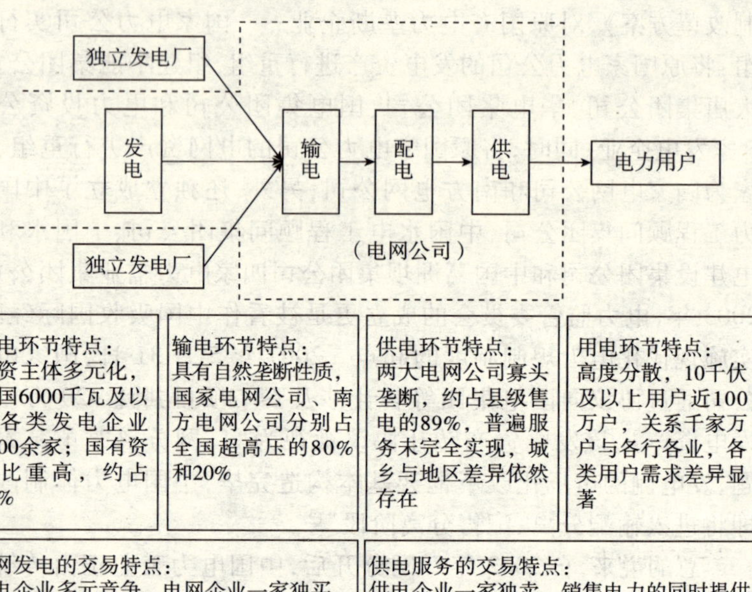

图3－5　现阶段电力结构及交易特点

3.2 垄断条件下电力普遍服务交叉补贴供给机制与最佳规制

3.2.1　理论分析

在电力市场的独占垄断时期，电力垄断企业作为电力市场中的唯一提供商，普遍服务义务必然交由其独自承担。也就是说，电力垄断企业不仅在盈利领域（发达地区或工、商业用户）提供电力服务，而且还要在非盈利领域（高成本地区或农村、低收入用户）提供服务。众所周知，电力普遍服务初期投入巨大，维护成本相对很高，而收益却相对较低，因此除了提高企业的声誉之外，电力垄断企业没有任何激励来无偿（发生亏损）提供普遍服务。因此，这自然需要政府进行行政规制，通常是以行政指令的方式让其负担普遍服务义务。但与此同时，在保证普遍服务的“可承受性”（定价实际上是低于成本）的前提下，为了企业发展的需要，规制者会容许电力垄断企业依靠提高其他业务的价格（比如工业、商业用户和城市地区）来弥补普遍服务亏损，这就形成了企业内部交叉补贴制度。

所谓交叉补贴（Cross - subsidy）①，通常是指供给多样产品、服务的企业，以其盈余的服务收入来弥补部分亏损服务的支出（植草益，1991）。一般可分为“事业间的交叉补贴”和“事业内的交叉补贴”。所谓“事业间的交叉补贴”，事实上接近外部补贴的概念，是指同一组织下的不同事业，以其盈余的事业收入来补贴亏损的事业支出的情形。如许多国家的电信事业与邮政事业并非单独运作，而是属于同一组织之下呈现多元化的经营型态，这些国家基本上都是采用以盈余事业弥补亏损事业的相互内部补贴方式，以维持普遍服务供给。所谓“事业内的交叉补贴”，又可以分为“区域间的交叉补贴”和“事业别的交叉补贴”。“区域间的交叉补贴”是指同一事业中，以都市等人口密集的、利润较高的获利部门来弥补农村等人口稀少的、不合成本效益的亏损部门的方法，来达到事业的收支平衡，同时确保普遍服务得以供给。如铁路事业通常是以都市的黄金路线收入来弥补偏远路线的支出。“事业别的交叉补贴”则是指同一事业下所提供的多种业务，以其盈余的业务来补贴亏损业务。如电信事业经常以盈余的第二种电信服务来补贴需负担普遍服务的第一种电信服务。当然，为了明确用户为某项产品（服务）所支付的费用与提供该产品（服

① 对于交叉补贴的界定，还有一种观点是指在垄断行业中，拥有市场力的垄断企业出于打败竞争对手或限制竞争等目的，对竞争性业务和垄断性业务分别实行降价和提价措施，用以弥补竞争性业务的损失。笔者以为与一般垄断企业的这种以驱逐竞争对手为目的的交叉补贴不同，电力行业的交叉补贴主要存在于不同用户、不同地区或不同业务之间。

务)的成本的关系,也可以分别从不同的成本角度来界定交叉补贴[①]:①从边际成本角度考虑,如果对于一部分用户的价格低于产品的边际成本,则认为这种价格机制存在交叉补贴。然而,边际成本定价无法回收企业投入的总成本,这使得企业出现财务赤字。②从平均成本角度考虑,如果对于一部分用户的价格低于平均成本而其他用户的价格高于平均成本,则认为存在交叉补贴。然而,由于很难准确地确定多种产品的平均成本,所以平均成本标准不适用于多种产品的定价。③从增量成本角度考虑,如果某种商品(服务)的价格小于企业提供该商品(服务)的增量成本,则认为这种价格机制存在交叉补贴。④从独立成本角度考虑,如果某种商品(服务)的价格大于提供该商品(服务)的独立成本,则认为存在交叉补贴。然而,实践中困难的是同样的定价方法,按照不同的交叉补贴定义标准可能会出现截然不同的结论。例如,某种增加社会福利的单一制定价方法在平均成本标准下存在着交叉补贴问题,但是按照独立成本或增量成本标准,此定价方法却很可能不存在交叉补贴。因为按照边际成本和平均成本标准定义时,主要考虑的是价格与企业实际成本的差异,进而确定其是否存在交叉补贴;而按照增量成本和独立成本标准定义时,主要是通过比较价格与其他可供选择的替代品(服务)的成本关系来确定是否存在交叉补贴。究竟什么样的定价才不存在交叉补贴呢?Faulhabel(1975)指出,"当企业制定的价格大于独立成本或小于增量成本时会造成社会福利损失,这种定价即为严格意义上的交叉补贴。用数学公式可以表达为,当价格 P 满足 $SAC \geq P \geq IC$ 条件时,就称价格 P 不存在交叉补贴"[②]。Braeutigam(1989)认为,"按照增量成本和独立成本定义标准,只有在企业

① Paulina Beato. Cross Subsidies in Public Services: Some Issues[R/OL]. Technical Papers series, Inter - American Development Bank, 2000, http://www.iadb.org/publication/publication_2856_e.htm.

② Faulhaber, Gerald R. Cross - subsidization: Pricing in Public Enterprises[J]. American Economic Review, 1975, Vol. 65:966 - 977.

利润为零的情况下，定价方法才不存在交叉补贴"①。

无论如何，在电力垄断经营环境下，交叉补贴的优点主要表现在以下三方面：首先，政府只要对电力垄断企业实行有限的行政规制，其余的工作交由企业自己操作，比较简便；其次，交叉补贴机制极大地满足了贫困地区、低收入用户的日常基本用电需求；再次，电力企业能够通过交叉补贴筹集到较为充足的资金，进行基础性电力建设。因此，交叉补贴是实现电力普遍服务的有效手段之一，纵观世界各国履行电力普遍服务义务的具体情况不难发现，在电力垄断经营时期，大多数国家采用了内部交叉补贴的核算方式，并以优惠电价的表现形式来实现电力普遍服务的有效供给。在当时的情况下，各国广泛实行交叉补贴机制有其客观的必然性，其主要原因正是电力垄断企业作为电力普遍服务的执行者承担了提供普遍服务的义务，企业不仅在盈利领域(发达地区或工、商业用户)提供供电服务，而且还要在非盈利领域(高成本地区或农村、低收入用户)提供服务，如此必然会造成企业为实施普遍服务的政策性损失，而这部分损失主要是通过盈利领域或地区的超额收入来弥补。

在理论上，交叉补贴机制自产生以来就受到经济学家的批评和质疑。尽管绝大多数的实证研究证明交叉补贴是一种没有效率的和扭曲价格体系的机制，但也有不少学者支持交叉补贴：如普莱斯和汉考克认为，由于低收入者一般生活在那些和其他地区相比较而言有着很高边际成本的偏远地区，如果他们能享用统一的资费标准，这可以提高他们的效用水平，因此交叉补贴是能帮助穷人的。Greenwald 和 Stiglitz(1996)证明，在市场不完备、信息不对称和非充分竞争普遍存在时，市场机制不能自动达到帕累托最优状态。通过交叉补贴扭曲价格提供普遍服务，实际上是进行市场抑制，它此时的作用类似隐性的税收方式，与直接的税收制

① R. Braeutingarn. Optimal Policies for Natural Monopolies[J]. Handbook of Industrial Organization, 1989, Vol. 2:1219 - 1346.

度相比具有成本更低、为政府的公共预算提供较容易的“市场抑制收益”等优点。因此,尽管交叉补贴是次优选择,但仍不失为较现实的考虑。拉丰、加斯米和萨基(1977)认为,在发展中国家难以建立像普遍服务基金这样的竞争中性机制,交叉补贴机制可能优于竞争机制,拉丰强调,尽管竞争一般有利于经济,但是在当局管理薄弱的地方推行竞争机制要谨慎,竞争是与强有力的国家相并行的,在发展中国家推行竞争的社会成本很高,可能达补贴额3倍,并缺乏评价普遍服务成本的专家。而低效益的税收、弱监管技术、低水平的教育和知识、不稳定或者争权夺利的政府,很难推进真正的竞争。发展中国家的弱税收系统导致公共基金的高成本和弱审计,显然不利于产业的运行。拉丰和泰若尔(2001)认为交叉补贴起源于相关产品或服务之间分享收入的差异,一个运营商把其利润享有比例较高部分的成本转移到另外一个由消费者承担较高费用的部分,他就能从中有所收益。美国的AT&T公司正是因为赋予企业普遍服务的义务,企业才能在短期内垄断经营,获取巨额利润,并采取内部交叉补贴的方式,为全美提供普遍服务。

交叉补贴还可以用经济学模型来加以解释。下面以地区间交叉补贴为例①,通过一个模型来展示垄断条件下交叉补贴是电力普遍服务供给的最佳规制。

参照普遍服务“用户市场结构”模型(图1-1、图2-4),假设垄断厂商服务于城市(低成本地区,以地区1表示)和农村(高成本地区,以地区2表示)两个领域(如图3-6):

(1)即电力使用者为 N_i,平均每人的使用电量 q_i,电价水平为 p_i,$p_i(q_i)$ 为需求函数的逆函数,$S_i(q_i)$ 为相关的消费者剩余函数,其中 $i=1,2$($i=1$ 代表城市地区,$i=2$ 代表农村地区)。

(2)服务于所有地区的电力供给商的成本函数为 $C(\beta,e,q_1,q_2;N_1,N_2)$,其中 β 代表企业的技术参数,e代表内生的效率参数,

① 业务间与地区间交叉补贴原理相仿,不再证明。

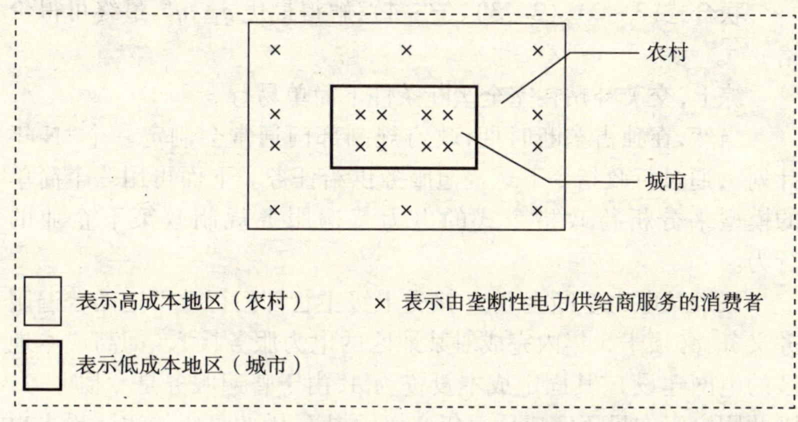

图3-6 电力普遍服务独占垄断的情形(地区间交叉补贴)

即企业的努力程度,e≥0。当e增加时,除了使企业的可观测成本C增加外,相应的还会给企业管理者和员工带来效用的减少,这种效用的损失用$\psi(e)$表示。

(3)规制者拥有完全信息。

根据上述假设求解:由于规制者拥有完全信息,因此能够给垄断者设置最优的努力程度,在该水平上,成本的节省与效用的损失相等,该努力程度满足:

$$\min C(\beta, e, q_1, q_2; N_1, N_2) + \psi(e) \qquad (3-1)$$

由式(3-1)求导,$\psi'(e) = \frac{\partial C(\beta, e, q_1, q_2, N_1, N_2)}{\partial_e}$,得到最优的努力程度$e^*$。

电力供给商在农村地区实行普遍服务,在预算平衡的约束下实行交叉补贴,对农村和城市用户收取同样的价格,即:

$$\max SW = N_1 S_1(q_1) + N_2 S_2(q_2) - [C(\beta, e^*, q_1, q_2; N_1, N_2) + \psi(e^*)] \qquad (3-2)$$

$$st: N_1 p_1(q_1) q_1 + N_2 p_2(q_2) q_2 = C(\beta, e^*, q_1, q_2; N_1, N_2) + \Psi(e^*) \qquad (3-3)$$

$$p_1(q_1) = p_2(q_2) \qquad (3-4)$$

联合式(3-2)、(3-3)、(3-4),解得最优 q_1^*,q_2^* 最终可得价格 p_1^*。

综上,交叉补贴在完全垄断条件下简单易行。

当然,在独占垄断时期,政府规制部门通常会制定一个“N年计划”,通过行政指令下达普遍服务供给任务。下面再用一个简单的模型来分析行政指令式的电力普遍服务规制政策下企业的行为。

假设某电力垄断企业 M 接受上级主管部门行政下达的普遍服务义务,必须于5年内完成对某地区的电力服务接入(即高成本地区的电网建设)。其固定成本投资为 A,由于普遍服务是亏损业务,因此固定资本投资完成后每年产生亏损 L,因此每年的边际投入也为 L,折现率为 r。垄断企业只要完成任务,则可以获得声誉 F。如果该电力垄断企业于第n年完成该普遍服务项目的接入($1 < n < 5$),则提前($5 - n$)年完成任务。

表3-3　　垄断企业M的成本

	第 n 年	第 $n+1$ 年	……	第5年
固定资本投资	A	0	……	0
边际投入资本投资	L	L	……	L

因此,建立电力垄断企业 M 的效用函数如下:

$$f(n) = F - \left[\frac{A + L}{(1 + r)^{n-1}} \sum_{i=n}^{4} \frac{L}{(1 + r)^{i}} \right] \tag{3-5}$$

由于 $f(n)$ 是 n 的增函数,因此,$n = 5$ 时,$f(n)$ 为最大值。

所以,对于企业 M 来说,在任务规定期限的最后一年完成电力普遍服务建设是最优选择。换句话说,这其实就是表现为垄断企业对普遍服务强制义务的消极拖延,这也是为什么交叉补贴虽然可行,但往往没有效率的主要原因。

3.2.2　中国电力普遍服务的交叉补贴实证分析

与其他国家类似,到目前为止,中国的电力普遍服务供给基本上是行政规制加交叉补贴来实现，即是一种建立在政府优惠政策的基础上，主要依靠垄断性电力企业的内部交叉补贴来实现普遍服务供给的机制①。这可以从中国销售电价的分析上得到实证。

中国销售电价虽从最初的统一单一制电量电价，发展到目前以两部制为基础的较复杂的多种销售电价体系，但是总体来看，现行的目录电价基本上还是沿用20世纪60年代的结构，即销售电价分类主要是按行业和用途划分，包括大工业用户电价、非工业和普通工业电价、居民生活电价、非居民照明电价、商业电价、农业生产电价、贫困县农业排灌电价以及趸售电价，其中对中小化肥、电石电解烧碱、合成氨、电炉黄磷实行优待电价。②

从经济效率和公平的角度来讲，在最终销售电价体系中，工业电价应该低于商业电价和居民电价，同时商业电价应该低于居民电价，只有这样才符合经济效率原则。这主要是出于以下四方面因素的考虑：第一，工业用户、商业用户到居民用户的负荷系数依次下降。由于峰负荷时段需要调度更为昂贵的峰荷电厂，很明显，峰负荷时段的电力价格将远高于正常时段和谷负荷时段。峰负荷主要是由商业用户和居民用户引起的，或者说商业用户和居民用户的用电在时段上更为集中，而工业用户的负荷则比较平稳。当其他条件相同时，高负荷系数负荷将比低负荷系数负荷有更低的服务成本，如果电价不采取分时段定价而是采用全天候统一定价，这就必然要求工业电价低于商业电价，商业电价低于居民电价。第二，工业用户可以更为灵活地对电价和电力供需作出

---

① 当前，中国提供普遍服务的补偿机制为补贴，除政府以无息或低息贷款、财政援助、特殊税收和倾斜政策等提供政策性补贴外，主要为内部交叉补贴的方式。

② 然而，随着中国电力市场化改革的逐步推进，现行的用户分类标准暴露出了一系列的问题。一方面，现行用户分类不能充分反映用户的用电负荷特性对供电成本的影响；另一方面，终端用户电价种类过于繁杂，容易造成电费结算纠纷。按照发改委价格司(2005)514号文件，销售电价分类改革的最终目标是分为居民生活用电、农业生产用电、工商业及其他用电价格三类。

实时反应。根据公平原则,峰荷电厂成本应该由引致该成本的特定消费者即居民用户和商业用户承担,这也将导致工业电价低于商业电价和居民电价。第三,为工业用户、商业用户服务的配电成本也比居民用户低。这主要是由于他们具有更高的电压等级,而线路损耗更少而且不需要相应的降压变压器和低压线路。出于同样的原因,商业用户的配电成本也低于居民用户的配电成本。第四,根据最优定价的拉姆士定价原则,用户的价格应该和他们的需求弹性成反比。根据典型的对需求弹性的预测,工业用户的需求价格弹性高于商业用户、商业用户高于居民用户。因此,区别性定价的效率原则也要求工业电价低于商业电价、商业电价低于居民电价。由上述分析可见,工业电价低于商业电价、商业电价低于居民电价是符合效率和公平原则的最优销售定价方法。

笔者这里选择了15个具有代表性的国家,分别对各国2005年度的分类销售电价水平(居民电价与工业电价)以及比价结构进行了对比分析。见表3-4、图3-7。

表3-4　2005年度世界15个国家分类销售电价(居民电价与工业电价)情况

单位:美元/千瓦·时

序号	国家	居民电价	工业电价	居民电价/工业电价
1	美国	0.095	0.057	1.67:1
2	英国	0.149	0.087	1.71:1
3	法国	0.142	0.050	2.84:1
4	德国	0.212	0.084	2.52:1
5	西班牙	0.154	0.083	1.86:1
6	意大利	0.198	0.174	1.14:1
7	奥地利	0.174	0.102	1.71:1
8	葡萄牙	0.180	0.098	1.84:1

续表

序号	国家	居民电价	工业电价	居民电价/工业电价
9	芬兰	0.121	0.070	1.73∶1
10	瑞士	0.139	0.083	1.67∶1
11	新西兰	0.138	0.055	2.51∶1
12	墨西哥	0.097	0.088	1.10∶1
13	日本	0.189	0.121	1.56∶1
14	韩国	0.089	0.059	1.51∶1
15	中国	0.052	0.060	0.87∶1

注：上述电价均为按市场汇率转换的含税电价。

资料来源：EIA 官方网站。

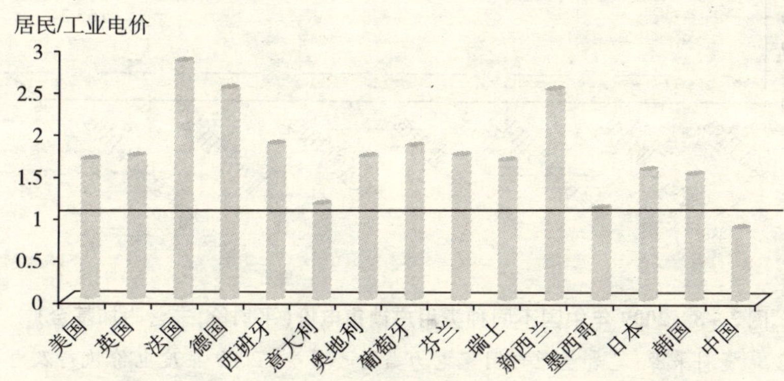

图 3－7　2005 年度世界 15 个国家分类销售电价比价关系

从表 3－4、图 3－7 所示，15 个国家中，法国、德国和新西兰这三个国家的居民电价与工业电价的比价大于 2；美国、英国、西班牙、意大利、奥地利、葡萄牙、芬兰、瑞士、新西兰、墨西哥和日本这 11 个国家的居民用户与工业用户电价的比价关系均大于 1；仅有中国的居民生活电价与工业电价的比价小于 1。而根据国际能源署（IEA）的统计，2005 年国际经合组织（OECD）国家的平均居民电价与平均工业电价的比价为1.70∶1,与平均商业电价的比价为1.12∶1[①]。由此可见,与发达国家,特别是实行电力市场的国家相比,我国工业电价与商业电价都对居民用电有不同程度的交叉补贴。

进一步,根据国家电力监管委员会《2009年度电价执行及电费结算监管报告》[②],能够发现中国分类用户销售电价交叉补贴具有以下特点:

第一,销售电价在不同种类用户间存在交叉补贴。

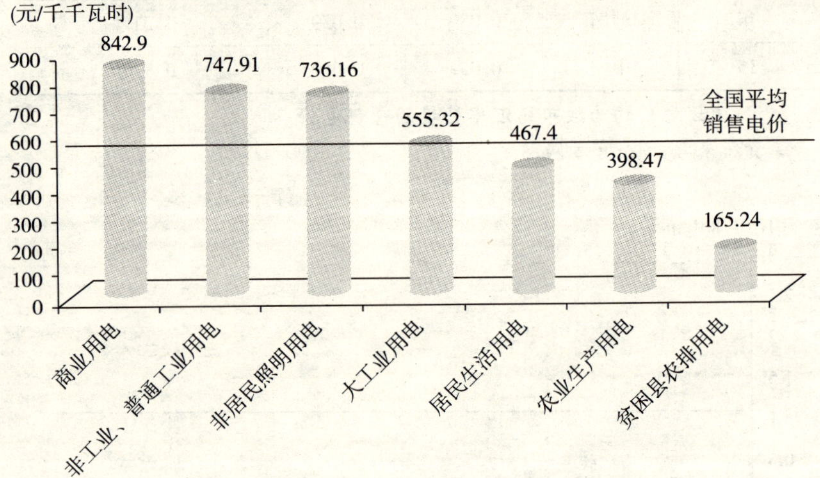

图3-8 2009年中国不同种类用户销售电价(平均价,未含附加基金)

资料来源:笔者整理自国家电力监管委员会.2009年度电价执行及电费结算监管报告[R]. http://www.serc.gov.cn/zwgk/jggg/201009/t20100913_13544.htm.2011年3月1日访问。

2009年,电网企业平均销售电价为530.72元/千千瓦时(未含政府性基金及附加,下同),从分类销售电价看,商业电价最高,为

① 国电动力经济研究中心.最新国外电价情况跟踪报告[R].北京:国电动力经济研究中心,2005-04.

② 国家电力监管委员会.2009年度电价执行及电费结算监管报告[R]. http://www.serc.gov.cn/zwgk/jggg/201009/t20100913_13544.htm.2011年3月1日访问。

842.9 元/千千瓦时，依次为非工业、普通工业用电 747.91 元/千千瓦时，非居民照明用电 736.16 元/千千瓦时、大工业用电 555.32 元/千千瓦时、居民生活用电 467.4 元/千千瓦时、农业生产用电 398.47 元/千千瓦时，贫困县农排用电电价最低，为 165.24 元/千千瓦时（图 3－8）。

第二，销售电价在不同地区间存在交叉补贴。

从区域看，华东区域平均销售电价最高，为 598.68 元/千千瓦时，依次为南方、东北、华中、华北，西北最低，为 401.59 元/千千瓦时（见表 3－5）。

表 3－5　　2009 年各区域平均销售电价统计表

单位：亿千瓦时，元/千千瓦时

项目＼区域	华北	东北	西北	华东	华中	南方
销售电量	8473.55	2294.72	2124.49	7242.27	5401.26	5238.90
销售电价	491.85	550.96	401.59	598.68	504.43	569.76
增长额	15.03	30.98	11.03	27.12	44.73	－6.95
增长率（%）	3.15	5.95	2.82	4.74	9.73	－1.21

资料来源：国家电力监管委员会.2009 年度电价执行及电费结算监管报告[R]. http://www.serc.gov.cn/zwgk/jggg/201009/t20100913_13544.htm. 2011 年 3 月 1 日访问。

从分省平均销售电价水平看，广东、上海、北京、海南、浙江等省市较高，超过了 600 元/千千瓦时。青海、内蒙古（西部）、甘肃、宁夏、云南等省区较低，不到 400 元/千千瓦时（见表 3－6）。从分省居民用电类别平均电价水平看，排在前 5 位的分别是：广东、海南、江西、湖南、湖北，排在后 5 位的分别是：青海、内蒙古（西部）、河北（北网）时、河北（南网）、内蒙古（东部）（见表 3－6）。

表 3－6　2009 年各省(区、市)平均销售电价和平均居民电价统计表

单位:元/千千瓦时

省(区、市) \ 项目	平均销售电价	增长额	增长率(%)	平均居民电价
北京	671.76	21.53	3.31	473.37
天津	580.54	19.75	3.52	488.36
河北(北网)	467.50	14.00	3.09	415.71
河北(南网)	494.85	23.28	4.94	429.30
山西	424.44	9.33	2.25	464.95
山东	539.97	19.68	3.78	520.24
内蒙古(西部)	360.42	11.30	3.24	380.96
内蒙古(东部)	432.85	—	—	431.60
辽宁	582.41	42.27	7.83	495.94
吉林	532.85	12.57	2.42	521.18
黑龙江	533.04	25.56	5.04	460.01
陕西	455.99	24.96	5.79	496.44
甘肃	369.33	－8.42	－2.23	475.02
宁夏	374.75	－13.96	－3.59	456.99
青海	298.63	－12.90	－4.14	340.48
新疆	471.77	59.38	14.40	524.55
上海	697.81	17.91	2.63	540.50
江苏	585.45	29.62	5.33	504.06
浙江	616.10	21.42	3.60	525.77
安徽	521.05	14.84	2.93	548.84
福建	516.22	13.79	2.74	472.50
湖北	555.67	23.08	4.33	559.78
河南	444.09	11.33	2.62	544.91

续表

省(区、市) \ 项目	平均销售电价	增长额	增长率(%)	平均居民电价
湖南	526.20	11.71	2.28	588.00
江西	563.49	16.96	3.10	598.51
四川	473.53	-9.33	-1.93	468.68
重庆	537.83	19.54	3.77	516.97
广东	699.40	-6.77	-0.96	627.71
广西	470.83	20.05	4.45	487.06
云南	383.48	-4.70	-1.21	451.26
贵州	415.34	31.18	8.12	445.37
海南	661.17	15.00	2.32	599.48

注:(1)平均销售电价是指各省电网企业全口径销售电量的加权平均价格,未含政府性基金和附加。

(2)平均居民电价是各省居民用电到户价的平均值,含政府性基金和附加。

(3)蒙东地区因营业区范围变化较大,故数据无同期可比性。

资料来源:国家电力监管委员会.2009年度电价执行及电费结算监管报告[R]. http://www.serc.gov.cn/zwgk/jggg/201009/t20100913_13544.htm. 2011年3月1日访问。

另外,目前我国还存在不同电压等级用户电价之间的交叉补贴,以及不同时段的电力消费存在交叉补贴。不同电压等级用户的销售电价并不是按照相应的供电成本确定的,高供电成本的低电压等级用户的电价该高不高,而低供电成本的高电压等级用户电价却不低,如此造成了高电压等级用户补贴低电价等级用户。峰谷分时电价在我国尚未得到广泛实施,由于通常电力供应成本在峰谷时段差别较大,当所有时段实施同一电价机制时,成本较低的低谷时段电价对高成本的高峰时段电价进行了补贴。

通过以上分析，可以认为，在我国，销售电价存在非常严重的交叉补贴。这种现象的存在尽管不符合经济效率要求的边际成本原则，不仅会造成社会资源浪费甚至产业结构扭曲，也产生诸如使电网负荷率提高、高耗电企业生产成本增加、电力市场萎缩、严重拖欠电费、不能合理反映用电成本等问题。但就电力普遍服务而言，交叉补贴的存在一定程度上促进了我国电力普遍服务供给的实现。因为在电力公司是发、输、配、售电垂直一体化生产经营企业的情况下，电力企业内部通过交叉补贴能够保证一定的利益均衡，使电力企业整体利益不受损害，从而保证了电力企业愿意向一些高成本地区供电，在最大程度上实现了电力普遍服务。

3.3 竞争环境下电力普遍服务交叉补贴失灵与规制困境

3.3.1 吸脂效应与交叉补贴失灵的理论解释

“吸脂”(Cream Skimming)①原是从新鲜牛奶提炼奶油的过程所使用的词语，从字面上来解释，是指当牛奶加热时，只把浮在表层营养较多、最美味的脂肪部分瓢起食用，其他部分则弃之不吃(小坂直人，1999)。应用到普遍服务领域，可以理解为网络型产业放松规制，新的进入者在追求利润的目标下，仅经营高获利区域或仅提供高获利的服务，而不愿经营不经济区域或不愿提供不经济区域的服务。因此，吸脂所产生的结果是，一方面，使不经济或偏远地区的消费者，无法以相同的价格享受相同的服务，另一方面，吸脂成功的新进入者会压迫原在位者既有事业的经营利润，从而使其在竞争中处于劣势地位，基于利润目标的经济人理性，原在位企业可能放

① Cream Skimming 在国内有不同的译法，如撇脂、撇油、挑奶皮、“刮奶油”行为等。齐新宇在《普遍服务与电力零售竞争改革》(详见产业经济研究，2004，(2))中把吸脂称为“摘樱桃”，并进行了证明。

弃通过交叉补贴对于特定地区或特定顾客群提供服务，于是将导致对普遍服务投入的不足，最终造成普遍服务供给困难。

参照普遍服务“用户市场结构”模型（图1-1、图2-4），延续上节对用户市场结构的划分标准，即城市（低成本地区，以地区1表示）和农村（高成本地区，以地区2表示）两个领域（图3-6）。现在考虑电力产业放松规制，即电力市场竞争情况下，假设竞争者理性选择“吸脂”，只进入了城市地区，且拥有一半份额（图3-9，×为在位者的市场，●为竞争者）：

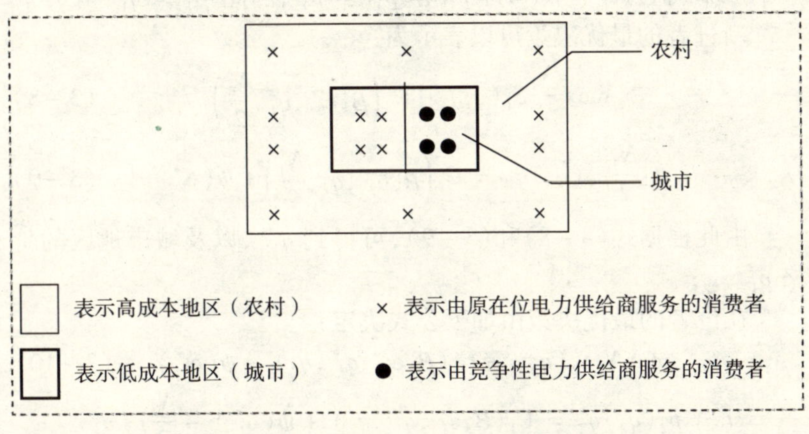

图3-9　电力普遍服务引入竞争的情形

（1）即电力使用者为 N_i，平均每人的使用电量 q_i，电价水平为 p_i，$p_i(q_i)$ 为需求函数的逆函数，$S_i(q_i)$ 为相关的消费者剩余函数，其中 $i=1,2$（$i=1$ 代表城市地区，$i=2$ 代表农村地区）。

（2）在位者（原垄断企业）的成本函数为 $C_1(\beta, e_1, q_1, q_2; N_1/2, N_2)$，新进入者的成本函数为 $C_2(\beta, e_2, q_1; N_1/2)$，其 β 代表企业的技术参数，e_j 代表内生的效率参数，即企业的努力程度，$e_j \geqslant 0$。当 e_j 增加时，除了使企业的可观测成本 C 增加外，相应的还会给企业管理者和员工带来效用的减少，这种效用的损失用 $\Psi(e_j)$ 表示。

（3）规制者拥有完全信息。

根据上述假设求解：由于规制者拥有完全信息，因此能够给在位者和新进入者设置最优的努力程度 e_j：

$$\psi'(e_1) = -\frac{\partial C_1}{\partial e_1}(\beta, e_1, q_{11}, q_2) \tag{3-6}$$

$$\Psi'(e_2) = -\frac{\partial C_2}{\partial e_2}(\beta, e_2, q_{12}) \tag{3-7}$$

由式(3－6)和(3－7)，可得 e_1^*，e_2^*。

根据微观经济学中经典的 Bertrand 价格竞争模型（Bertrand Price Competition Model）①，城市地区的价格最终将等于竞争者的平均成本（盈亏平衡点），即 $p_{11} = p_{12} = p_1$，因此 $q_{11} = q_{12} = q_1$。

新进者的最优决策可以表示为：

$$\max \frac{N_1}{2} S_1(q_1) - C_2\left(\beta, e_2^*, q_1, \frac{N_1}{2}\right) \tag{3-8}$$

$$st: \frac{N_1}{2} p_1(q_1) q_1 = C_2\left(\beta, e_2^*, q_1, \frac{N_1}{2}\right) + \psi(e_2^*) \tag{3-9}$$

由此根据式(3－8)和(3－9)，可得到 q_1^*，以及城市地区的价格 p_1^*。

在位者的最优决策由如下公式决定：

$$\max N_2 S_2(q_2) - C_1(\beta, e_1^*, q_1^*, q_2) - \psi(e_1^*) \tag{3-10}$$

$$st.\ N_2 p_2(q_2) q_2 = C_1(\beta, e_1^*, q_1^*, q_2) + \psi(e_1^*) - \frac{N_1}{2} p_1^* q_1^* \tag{3-11}$$

---

① Bertrand 价格竞争模型是由法国经济学家 Joseph Bertrand 在对 Cournot 模型批评基础上于1883年建立的。模型假定：当企业制定其价格时，认为其他企业的价格不会因它的决策而改变，并且 n 个（为简化，取 $n=2$）寡头企业的产品是完全替代品。A、B 两个企业的价格分别为 P_1、P_2，边际成本都等于 C。由于 A、B 两个企业的产品是完全替代品，所以消费者的选择就是价格较低的企业的产品；如果 A、B 的价格相等，则两个企业平分需求。于是，每一个企业的需求函数为：$Q_1(P_i, P_j) = \begin{cases} Q(P_i), if\ P_i < P_j \\ \frac{1}{2}Q(P_i), if\ P_i = P_j \\ 0, if\ P_i > P_j \end{cases}$。因此，两个企业会竞相削价以争取更多的顾客。当价格降到 $P_1 = P_2 = C$ 时，达到均衡，即 Bertrand 均衡。

由此根据式(3-10)和式(3-11),可得到 q_2^* 以及 p_2^*,在位者对农村地区收取的价格 p_2^* 恰好能够保证盈亏平衡。但是,如果此时在位者仍然继续为农村地区提供普遍服务,即设定 $p_2 = p_1^*$,那么就会出现亏损:

$$C_1(\beta, e_1^*, q_1^*, q_2) + \psi(e_1^*) - \frac{N_1}{2}p_1^* q_1^* - N_2 p_1^* q_2^* \quad (3-12)$$

显然,这一亏损需要公共财政补贴或者其他方式(如普遍服务基金)弥补。换而言之,当竞争者只进入盈利区域时,在位者想要通过交叉补贴提供普遍服务的想法行不通了,他将会面临资金的缺口,从而导致电力普遍服务供给困难。因此,如何解决竞争情况下普遍服务的融资和提供问题,就成为普遍服务有效供给的基本前提。

3.3.2　其他需要规制的问题

在竞争环境下,交叉补贴除了因"吸脂效应"导致补贴资金来源受到"侵蚀"外,还有以下几个需要规制的问题:(1)交叉补贴可能被用于反竞争的目的。长期以来,内部交叉补贴的做法是否合乎正当性,一直颇具争议。原则上,传统的经济性规制对于内部交叉补贴是予以禁止的(植草益,1991)。主要是为防止不公平竞争,避免经营者利用其独占业务所具有超额盈余,补贴高度竞争性市场的业务项目。因为领导地位的运营商不只对普遍服务业务进行补贴,往往还利用领导地位获得的高额垄断利润去补贴某些竞争性的业务来打击竞争对手,而规制机构很难(或成本太高)对运营商的内部补贴的去向进行定量分析和监督,这样,处于领导地位的运营商就易于从事反竞争的补贴行为。(2)交叉补贴不符合公平负担原则。对于同是消费者的两方,当一方被课以"不当"的高额价格时,另一方却只需负担"不当"的低廉价格,违反消费者的公平负担原则(植草益,1991)。(3)交叉补贴导致经济效率损失与低效率消费。由于价格独立于成本,交叉补贴事实上扭曲了消费和投资决定;一个集团存在着垄断利润并不会诱使企业向另一个集团提供服务(Brook 和 Smith,2000),因此,交叉补贴尽管刺激了低收入者或农村用户的电力需求,却没有增加企业向高成本地区提供电力服务的激励,更糟的是多数交叉补贴方法并未首先考虑网络扩容的目标(Chisari 等,1999);由于交叉补贴的掩盖,难以确切得知普遍服务真正的成本规模,厂商在履行普遍服务义务的同时甚至会产生虚报成本,索要更多补贴等行为;虽然独占业者以交叉补贴的做法来推行普遍服务,以吸收普遍服务成本,但这种做法却也容易引起经营缺乏效率等弊病,且只能用于独占市场情景。因此,网络型产业放松规制后,各国政府为了促进市场公平竞争,多在新修订的法规中明确禁止交叉补贴①。

对中国而言,随着厂网分开等一系列电力市场化改革措施的实施,过去的电力企业逐渐分拆成不同的发电企业和电网企业,电力普遍服务的义务最终落在了电网企业肩上。"吸脂"效应的存在,导致各类用户或地区的电价逐渐趋于依据成本定价,电网企业无法继续获得原来用于补贴非盈利领域的超额利润,因此电网企业不能再以内部交叉补贴作为电力普遍服务的主要经济来源,这势必会导致电网企业亏损。然而,经济人假设表明任何企业的目标都是追求利润最大化,电网企业也不例外。可以想象,随着电力市场化改革步伐的加快,电网企业的亏损将越来越严重,逐渐形成恶性循环,这种形势必然会影响电网企业履行普遍服务的积极性和主动性,最终将使电力普遍服务供给困难。所以,中国政府推动电力市场化改革的同时,需要考量上述可能影响交叉补贴失灵、普遍服务供给困难的问题,并提出相应的规制方法和相关的配套措施。

---

① 林淑馨.电信产业改革与普遍服务制度:日本与中国台湾的比较分析[J].公共行政学报,2008(26):71-103.

第4章　国际与产业视域的普遍服务供给规制实践及其启示

通过上章的论证已知,放松规制后的“吸脂”效应将导致交叉补贴失灵,普遍服务有效供给内在需要相适应的规制手段。但在展开分析竞争环境下中国电力普遍服务供给规制之前,显然有必要检视国外和其他网络型产业普遍服务供给规制的实践经验。本章将以国际和产业双重视域,审视放松规制下电力、电信以及邮政普遍服务供给规制的国际实践,总结其经验和教训,以获取对竞争环境下中国电力普遍服务供给规制有益的启示。

4.1 电力普遍服务供给规制的国际实践

4.1.1　典型发达国家电力市场化后对普遍服务供给的规制

4.1.1.1　美国对普遍服务供给的规制

美国电力改革的核心是放松规制、引入竞争、提高效率、降低电价。1978 年公用事业规制政策法出台,允许电力企业建立电厂并出售电力给地方公用事业公司。1992 年能源政策法案出台,同意开放电力输送领域,并要求电力批发市场引入竞争。1996 年美国联邦能源监管委员会(FERC)进一步要求开放电力市场,实行厂网功能分离,分账核算。目前,美国电力实行联邦和州两级规制体制,在联邦一级,负责电力行业经济性规制的机构主要是联邦能源监管委员会(FERC),在州一级以加州为例,负责电力规制的机构主要是加州公用事业监管委员会(CPUC)①,其规制职能就包括了规制电力普遍服务。

具体而言,①美国城镇及周边地区的电力普遍服务供给主要由公用电力公司承担,对公用电力公司普遍服务供给规制则由各州公用事业监管委员会负责。规制方法主要是对供电区域内的低收入弱势群体进行收入补贴。以加州为例,一个3口之家,如果家庭收入低于3.25万美元,即定义为接受补贴的低收入家庭,一旦确认,就可以向规制机构提交申请,最高可享受20%的电费折扣,并且还能享受到较长时期不变的固定费率,不随电价的调整而调整②。②美国农村地区的电力普遍服务主要由农村电力合作社负责实施。电力合作社在组织结构上属于一个非营利性质的自有、自管、自建、自治型供电机构。为了全面实现农村偏远地区的普遍服务有效供给,美国联邦政府主要采取了两条措施来扶持农电合作社的发展:一是为农电合作社提供一种长达30年的长期优惠贷款,主要用于合作社进行主要的电力设施建设,这无疑极大地降低了农电合作社的电力普遍服务成本;二是尽量确保农电合作社的电力供应,联邦政府规定,所拥有的水电站要优先向合作社供应质优价廉的电力给农电合作社,以节约其电力普遍服务成本③。普遍服务委员会(PSC)就设在农村电力合作社下,其职业主要依据联邦政府和各州的法律及实际经验来制定、发布电力普遍服务政策,并对电力安全性、可靠性及普遍服务的质量进行规制。PSC负责组织电力普遍服务项目(EUSP)以实施电力普遍服务供给,EUSP

① CPUC的电力监管职能主要有:监管配电业务及电力零售市场的价格及服务;颁发输电设施建设许可证;监管购售电合同;监管电力普遍服务;监管可再生电力的收购;监管加州能源法案及能源政策的实施;组织实施能源效率和需求侧管理项目。

② 国家电力监督委员会. 美国电力监管的基本情况及学习考察体会[EB/OL]. http://www.serc.gov.cn/jgyj/ztbg/200802/t20080220_5865.htm,2006-12-18/2011-03-01.

③ 苏苗罕. 能源普遍服务的法理与制度研究[J]. 法治研究,2007,(10):13-18.

的资金主要来源于电力普遍服务基金①。电力普遍服务基金的收缴一部分来自居民每月的电费附加,另一部分由商业用电户、工业用电户等按其年电费总额范围的不同梯次,分别缴纳不同额度的基金份额。电力普遍服务基金的用途除此以外,还用来帮助那些处于贫困线以下的低收入者支付基本生活电费,以及开展可再生能源分布式发电等。

当然,美国还大致将电力普遍服务分为几个发展阶段,其中每个发展阶段都需要根据国民经济的发展情况来设置一个明确、固定的目标,通过每个阶段目标的不断实现,最终达到满足每个人的用电需求这个终极普遍服务目标。每个阶段的情况见表4－1:

表4－1　　不同阶段普遍服务的目标

	建网阶段	网络大扩张阶段	大规模抢占市场阶段	网络完善阶段	个性化服务阶段
用电普及率(%)	0～5	1～20	15～40	35～60	50～100
人均GDP范围	低收入水平	中低收入水平	中上收入水平	较高收入水平	高收入水平
电网发展的主要瓶颈	投入资金,适宜的技术与技能	资费过高(相对低收入)	满足大量的电力用户的需求	使贫困或者弱势群体能接受电力服务费用	市场吸引力
普遍服务的目标	架设各主要城市之间的电网	各大城市都能享受电力服务	在大部分地区普及家庭用电	贫困地区和弱势群体用上电	满足每个人用电需求

另外,美国很重视法律对电力普遍服务的确保,电力相关法律明确规定:国务大臣、电力市场行政管理局为确保合理的电力产品基本需求得到最大满足,应该以可行的方式行使相应规制职能,重

① 马芸,赵会茹．基于国际经验的中国电力普遍服务实施机制的研究[J]．工业技术经济,2005,(7):83－86.

视包括残疾人、领退休金的老人等在内的城市弱势群体以及居住在偏远地区的人的利益，保证能够提供多样的、可行的、长期的能源供应等。

4.1.1.2 法国对普遍服务供给的规制

法国政府对电力改革一直持消极态度，但是迫于欧盟的压力，法国电力工业逐步进行了一些改革，制定并实施了《关于电力公共服务事业发展和革新的法律》，新电力法其实并没有改变法国电力公司的市场垄断地位，其主导着法国电力供应，控制了本国80%以上的发电量、全部的输电和绝大部分的供电业务，法国电力公司在行业中的垄断地位决定了其担负电力普遍服务的特殊使命。

法国政府对电力普遍服务供给规制主要通过与法国电力公司签订一整套的计划合同来实现[①]：①规定法电的平均销售电价（即封顶价）、服务质量和供电质量的目标，如法电承诺以用户为本，不断提高企业服务，保持城乡一致的用户满意标准，安排各种形式的接待服务点和联合信息处，提供接待和咨询，听取意见；全天候提供电话值班服务；开展网上服务（签约、合同管理、电费交纳等）；继续提供自动抄表服务，用户可根据实际用电量交纳电费，代替根据预计用量交费的办法；8天内对书面申请作出回复；保留调停人的服务机制等，向困难用户提供如何降低耗电量、方便交费等方面的信息，提出控制电力需求、交费、电力设备评估、寻求电力设备改造资金、安装合适的电表等方面的建议。②法电也向政府承诺对新电源和新电网的投资目标。③对于电力普遍服务的资金补偿采取税收改革、费用分担制、特许权和补贴制等形式。

另外，法国《国营电力服务的现代化和发展》这部法律规定：在尊重普遍利益的前提下，公共电力服务的目的就是要保证全国领土的供电安全与质量；对于家庭收入低于某个底限的用户，需要单

① 袁东明．法国电力公司上市与公共服务［EB/OL］．http://www.stacklink.cn:8080/doc-11/2155/53/1594073.htm，2011-03-01访问．

独建立一个特别定价；公共服务任务的开支将得到完全补偿，补偿标准参照总成本，补偿金额由“公共电力生产服务基金”提供。该基金资金来源渠道包括电力生产者或其子公司、某些电力供应者、分配机构等应缴税金，基金被要求存储在银行中的一个特殊账户，并加以专业化管理，还需要接受一个经电力调节委员会批准的独立检查机构的不定期检查①。

4.1.1.3　日本对普遍服务供给的规制

日本电力工业在1951年实行了所有制方面的民营化，形成了区域垄断的9家电力公司，这9家地区电力公司在所在区域实行发、输、配、售电垂直一体化的垄断体制。

日本充分考虑到电气事业具有公益性以及电力供给方式上的垄断性，因此对用户的电价公平原则是一个根本观念，并把保护用户利益作为《电气事业法》的三个目的之一。该法律在电力普遍服务方面的规定有②：一般电力事业经营者如果没有正当理由，不得在其供电区域内拒绝满足一般性需要的供电要求；一般电力事业经营者应制定经通产大臣批准的供电规程并在营业所及事务所等显而易见的地方公布；向各类用户提供服务时，主要通过电价制定的“三原则”来体现公平合理，即成本主义、公正报酬和对用户公平原则。

目前日本电力行业对弱势用户有普遍服务，如对母子家庭生活用电免费。具体对低支付能力用户的支持则由电力公司自己决定，政府没有直接干预，也没有硬性标准。日本电力行业没有普遍服务基金，但若需要，政府随时可以提出建立。

4.1.1.4　瑞典对普遍服务供给的规制

1991年，瑞典的社民党在《工业发展和增长》的白皮书中首

① 马芸，赵会茹．基于国际经验的中国电力普遍服务实施机制的研究[J]．工业技术经济，2005，(7)：83－86.

② 马芸，赵会茹．基于国际经验的中国电力普遍服务实施机制的研究[J]．工业技术经济，2005，(7)：83－86.

次提出电力要引入竞争机制。1992 年 1 月 1 日，为便于加入欧盟统一电力市场，瑞典国家电力局解体，发电资产重组，政府拥有 100% 股份的 Vattefall 电力公司采取委托式经营模式，统一归到 Svenska kraftnat（SK）电网公司名下。1996 年，电力市场放松规制，同时新的《电力法》决定发电、输电及供电分开。瑞典能源管理局主要负责全国输配电公司的监督管理，此外还负责颁发输电线路建设许可证。瑞典竞争局是负责市场竞争事务的中央机构，主要负责对参与瑞典电力市场的发电与售电公司进行监督管理。瑞典电气协会（Swedish Power Association）由发电设备所有者组成，成立于1909 年，现有 30 多个成员单位，其发电量占瑞典总发电量的 95%，该协会主要致力于能源，特别是电力的合理生产。瑞典配电协会（Swedish Electricity Distributors）由配电公司和电力贸易公司组成，任务是在配电经营中协调相互的分工、协商电价等。瑞典水电协会由地方政府和私营的电力公司联合组成，职能是协调各水电公司在水能资源普查、勘察以及开发利用等方面的工作。

瑞典《电力法》对电力普遍服务供给规制主要体现在对输电与供电义务作了相应规定①：线路特许权的持有者必须在合理条件下，将电力设施连接到电力线路上，特殊情况除外，如果对上述特许权所有人的义务存在异议，可向电网管理机关寻求解决。电网特许权持有者有义务在合理条件下输送电力、计量输送电力电量、根据要求采用书面形式提供电网价格信息，不得迟延。供电特许权持有者有义务向供电区域内的所有用户提供电力，满足通常消费需要，若无特殊情况，供电特许所有人必须向供电区域内所有发电能力不超过 1500 千瓦的电厂购电，如果位于临近地区的几个类似电厂同时向电网送电，应将其视为独立的电厂，而供给用户的电价与发电厂给予供电商的电价都必须适度合理。对电力用户而

---

① 马芸，赵会茹．基于国际经验的中国电力普遍服务实施机制的研究[J]．工业技术经济，2005，(7)：83－86.

言，则需承担平衡责任。电力用户有义务对确保全国电力系统的输入电量等于向用户提供的输出电量（平衡责任）承担财务责任，并安排专人负责。

4.1.2　部分发展中国家的供给规制方法

在发展中国家，由于通电普及率还很低，因此电力普遍服务的重心主要在网络接入规制方面。

比如，地处南亚的孟加拉国只有20%的人口能得到电力供应，政府采用了偏远地区电力供应系统工程（Remote Area Power Supply Systems，RAPSS）来提供电力普遍服务。RAPSS允许私有部门建造1～10MW的小电厂，可以直接与顾客签订买卖电力合同，最终目的是通过私有部门的投资来加快偏远地区的电力普遍服务网络接入。具体流程为：

第一步，基于地理特点、人口和社会经济等因素，规制机构首先内部选定大概可以执行RAPSS的一些偏远地区；

第二步，通过多种渠道发布投资机会，并对申请者进行筛选；

第三步，聘请专家对将要执行RAPSS、候选的偏远地区进行严格的可行性研究，从投资收益角度最终确定RAPSS执行地区；

第四步，面向申请者公开招标拍卖；

第五步，规制机构与中标者签订正式普遍服务供给协议。

有一点需要强调的是，对这些地区供电的电价并不是以竞价为基础确定的，而是由投资者与最终用户或是投资者与电力规制部门协商确定的①。

而在南美洲西部的秘鲁，亚马逊河地区可再生能源计划是秘鲁的偏远地区电力供应体系，其主要利用可再生资源对孤立的地区进行电力供应。其供给规制方法也是通过私有部门竞拍，私有

① 马芸，赵会茹. 基于国际经验的中国电力普遍服务实施机制的研究[J]. 工业技术经济，2005，(7)：83－86；马芸. 电力普遍服务成本补偿机制研究[D]. 北京：华北电力大学（北京），2006.

部门得到利益激励,从而愿意为偏远地区进行电力供应。

尼日利亚是全非洲人口最多的国家,也是全非洲通电率最低的国家之一,国内现存的装机容量不能满足人民的电力需求,只有低于三分之一的尼日利亚人能够使用电能,在农村则只有大约17%的居民能够用上电,也就是说绝大部分偏远地区①和农村人口仍然没有享受到电力普遍服务。由于地形地貌复杂,在尼日利亚,向偏远地区供电会产生许多方面的问题,比如建设资金、燃料短缺、电力耗损、后期维护等。尼日利亚电力管理部门曾经考虑过太阳能发电、风力发电、传统的燃料发电以及接入国家电网等多种方式向偏远地区实施电力普遍服务,经过理论分析和实践证明,最后确定采用太阳能发电是最经济可行的方法。

当然,从法律上保障电力普遍服务也是常用的规制手段。比如,横跨亚欧两洲的哈萨克斯坦在其《电力法》中就使用了应急保障的概念。所谓应急保障是指向边疆供电对象供给,以保证供电对象重要设施及生活保障设施正常运作,并防止生态、社会、经济灾难或人员死亡所必需的最小电力。《电力法》规定"为组织向偏远地区供电创造条件,作为国家管理的任务之一,在具体业务中,法律规定输电机构无权拒绝发电机构和用户接入电力网(和热力网)、无权拒绝向其输送电力和电能(或热能),供电机构必须向电能和热能市场的所有参与者提供同等的条件,不允许发生合同未予规定的能源供应中断、停止或限制"②。

① 尼日利亚将偏远地区定义为不仅是那些地理位置上远离国家电网区域,还包括那些接入国家电网不经济的地区,比如山区、河流三角洲地区以及独立的沙漠地带。

② 马芸,赵会茹. 基于国际经验的中国电力普遍服务实施机制的研究[J]. 工业技术经济,2005,(7):83-86.

4.2 其他网络型产业普遍服务供给规制实践

4.2.1 国外电信普遍服务供给规制的主要工具及比较分析

4.2.1.1 普遍服务基金

普遍服务基金是发达国家实现对电信普遍服务竞争性供给的主要形式，政府把来源于多方面的基金整合起来，通过招标的市场手段配置普遍服务基金。普遍服务基金相比较其他普遍服务方式具有公开、公平、透明、高效等优点。

实践上，早在1983年美国就建立了电信普遍服务基金，而西方发达国家以及部分发展中国家，也都普遍建立了普遍服务基金。1983年AT&T解体后，美国电信产业从垄断走向竞争，通过AT&T内部业务间的交叉补贴实现普遍服务的机制失效，美国建立了电信普遍服务基金。1996年，美国新《电信法》出台，规定每一个提供州际电信业务的企业，都应在公正、非歧视性的基础上，对FCC为维护和发展电信普遍服务而建立的电信普遍服务基金作出贡献。FCC确定电信普遍服务者的原则是：在确保电信普遍服务贡献总额的基础上，保证电信普遍服务贡献机制既不影响电信公司的经营决策，也不使电信普遍服务贡献者遭受损失，力求创造公平竞争的环境。在确定征收基数后，FCC定期公布普遍服务征收比例，征收基数乘以征收比例即为每个电信公司的贡献额。1997年5月颁布了普遍服务新法令。规定任何一个合格的能提供普遍服务的公司，不论使用的技术如何，只要提供政府规定的普遍服务项目，就都有资格接受普遍服务的补贴。美国所有普遍服务项目所需的补贴资金都来自普遍服务基金，普遍服务基金以电信公司的州际及国际业务收入为征收基数，征收比例由电信规制部门在每季度开始前根据相关数据评估确定。

1992年，加拿大广播电视电信委员会（CRTC）制订普遍服务计划，加拿大联邦电信监管机构规定：每个运营商依照其相应的长途电信流量时间支付普遍服务费用。包括主导运营商和新的市场进入者在内的所有长途电话业务商都被要求支付普遍服务费用。同时,一个独立的中央基金管理局负责管理这部分基金。基金管理局根据本地交换运营商(无论是主导运营商还是新的市场进入者)业务的居民消费者的数目,使用基金对其进行补偿。1994 年 3 月,智利政府修改电信法,建立了电信发展基金,用途同其他国家类似,用于补贴运营商向高成本地区提供电话业务。实践证明,从 1995 年开始到 1999 年的 5 年内,智利政府实现了向全国没有电话的地区提供电话业务的目标。而且 5 年期间实际补贴的数额只有估算出最高补贴额的 50%,同时智利政府也对拖延项目实施的竞标人进行处罚,保证了普遍服务的顺利实现。1997 年澳大利亚电信法确立了"普遍服务准备金"制度,并且就支付和管理问题作了明确的规定。ACA 作为澳大利亚电信监管机构确定哪些地区属于净成本地区,承担在这些地区提供通信业务的运营商可以在一个会计年度结束后的 90 天内,根据普遍服务的净成本向 ACA 申请一定的信用额度,同时也要申报各自的合格收入(合格收入 = 总收入 - 应扣除项目收入 - 网间结算费)。ACA 根据运营商的申报并作进一步调查,然后规定每个运营商的出资额,该出资额等于每个运营商出资系数乘以总的普遍服务净成本。各运营商在收到 ACA 的审核报告之后的一个月内必须按其出资额支付给联邦普遍服务准备金。然后 ACA 根据各个运营商的申报重新分配普遍服务准备金进行补偿。法国的《电信法》将普遍服务定义为以负担得起的价格向每个人提供优质服务,包括紧急呼叫的免费接通、号码簿查询服务、印刷与电子版号码簿的提供以及全国范围的公共付费电话。《电信法》规定,任何运营商均可提供特定资费并从普遍服务基金中得到对必需的净成本的补偿。在 1999 年 12 月 31 日之前,普遍服务基金为以下几个部分提供资金:付费电话、电话号码簿和信息服务以及社会资费。自 2000 年 1 月 1 日起,该基金还被用来为修正地域差异提供资金,电信发展委员会负责对基金的管理。20 世纪 90 年代初期,秘鲁电信业开始引入竞争和私有化改革,这使传统的通过内部交叉补贴的方式为普遍接入提供资金政策失效，秘鲁政府决定通过农村电信基金的方式促进普遍服务。1993 年，通过修改电信法，秘鲁将普遍服务定位在普遍接入，建立了电信普遍服务基金，成立了电信普遍服务基金的管理机构 OS1P - TEL，1994 年开始征收电信行业总收入的 1% 作为普遍服务基金，用于向某些地区的电信服务提供定向补贴。印度于 2002 年建立电信普遍服务基金制度，由电信部下属的普遍服务基金管理部进行管理，除增值业务运营商外，所有运营商将其调整后毛收入的 5% 提出，直接上缴国库，然后财政部将资金拨付给普遍服务基金管理部进行管理和使用。为了筹得更多的普遍服务基金，电信部还在收取频率使用费时，将总收入的 5% 拨给普遍服务基金。固网运营商、移动运营商和统一接入牌照授予商都可以从普遍服务基金中获得资助。日本总务省 2006 年 10 月宣布开始实施现行的普遍服务基金制度，并为此修改了《电信事业法实施规则》的部分内容。普遍服务基金制度是为确保 NTT 东、西公司提供普遍服务的业务，将其必要费用由全部电话公司分担的制度。即由社团法人电信运营商协会按照每个电话号码单价计算相关运营商的普遍服务负担金额。普遍服务基金的来源采用普遍服务基金用户分摊制度，所有的电话用户（包括移动用户和固定电话用户）都须缴纳一定的费用，纳入普遍服务基金，以弥补普遍服务提供商 NTT 公司为边远地区提供电信服务而承受的亏损。这种做法从制度上和资金上支持了 NTT 东、西公司所经营的固定电话业务。

表 4 – 2　部分已经建立电信普遍服务基金的国家和地区

欧洲	法国、匈牙利、波兰、俄罗斯
中北美洲	美国、加拿大、墨西哥
拉丁美洲	智利、秘鲁、哥伦比亚、阿根廷、巴西、玻利维亚、尼加拉瓜
亚洲	印度、尼泊尔、马来西亚、斯里兰卡、蒙古国、印尼、中国香港
大洋洲	澳大利亚、新西兰
非洲	布基纳法索、南非、乌干达、坦桑尼亚、赞比亚、尼日利亚

资料来源：笔者整理。

理论上，Cremer（2001）主张市场开放后应根据各厂商利润抽成建立普遍服务基金（USF），再通过公开招标指定专门厂商承担普遍服务义务（USO），并由 USF 向其提供补贴，使普遍服务计划由暗补变为明补，间接补贴变为直接补贴，这既利于厂商竞争，又能规避无效进入。laffont（2000 ）认为通过税收为普遍服务建立一个基金的做法遭遇了发展中国家公共资金高成本问题，因为发展中国家缺乏有效率和廉洁的税收体系。Mirabel 和 Poudou（2004）对网络型产业改革后的融资进行研究，通过在位垄断企业和新进入者之间竞争的模型，比较了为普遍服务提供资金支持两种方式——接入定价和税收的社会福利得失，得出的结论是无论普遍服务基金申请形式如何，企业利润率如何，很多时候让传统垄断企业为主对社会是有益的。如果以新进入者为主，那么引入税收机制意味着要么社会福利的下降，要么在位垄断企业设置进入障碍。Mark Armstrong（2001）提出进入方面的自由放任政策将会导致城市地区太多无效率的进入，农村地区太少高效率的进入，在位者由于城市地区进入者的“撇奶油”战略而面临资金问题。为了解决这些问题，他假设规制者建立 10 亿基金为农村地区的服务提供支持，基金的来源是城市地区的利润，每个公司（在位者或进入者）都必须按照其服务的城市消费者数量按照每个消费者支付 50 美元（在位者在城市地区的边际利润）作为回报，任何在农村地区提供服务的运营商都可以得到每个消费者 100 美元的资金补贴。假设两个地区的消费者数量不发生变化，当进入发生后，这种基金能够经费自给，大量的进入不会损害在位者为亏损地区市场提供服务的能力。更重要的是从经济学效率的观点看，这种制度安排保障了在每个地区进入者必须支付产出税，对进入者正确的激励，结果是最有效率的公司在每个地区都取得胜利。

4.2.1.2　拍卖招投标激励性规制

目前，在世界各国兴起的电信普遍服务供给规制改革中，拍卖招投标作为激励性规制重要的工具，得到了广泛的研究与应用①。一般而言，拍卖是一种市场状态，此市场状态在市场参入者标价基础上具有决定资源配置和资源价格的明确规则。拍卖有三个基本条件：首先，拍卖必须有两个以上的买主，即凡拍卖表现为许多可能的买主相互之间能就其欲购的拍卖标的展开价格竞争的条件；其次，拍卖必须有变动的价格，不是买卖双方就拍卖物品讨价还价成交，而是由买主以公布的起始价为基准另行报价，直至最后确定最高价金为止；最后，拍卖必须有公开竞争的行为，即凡拍卖都是不同的买主在公开场合针对同一拍卖物品竞相出价。拍卖是在一定的机构内有组织的进行，并具有自己独特的法律和规章。拍卖可采用增价拍卖、减价拍卖和投标式拍卖等方式。增价拍卖中，补贴的初始值为零，然后连续向上加，在这种拍卖中，企业可以相互合作并获得一个高补贴。减价拍卖则与之相反；补贴值被设置得非常高，企业都愿意接受普遍服务资格，然后企业之间压低补贴的数额，直到最低，甚至为零。但在这种拍卖机制中，企业之间仍然会形成合谋。为解决普遍服务项目行政授予制中的低效率问题，可对普遍服务项目实行特许投标竞争制。即在拍卖中，竞买人在规定时间内按规定将已经填写好的出价密封件递交，拍卖人同意开标后按照“价高者得”的原则决定中标人的一种拍卖方式。在实践中，拍卖普遍服务资格时，不采用公开叫价的方法，而按公布的拍卖须知的程序，由企业在规定的时间里填好标书，密封后投入标箱，截标后，按补贴额出价高低，出价最低者的那家企业取得特许经营权。

相比较而言，招投标是对电信普遍服务市场准入权（或称特许经营权）的竞争性拍卖，能为运营商提供参与激励，被认为是对基金最有效率的分配方式。特别是对于农村人口众多的发展中国家

---

① 如 Milgrom（1997）阐述了运用拍卖理论解决普遍服务成本补偿问题，Kelly 和 Steinberg（2000）对普遍服务补贴项目组合拍卖的问题进行了研究，Sorana（2000）对高成本地区的普遍服务补贴拍卖进行研究，证明了在大多数情况下用拍卖方式分配普遍服务补贴比传统的补贴计划更有效。

而言，电信普遍服务基金的招标被认为是比较合适的电信普遍服务机制。智利和秘鲁是最早使用拍卖、招标的方法来补偿电信普遍服务成本的两个国家。在智利，仅在1995年至1999年5年间，通过拍卖、招标的方法遴选出实施电信普遍服务项目的运营商最后获得的补贴金额是规制机构计算得出的最高补贴数额的50%左右；在秘鲁，运用拍卖、招标方法的头两年内，电信普遍服务项目招标中胜出的投标者（即中标运营商）所获取的平均补贴数额是规制机构计算出的最高补贴数额的25%①。德国1996年《电信法》要求符合条件的电信经营者在规定期限内自愿承担；如果没有运营商自愿承担，则由当局责成符合规定的经营者中的一家或几家承担。在有多家运营商自愿承担的情况下，采用招标方式来选择。印度的普遍服务任务被划分为21个电信地区，基金管理部根据该地区的自然地理人口特点，聘请专家开发工程数学模型找出一个最有效的接入服务模式，然后根据这个模式计算出这个地区需要多少投资，基金管理部在此基础上提出一个招标的最高补贴数额。在招标过程中，通常一个地区有多家运营商参与竞争，政府通过竞标的方式来选择报价最低的运营商为该地区提供接入服务。

4.2.1.3　收入补偿机制

收入补偿机制是依靠对低收入者进行货币补贴，以保证其有条件享用电信手段的方式。收入补偿的必要性是由普遍服务的基本要求所决定的，合理性是由电信普遍服务的“可接入性、非歧视性和可承担性”三项基本要素所决定的。普遍服务的目标是使任何人，无论职位高低、收入多寡、不分年龄性别都成为电信服务的对象，但不同人群收入差别极大，从世界趋势来看，差距还在不断增大，在不得实行价格歧视（即按消费者收入水平的不同确定不同资费水平）的条件下，将补贴款直接提供给低收入者，以减轻他们在电信消费上的负担是简单、有效的选择方式。

---

① 李丹，吴祖宏．电信普遍服务管制中几个关键性问题的探析［J］．世界电信，2004，(12)：3－6.

采用收入补偿方式的大部分是发达国家，以美国和英国为代表。例如美国、欧盟等规定对残疾人、长期失业者、领取救济金的人、低收入者按标准提供用于电信业务的补贴。美国电信普遍服务总体上由两项具体政策构成，一是以收入再分配计划为主，二是以区域发展计划为辅。美国电信普遍服务的直接补贴对象主要包括低收入者、学校、图书馆等公共事业。①对农村、海岛和高成本地区的资助。对高成本地区进行补助、确保高成本地区的消费者能够以与其他地区消费者相当的价格享受到基本的电话服务。这主要分成对高成本地区的非农村电信公司的补贴和对农村电信公司的补贴两类。联邦通信委员会通过一定的方法和步骤测算出成本，给予补贴。目前在这两类补贴中均采用了前瞻性成本计算不同地区的经济成本。前瞻性经济成本是指采用现有最新适用技术提供服务的经济成本，它的优势在于最好地反映了竞争市场上提供本地电信服务成本，有利于促进竞争和新技术的采用、推广。②对低收入消费者的资助。从1985年开始，联邦通信委员会指定了两项对低收入消费者进行补贴的计划。通过实行生命线（Life Line）计划补助低收入家庭的月租费，通过全美联网（Link－up）计划是补助低收入用户支付第一次安装电话的连接成本等。美国的生命线（Life Line）计划，即免收低收入家庭用户线路费计划。每年得到生命线补助的家庭达数百万个，补助总额上亿美元。享受生命线计划的用户如果其所在的州没有提供相关补贴，那么这个用户每月可获得5.25美元的普遍服务基金资助。如果用户所在州也提供生命线资助，则他每月可获得超过7美元的资助。全美联网（Link－up）计划则是补助低收入用户第一次安装电话的连接成本。根据各州的标准，低收入者享受30美元的安装费补贴。电话转接服务是根据残疾人法建立的补偿制度，由有州际业务收入的运营商负担提供听觉障碍者要进行通话所需要的电信转接服务的成本。③对学校和图书馆的资助。1996年电信法第一次引入了对学校和图书馆的普遍服务资助。学校和图书馆可以按20%到90%的折扣价格享受商业性机构所享受的电信、INTERNET接入和内部联网服务。联邦政府为此建立了一项年预算为 22.5 亿美元的基金。这项政策可以最大限度地满足学校和图书馆对通信服务的要求。④对农村医疗卫生机构的资助。根据电信法的要求,农村医疗服务机构必须享受到与本州城市医疗服务机构同样的电信服务,而且价格差距要合理。两种服务之间的成本差别主要是距离产生的,联邦通信委员会将对合理的距离进行补贴。

另外,芬兰等国也实行直接向终端用户提供补偿的方式,容许一些低收入用户使用资助额支付部分或全部的初装费、月租费、本地或长途呼叫费。一些国家的普遍服务基金可以通过运营者向低收入用户提供资费折扣、免部分话费、预付卡等方式间接向用户提供补偿。

4.2.1.4 立法规制方式明确普遍服务义务

1934 年,美国通过了第一部《通信法》,其宗旨是尽可能使全体美国人民获得迅速、高效、价格合理、设备完善的国内、国际有线与无线通信服务。这一宗旨成为电信普遍服务的基本准则,并为电信普遍服务提供了基本法律依据。1996 年,美国颁布了新的《通信法》,该法明确将促进电信市场竞争和电信普遍服务,提高普遍服务水平作为重要目标,并对电信普遍服务的内容、资助对象和方式、电信普遍服务基金的来源以及管理等问题作了原则规定。1997 年,美国联邦通信委员会(FCC)根据《通信法》的有关法律条款,颁布了《关于联邦州普遍服务联合委员会的报告与命令》,作为《通信法》有关电信普遍服务的实施细则。这个长达 1000 多页的文件,对美国电信普遍服务的有关问题作了详细规定:规定由国际电信业务和州际电信业务提供者承担普遍服务义务;长途电信业务提供者提供边远和高成本地区用户的电信业务,所收取的费用不得高于向城市用户所收取的费用;州际电信业务提供者提供州际之间的长途电信业务,向州外用户收取的费用不得高于向州内用户所收取的费用;各州可以在不与《电信法》规定相冲突的情况下,根据本州的实际情况,对本州的电信普遍服务进行管理;如果一个电信公司既提供州际、国际电话服务又提供州内电话服务,它不仅要按照联邦政府的规定履行普遍服务义务，还要履行本州政府规定的普遍服务义务。

1994 年，印度的第一个国家电信政策（NTP 1999）首次将普遍服务写入其中，电信普遍服务被定义为以支付得起的、合理的价格向所有公民提供特定的基础电信业务。1999 年，印度颁布了新国家电信政策（NTP 1999），提出了促进电信市场开放竞争的一系列措施，同时强调了普遍服务义务和普遍服务目标，向人口低密度地区（包括农村和偏远地区、山区和部落地区等）提供电信服务是普遍服务义务的主要目标之一。认为提供公用接入是一条可行的路径。为了更好地推进普遍服务，印度电信部学习美国经验建立普遍服务基金，并在 2004 年的印度电信法修正案中，将有关普遍服务基金的内容写入该法中，用法律保障普遍服务基金的法制化运作。

澳大利亚 1997 年《电信法》明确规定，在澳大利亚的全体公民，不论其居住或职业，都应该在公平的基础上合理地得到标准电话服务、公用电话服务及所规定的传输服务，电信公司应尽可能经济有效地履行普遍服务义务，由于履行普遍服务义务所形成的亏损由各电信公司在公平基础上分摊，亏损额和电信公司应承担份额的基本材料及确定方法应尽可能透明化。以后又陆续颁布了《普遍服务价格上限法》、《消费者权益和服务标准法》，逐步建立和完善了普遍服务法律体系。

1998 年，西班牙《通用电信法》对电信产业法律体系实施了全新变革，该法第三部分专门就普遍服务义务的相关问题作出明确规定。电信普遍服务被定义为以可以承受的价格向所有地区的用户提供符合质量要求的一系列电信服务，向公众提供电信业务的运营商和从事运营的电信网络运营商都应当承担普遍服务义务，普遍服务业务可以得到外部资金帮助。该法规定，在普遍服务地理范围内的任何主导运营商都可以被指定提供普遍服务业务。

日本 2001 年修订的《电信事业法》对指定的电信普遍服务管理机构提出了资格要求，要求基金管理机构开展相关的活动，依据大臣令来决定补偿金数额,并就补偿数额和支持方法取得总务大臣授权,并向运营商征收普遍服务款项;基金管理机构有权要求运营商提供必要文件;基金管理机构可以设立基金管理服务咨询委员会并为其提供支撑,成员由基金管理机构任命并取得总务大臣批准。提供普遍服务的经营者依照总务大臣令向支持机构通报成本、收入及其他事项。《电信事业法》规定有资格承担电信普遍服务的电信经营者为第一类电信业务经营者,普遍服务义务承担者由指定的方式确定,而且承担义务的运营商在会计要求、互联互通资费、业务地域范围等方面应符合总务省有关规定的要求。总务省制订的《电信领域的新竞争政策》确定了普遍服务的范围。

4.2.1.5 对规制工具的比较分析

当然,除了上述主要的规制方式,实践中还存在其他规制方式,比如民营化、竞争与成本定价等以市场力量为基础的规制方式。所谓以市场力量为基础的规制方式,就是以民营化、竞争与以成本定价(Cost - based Pricing)等方法来推行普遍服务,而这些方法的交互运用,也会带来不同的影响(Intven 和 Tetrault,2000)。运用此方法推行普遍服务的优点在于可以诱导业者对所有经济区提供服务,其缺点是不容易扩展普遍服务到非经济区,除非辅以成本补偿,才能在不经济区达到普遍服务的目标,这无疑是以市场力量来推行普遍服务最大的缺失。以竞争机制为例,规制机构制定合理标准,然后通过该标准对市场上所有符合要求的电信运营商的资质、技术、实力等条件予以审核和评估,从中选择出能够满足速度、质量、符合技术要求的一家或数家运营商,以直接指定委排,或者邀请投标的方式,确立最终的供给商。

对于以上各种电信普遍服务规制方式或者工具,可从以下方面进行简单比较,如是否给企业提供竞争激励,是否扭曲市场价格,以及规制成本是否足够低。

从对企业的竞争激励方面比较,招标、民营化、竞争机制等为所有可能参与普遍服务的运营商提供了一个诱人的经济动力,这既可以在满足参与约束的情形下,通过适当补贴来实现普遍服务供给,同时又可根据潜在进入威胁来促使普遍服务承担者履行承诺。

从对市场价格的扭曲方面比较,无论是垄断时期的企业内部交叉补贴,还是过渡时期的行业间交叉补贴,因为其不以成本或市场需求为定价基础,都会造成不同程度的价格扭曲。与之不同,建立用于招标的电信普遍服务基金可以最大程度地避免价格扭曲。

从规制成本方面比较,对运营商的市场行为必须进行行政规制,以保证普遍服务的质量和数量,往往成本巨大。竞争环境下对普遍服务补贴数量的精确计算,实践证明,试图采用成本定价或者成本核算,不但将耗费大量成本,而且很难做到公平。由于竞争性招标往往只需要建立一个基金管理委员会,制定出一个合适的招标程序,确定一个保留价格即可,成本核算工作基本上交由运营商自行完成,因此从规制成本上来说可能是最低的。

4.2.2 一些国家的邮政普遍服务供给规制政策及放弃规制的教训

4.2.2.1 美国邮政普遍服务规制政策

2002 年 4 月,美国邮政[①]向国会和美国公众提交了邮政改革计划,并提出了邮政改革的政府机构模式、私营公司模式、商业化的政府企业三种体制模式。美国邮政倾向于第三种模式,即进行企业化运作,与政府签订履行普遍服务义务的合同,可以提供传统和非传统的产品,可以根据市场情况进行定价、优惠和奖励等。他们认为这将是保护普遍邮政服务这一基本权利的最好方案。2003 年 7 月 31 日,美国邮政改革委员会向总统提交了邮政改革建议报告《拥抱未来——为保护邮政普遍服务而进行的艰难抉择》。该报告反映出美国政府对邮政的改革是十分慎重的。在美国,邮政牵涉

① 美国邮政服务公司(US Postal Service)(以下简称美国邮政)是一家独立的美国政府代理机构,前身是美国邮政部,1971 年改为美国邮政服务公司,国会不再保留规定邮件资费的权力。

到9000亿美元的庞大产业以及占美国1/15的就业群体,邮政普遍服务对美国经济的渗透已经很深,同时,不同利益集团对邮政改革方向问题又存在很大的分歧,这些都会使美国邮政的改革必然以追求稳妥为目标。2006年12月,美国颁布了新的邮政法,新法给美国邮政带来了新的增长机遇,在价格调整及产品推出方面,美国邮政具有更大自由空间。

美国特设立了邮政资费委员会以保障公民的通信权利,使所有人都使用得起邮政提供的服务。这个委员会是独立的,既不属于美国政府,也不属于美国邮政服务公司(US Postal Service),而是直属美国国会,负责美国邮政资费的制定和调整。邮政资费委员会对普遍服务的标准是①:为美国社会公众和企业在全球范围内交流和开展业务提供迅速、可靠、安全、经济的收寄传递和投递信息与物品的服务;每周为任何人在任何地方以均一而合理的资费提供6天的普遍性寄递业务;美国政府和民众不要求和希望美国邮政赚钱,只要求其提供优质的服务。

美国邮政和美国政府主要通过法律手段,部分通过经济手段等来解决普遍服务的费用问题。法律手段是通过立法禁止私营公司经营信件业务(目前已部分开放),并且只允许美国邮政投递邮件,另外,法律还允许美国邮政将普遍服务的成本分摊到尽可能多的邮件上。经济手段则更为重要,主要有四种:一是财政补贴;二是建立邮政普遍服务基金;三是税收优惠;四是部分邮件专营。随着国家经济的发展,邮政的服务范围也在不断扩大,邮件量的增长速度远远大于员工数量和邮政网络的增长,这在一定程度上弥补了邮政的机构成本,因此,邮政发展进入了良性循环。增长的邮件量使得邮政可以在更多的邮件上分担邮政的固定成本,从而使得每封信的成本下降,信件成本下降则吸引用户产生更多的邮件量。总而言之,不断增长的邮件量使得邮政普遍服务的价格能够控制

① 林淑馨.邮递市场自由化与普及服务:国外经验之启示[J].行政暨政策学报,2008,(47):91-130.

在用户可以承受的水平,邮政发展进入了良性循环。

4.2.2.2　德国邮政普遍服务规制政策

2008 年德国废除邮递专营权范围,达成完全自由化的目标(Kathrin Drews,2006:2－4、13)。为保障邮政普遍服务的实现,德国联邦法律制定的《邮政法》作出了明确的释义:身为德国的人民均享有合理且可负担的价格,享有获得一定质量、无歧视的邮政普遍服务的权利。为使《邮政法》中关于邮政普遍服务的内容付诸实践,德国还专门制定了《邮政普遍服务条例》,对邮政普遍服务的范围、资费、质量标准等作出了更为详细的规定:(1)范围:2 千克以内的信函和 20 千克以内的包裹、报纸及杂志都是邮政普遍服务,挂号、保价、速递和到付款邮件均为邮政普遍服务。(2)资费:信函实行全国均一资费,信函以外的邮政普遍服务实行可负担得起的价格(一个私人家庭需要支付使用该项服务的平均价格水平)。(3)邮局密度:应设立至少 12000 个硬设备以提供基础邮政服务,全国应设置至少 5000 个固定设施。人口数逾 4000 人之地区,以及建筑物密集地半径 2000 公尺以内至少要有一邮局。(4)邮筒密度:行政区居民总数逾 2000 人者需设立普遍服务设施。(5)收发频率:除例外情形,国内邮件应达 80% 至迟于次日、95% 至迟于两日内送出等具体内容。①

另外,德国《邮政法》及国家相关法律对邮政服务,特别是邮政通信服务的安全和秘密作出了规定:一是国家信息安全。德国所有的进出口邮件必须通过德国邮政网络传递,为此,德国邮政公司专门设立了出口邮件分拣中心和进口邮件分拣中心,便于进出口邮件的传递和监管,从而保证了国家信息安全。二是公共安全。德国《邮政法》规定,邮政监管机构有权对邮件进行监管,危险品等禁寄物品不得通过邮政网络传递。三是邮政秘密。邮政秘密除指国家政府和军事等机要秘密外,还指用户个人隐私和用户商业秘

---

①　林淑馨. 邮递市场自由化与普及服务:国外经验之启示[J]. 行政暨政策学报,2008,(47):91－130.

密。国家信息安全监管的对象是德国邮政公司,而公共安全和邮政秘密的监管对象除德国邮政公司外,还有众多的邮政服务提供者。

在欧盟指令压力下,德国为了保障邮政普遍服务的供给,特别创设了普遍服务基金制度。其主要的运作设计思想是:在普遍服务供给发生困难的地区,国家公开招募愿意提供普遍服务的竞标者,若有业者愿意竞标,政府则将服务委托给补偿额最低的得标者;如无业者应征,则由政府课以具有市场支配性的业者提供普遍服务的义务,同时要求营业额超过 50 万欧元的业者分担补偿金。另外,为了争取愿意提供普遍服务的业者,该国政府还设有税赋减免制度,免除业者的附加价值税。

4.2.2.3 瑞典邮政普遍服务规制政策

1993 年瑞典政府开始改革独占的邮政市场,使瑞典成为世界上第一个邮政市场完全自由化的国家。自 1998 年 7 月 1 日起,瑞典邮政公司担负该国邮政普遍服务的供给义务。在瑞典,所谓邮政普遍服务的定义是:(1)一星期需有五个工作日,每天都要提供一次邮递服务;(2)任何信函资费是一致与合理的;(3)残障者也能享受到邮政普遍服务。又因此种普遍服务的条款已加在瑞典政府核发给瑞典邮政公司的执照合约中,所以可以说政府是以邮政服务的执照核发来作为提供普遍服务的条件。基本上,瑞典政府运用经营执照核发作为要求普遍服务供给的条件,以确保该国邮政普遍服务得以维持,同时,借由明确的法规制定,来达到保障普遍服务质量的目的。

瑞典关于普遍服务供给的相关法制其一是《瑞典邮政服务法》(Postal Services Act)。该法要求对于 20 公斤以下的邮件,以合理的价格与良好的服务质量来提供普遍服务;若未能符合此规范,则无法获得邮政服务的执照;而该法中对于普遍服务的规定还包含定价政策、确保服务质量与消费者的抱怨程序等。另一部有关普遍服务的法制是《邮政服务规章》(Postal Services Ordinance)。该法实际上可视为瑞典邮政服务法的补充规定,在该法中提到有关普遍服务的有三项:(1)在考虑消费者的需求下,有关接触点与管道点的密度需再考虑;(2)信件至少在非假日的五天内能递送到全国各地,除非有例外情形;(3)要求每天寄交的第一级邮件中至少85%能在隔天送到,97%的第一级邮件能在三天内送达。

4.2.2.4　日本邮政普遍服务规制政策

日本邮政自2005年开始邮政民营化进程,在原邮政公社的基础上,组建邮局株式会社、邮政事业株式会社、储蓄银行和简易保险株式会社。这四个企业由邮政株式会社100%控股,各企业董事长都从民间启用,并且日本相关法律规定储蓄银行、保险株式会社的所有股份必须在10年内通过市场交易转让出去,邮局株式会社、邮政事业株式会社的2/3股份逐步转让出去,逐渐实现民营化,其目的是能交给民间做的尽可能交给民间,创建自由经济。

政府设立邮政民营化委员会,由5位专家组成,总理任本部长,委员会每三年评议邮政民营化进程。邮政监管职责由设在总务省的邮政行政局行使。日本有四部专门法律对邮政改革、普遍服务、资费价格及监管体制进行了明确的规定。法律规定一般信函(4千克以内,或长宽高小于90厘米)由邮政株式会社专营,邮政株式会社承担普遍服务义务(业务包括一般平信、明信片类、杂志类及盲人读物和特殊邮件等),法律规定普遍服务必须遵循普遍公正、尽量低的资费和安全保密的原则,邮政局所必须设在市、町、村(相当于我国的镇、村),服务水平为信筒至少每周开启7次,窗口营业5~7天,每周投递6次,快递每天投递,所有邮件上门投递,业务资费由政府统一定价,并且无论在城市还是偏远山区的服务均不得低于上述标准。邮政行政局设有相应的课对各项服务进行依法监管,邮政株式会社每年需递交事业报告(年度规划,内容包括业务量、盈利预期、服务水平等)。经邮政行政局审核同意,报总务大臣批准后实施,邮政株式会社开办新业务亦需按上述程序批准。日本现有营业网点2.4万个,平均服务面积15公里,服务人口5333人。关于补贴问题,到目前为止,日本邮政株式会社是盈利的,政府未给予补贴,但政府规定在邮政株式会社设有社会服务责献基金,用于普遍服务和为灾区提供免费邮寄服务和特殊服务补贴,基金来源于出售股票所得,该基金在使用时需报请总务省批准。

4.2.2.5　放弃普遍服务供给规制的教训:以英国和阿根廷为例

(1)英国的教训

2001年,自英国新的《邮政法》开始生效,原英国邮政将改组为有限公司,政企分开,独立经营。从理论的角度,英国的邮政改革成功实现目标,但是实际情况恰恰相反。英国邮政2000年以前的10多年都是盈利的,但从2001年起连年亏损,在2003年的抽检中,15项质量指标居然没有一项达到要求,更糟糕的是由于邮政员工利益受损引发多次罢工潮①。为改变这种境况,英国政府开始重新划定普遍服务的范围,规定新进入竞争者不得提供普遍服务规定的特殊投递服务,建立严格的价格控制体制等。通过这些调整,英国邮政实际又回到改革前以普遍服务为宗旨,国家给予诸多政策性保护的发展老路。

2006年英国再次完全废止独占范围,完成邮政市场自由化。吸取上次教训,这次在全面开放邮政市场以后,为确保普遍服务的维持,英国根据邮政服务法专门设置"邮政服务委员会"(The Postal Service Commission),以作为邮政市场的规制机关,并且实际被课以提供普遍服务者仅有皇家邮政公司(Royal Mail),并且明确该公司需履行的普遍服务内容包含②:①每天递送信函与包裹至少一次;②每天需收取邮局和邮筒信函至少一次;③邮筒的设置99%必须在邮递区域500英里以内,邮局的设置95%必须距离使用者10公里以内;④邮资必须全国均一,且为民众可以负担的费率。皇家邮政公司因负担普遍服务所造成的亏损则由政

① 求实.国外邮政改革的警示[N].中国邮政报,2006-12-08(006).

② Richard Hooper CBE, Dame Deirdre Hutton&Ian R Smith (2008). The Challenges and Opportunities Facing UK Postal Services: An Initial Response to Evidence. An independent review of the UK postal services sector (pp. 1-36). London: Department for Business, Enterprise, and Regulatory Reform.

府每年编列1.5亿英镑预算补贴，同时给予免除附加价值税。原本全面自由化以后，英国政府考虑检讨补贴政策，但因截至目前为止尚未定案，所以仍由该国政府负担普遍服务补贴基金。此外，为维持普遍服务的稳定供给，英国还对于新加入市场的业者予以规制。

(2)阿根廷的教训

阿根廷邮政被认为是完全实行私有化的少数国家之一。1993年起，阿根廷对年亏损4000万美元的邮政进行公开招标，结果英国一家经营邮政业务的私有公司以高额的年业务收入承诺中标。但阿根廷通信委员会作为邮电规制机构，规制极为不力，甚至对邮政不存在任何形式的规制，因为任何企业只要支付了注册费，就可以无条件提供邮政服务，没有任何资格考核和审批。于是一时间，阿根廷国内除了多达300多个邮政运营商外，还有数百个提供邮政服务的非法企业。所有这些企业都纷纷涌向有利可图的城市市场，而把农村和边远地区扔到一边，邮政普遍服务受到严重打击，由于专营业务得不到法律保障，普遍服务几乎等于零。在各方压力下，阿根廷政府于2003年废除了原来阿根廷邮政私有化经营的合同，将邮政重新收回国营。

阿根廷是一个地广人稀的国家，除了国家邮政，没有任何私营企业有能力、有意愿从事普遍服务。私有化的教训让阿根廷政府明白了市场不能解决一切，维持普遍服务不能仅靠私营邮政运营商。单纯的私营化是不能解决问题的，邮政服务毕竟是社会性的服务，需要国家掌握比较大的邮政企业才能维持邮政的普遍服务。

以上案例表明，邮政改革是一个复杂的过程，如何避免邮政体制改革失误不仅是一个学术问题更是一个现实问题。邮政改革应该重视邮政的社会效益，邮政普遍服务的义务不能被忽视，不应以削弱普遍服务为代价，而是应建立起比较完善的普遍服务规制政策。

4.3 对中国的启示分析

4.3.1 普遍服务供给规制需求刚性

纵观世界各国电力、电信、邮政放松规制与市场化改革，尽管存在规制体系、规制模式的不同，但有一点几乎成为共识，那就是在放松规制下依然要将普遍服务供给作为规制机构的重要职责。在放松规制和市场化、自由化浪潮中，政府规制能力的高低，在一定程度上决定了一国是否能有效地抵挡其对普遍服务所带来的强力冲击。如果缺乏有效的规制方法，在竞争环境下将因为交叉补贴失灵、市场秩序混乱、恶性竞争等因素导致普遍服务供给困难。邮政市场化改革中的阿根廷（1993）和英国（2001）就是典型的放弃普遍服务供给规制惨重教训。因此，普遍服务供给规制需求刚性，加强政府市场规制能力是保障普遍服务顺利进行的必要条件。就中国而言，在电力市场化改革过程中，要充分认识到普遍服务供给规制需要刚性，不但不能放弃规制，还要认真学习和借鉴其他国家及地区的先进经验和做法，对照中国电力发展的现状，提出一些有价值、可操作的电力普遍服务规制措施，保障电力普遍服务的有效供给，使之与社会经济协调发展。

4.3.2 明确普遍服务的基本内容和衡量标准

成功实施普遍服务政策的国家往往其对普遍服务的基本内容和衡量标准都有比较清楚的说明，甚至明确规定在相关法律法规中，这无疑对我国电力普遍服务政策有借鉴意义。

我国电力体制改革后，电力社会工作的实施主体发生了变化，发、输配分开，原国家电力公司拆分为两个电网公司和五个独立的发电公司，都已成为市场主体，市场竞争同趋激烈，各运营单位进行独立核算，在自身利益的驱动下，各运营单位都不愿承担普遍服务义务，因此如何调动各运营单位提供普遍服务的积极性和主动性，划分各运营单位的职责范围，明确各运营单位的工作职责，是实施电力社会普遍服务的前提。一方面，由于我国电力普遍服务处于起始阶段，服务内容也正在研究探索中，虽然政府部门、业内人士、专家学者都有所表述，由于角度不同，存在有待商榷之处，需要政府、监管部门进一步界定与统一，围绕着已达成共识的可获得、可接受、非歧视三层目标，思考其基本内容，科学地认识电力社会普遍服务关系，明确服务主体、服务客体、服务内容等构成要素。

另一方面，建立普遍服务衡量标准。任何一项工作都需要一套完备的衡量标准，普遍服务也不例外。电力普遍服务是一个动态概念，不同国家或同一国家不同历史时期、不同经济发展水平，普遍服务的内容是不一样的。因此衡量电力社会普遍服务的实施程度，根据不同时期不同地区的差别，制定不同的普遍服务衡量标准，并随着一些变化的因素动态地调整此标准，对于提高电力社会普遍服务水平至关重要。我国幅员辽阔，各地区经济发展水平不同，电力供应情况也不同，无法用一个统一的定性的标准进行衡量，因此根据各地区不同时期的不同情况，可以考虑建立一个动态的衡量标准模型，以定量的方式确定此标准，是电力监管者应该考虑的问题。比如，可以考虑国内生产总值（GDP）、消费物价指数（CPI）、人均国民收入、电力支出占居民消费的比例、地区通电率、人均用电量等指标。其中，国内生产总值（GDP）、消费物价指数（CPI）和人均国民收入是从经济学的角度来衡量普遍服务；而电力支出占居民消费的比例、地区通电率和人均用电量等是从电力行业的特性对普遍服务进行分析。通过指标模型的建立，定量衡量普遍服务的实施情况，对于促进电力普遍服务供给以及相关规制工作的开展具有重要的意义。

4.3.3　法律与制度是普遍服务供给规制的前提条件

在对电力、电信、邮政普遍服务有界定的发达国家中，大多数国家皆以法律的形式规定了普遍服务的定义，其他则以许可证、特许经营等方式规定普遍服务。可见,完备的法律体系对于保障普遍服务水平的重要性。就中国而言,电力普遍服务水平之所以比较落后,除地域复杂、人口基数大、社会经济发展不平衡等因素外,法律法规的不健全也是重要制约因素之一。为此,只有建立一整套严密的法律和制度,并处理好普遍服务和市场改革的关系,才能保障普遍服务水平的逐步提高。通常来说,完善、健全的法律制度是市场发展和有效规制的基本前提条件,通过法律法规明确普遍服务应有的法律地位,明确承担普遍服务供给商的权、责、利,明确规制部门对于普遍服务水平的监督权力和责任。因此,加快推进新《电力法》及相关的普遍服务监督管理办法等一批法律法规制度的建设,有利于电力普遍服务供给规制朝着法制化轨道加快发展。

4.3.4 普遍服务基金及其相应的筹资与分配规制设计

普遍服务有效供给不仅需要合理的政策安排作为法律与制度保障,而且需要强大的资金支持作为物质保障,对普遍服务的成本进行补偿。在普遍服务发展的过程中,产生了多种不同的筹资模式,例如,交叉补贴、政府税收、接入基金、普遍服务基金等,各种方案都有其优势和不足。由于提供的普遍服务的类型不同、各国实际经济情况与社会背景不同,一个国家所采用的支持机制可能不只包含一种模式。但是,根据普遍服务的发展经验,随着一国经济市场化水平提高,普遍服务基金将成为普遍服务体系支持机制的主体选择。那么,基金的筹资模式、管理机制与保值增值等问题正是规制设计的重点与难点。就中国而言,成本补偿机制设计的成功与否关系到电力普遍服务实施的好坏,电力规制部门可以仿效国外做法,建立普遍服务基金成本补偿机制,对实施电力普遍服务的运营单位实行补偿,以调动其承担普遍服务义务的积极性与主动性。具体的可借鉴做法包括:建立电力普遍服务基金、加收普遍服务电价、向供电企业拍卖普遍服务运营区的供电权、补贴低收入用户等。当然,如何使这些基金专款专用,如何管理这些基金则是电力规制部门需要解决的规制问题。

另外,普遍服务基金的筹资与分配始终体现的一个重要特征就是公平。理论上,公平包含公民参与经济、政治和社会其他生活的机会公平、过程公平和结果分配公平。实践中,如何保证经济主体在社会生产中的起点、机会、过程和结果的公平,也是政府规制追求的目标。机会公平,就是在普遍服务提供方面,不存在歧视,如 FCC 在 1997 年宣布了普遍服务新法令,其中规定任何一个合格的能提供普遍服务的公司,不论他们使用的技术如何,只要提供政府规定的普遍服务项目,就都有资格接收普遍服务的补贴。此外,普遍服务基金分配的一个根本原则是"谁服务,谁使用",也就是只有承担了普遍服务义务的运营商才能获得普遍服务基金的补贴。过程公平,就是普遍服务基金的分配必须引入拍卖机制,整个拍卖行为遵守法律、行政法规,遵循公开、公平、公正、诚实信用的原则。拍卖活动公开,指拍卖活动要具有极高的透明度,拍卖的时间、地点、场合、拍卖标的物及叫价全部公开,拍卖时公开竞价,以公开表示买定的方式确认拍卖成交等;拍卖活动公平,指拍卖当事人之间在设定权利义务和承担民事责任等方面应当公平,双方当事人权利义务一致;拍卖活动公正,指要维护拍卖活动各方当事人的合法权益,不得保护一方,损害他方;拍卖活动诚实信用,则指订约时,诚实行事,不欺不诈,订约后,重信用,自觉履行;结果分配公平,就是普遍服务基金的目标是公开、公正、透明,以有利于开放的市场展开积极竞争。成本补偿机制由"暗补"改为"明补",补偿资金由企业"内补"改为"外补",这种做法使成本核算更加细致,补偿办法更加科学。FCC《普遍服务指令》第八条第二款规定,分配机制必须向所有市场参与者、供应商和用户公开透明,以确保潜在的普遍服务提供者能够获得所有的信息来决定他们是否愿意参加分配过程。透明的原则还可以保证在选择完毕后,惠及一家或多家供应商提供的决定是有据可查的。同时,透明的分配程序可以保证向其他供应商进行普遍服务融资,能够为大家所接收。分配机制的最后一个原则是非歧视原则。分配机制必须确保理论上有权参加分配过程的任一供应商都不被排除在分配过程之外。但这并不意味着那些不满足普遍服务提供条件的供应商不能被排除在分配过程之外。

4.3.5 设置相对完善和独立的普遍服务规制机构

各国的实践证明，相对完善并独立的管理机构是普遍服务政策的强有力支撑。比如美国对电信普遍服务管理分联邦和州两个层次。在联邦层次上，有 FCC、联邦—州普遍服务联合委员会和普遍服务管理公司 3 个管理机构。FCC 负责制定全国范围的普遍服务政策，建立与完善普遍服务机制，以维护和促进普遍服务，界定普遍服务的资助对象和服务项目，确定普遍服务基金的征收对象、征收基数与比例等。联邦—州普遍服务联合委员会是应《电信法》要求成立的一个专门的普遍服务联合咨询委员会，负责向 FCC 提出有关普遍服务的内容、普遍服务补偿机制等方面的政策建议，它由 FCC 成员、各州委员会成员和消费者代表组成，是一个普遍服务咨询机构。普遍服务管理公司成立于 1999 年，它是一个非营利性中介机构，负责具体执行普遍服务政策，包括对普遍服务基金的日常管理和普遍服务项目的日常管理，受理、审查普遍服务提供者的补偿申请等。它分工较细，设有高成本与低收入部、农村医疗健康部、学校与图书馆部，各部具体负责对普遍服务特定对象的管理工作。澳大利亚电信法律规定，电信普遍服务管理由 ACA 直接负责，具体负责的部门是 ACA 下属的普遍服务义务部门(USO)，该部门由三个小组构成，即基金组、补贴组和监管组，分别负责普遍服务基金的管理、普遍服务成本的评估以及对电信公司履行普遍服务义务进行监督。智利电信规制机构 SubTel 通过举行各种活动，提高公众对基金的认识，负责普遍服务基金的申请、电信发展基金项目的选择和竞标、普遍服务绩效项目的财务评估等，它是普遍服务项目实施的管理机构。

这些无疑给中国电力普遍服务规制机构设置重要启示，垄断性产业改革后，原先政企合一的管理体制被打破，新的企业进入原先垄断经营的产业，这必然要重新构建垄断性产业的规制体制。

规制的有效性在相当程度上取决于规制机构的效率，垄断性产业普遍服务法律制度的有效性，在相当程度上决定于垄断性产业规制机构的效率。因此，设立具有相对独立性的规制机构，以对垄断性产业实行有效规制便成为当务之急。① 当然，机构设置要结合产业主管机构的设置情况，以及国家政治、经济、文化等具体情况综合考虑，建立符合中国国情和特色的规制管理机构。

① 王俊豪．中国垄断性产业管制机构的设立与运行机制[M]．北京：商务印书馆，2008：33.

第 5 章 竞争环境下中国电力普遍服务供给规制框架与选择

竞争环境下中国电力普遍服务供给模式是什么？其规制选择又是什么？这无疑是本书研究重点。如果把电力普遍服务供给看成一个价值链的话，那么其“基本活动”就是供给资金的投入、供给主体的选择和实施以及供给价格和质量的产出。除了上述“基本活动”，影响电力普遍服务供给的其他因素都可以看作是“支持性活动”，这可能包括普遍服务规制法律化、利益集团等。在本章中，试图引入管理学中经典的“价值链分析模型”，建构基于价值链的中国电力普遍服务供给规制框架及其选择。

5.1 假设与规制框架

5.1.1 竞争环境下关于电力普遍服务供给的基本假设与证明

电力普遍服务供给就是要解决谁来提供、谁来买单、谁来规制的问题。根据上一章的论证：在垄断环境下，垄断企业通过内部交叉补贴执行普遍服务政策，规制机构只需简单规制就可以了；但是在竞争环境下，普遍服务供给主体发生变化，吸脂效应导致交叉补贴难以为继，电力普遍服务供给困难，给规制部门造成极大的规制困境。因此，竞争环境下电力普遍服务供给规制制度的设计首先要建立一个明确的竞争模式和成本补偿机制（实际上这是进入规制和成本规制问题，因为本书重点研究供给规制，因而将其设定为前提)。但正如我们在文献综述中发现,普遍服务是一个有争议的问题,普遍服务是否应该存在有不同的观点,而放松规制下普遍服务是竞争还是垄断也有不同的观点。为了研究需要,笔者这里设定以下四个假设条件①:

假设1:电力普遍服务是必要的;

假设2:电力普遍服务供给竞争是可行的;

假设3:电力普遍服务供给的竞争模式是仅允许新进入电力供给商服务低成本地区的消费者;

假设4:电力普遍服务供给的成本补偿机制是普遍服务基金(Universal Service Funds,USF)。

5.1.1.1　关于假设2和假设3的证明

假设2和假设3的选择标准基于电力供给社会总和利最优(Philippe Chone和Laurent Floche,2000;Philippe chone和Laurent Flochel和Anne Perrot,2002;Francois Mirabel和Jean christophe Poudou,2004),证明如下:

参照普遍服务"用户市场结构"模型(图1-1、图2-4),延续前文对用户市场结构的划分标准,即城市(低成本地区,以地区1表示)和农村(高成本地区,以地区2表示)两个领域(图3-6,图3-9)。

如果我们把电力普遍服务市场的进入和供给分成下面三种典型情形②(图5-1):

情形(1)为独占垄断环境下,原在位的垄断电力供给商唯一承担电力普遍服务。主要通过内部交叉补贴(即低成本消费者交叉补贴高成本消费者,盈利业务交叉补贴亏损业务),或者发电企业对供电企业的外部交叉补贴,甚至国家财政补贴等,解决电力普遍服务供给资金问题。

---

① 对于假设1,这里不再证明,不仅是大多数学者都赞成普遍服务,还因为本书的立论前提当然是需要电力普遍服务。

② 梁志宏. 电力市场目标模式研究[D]. 北京:华北电力大学(北京),2006:71.

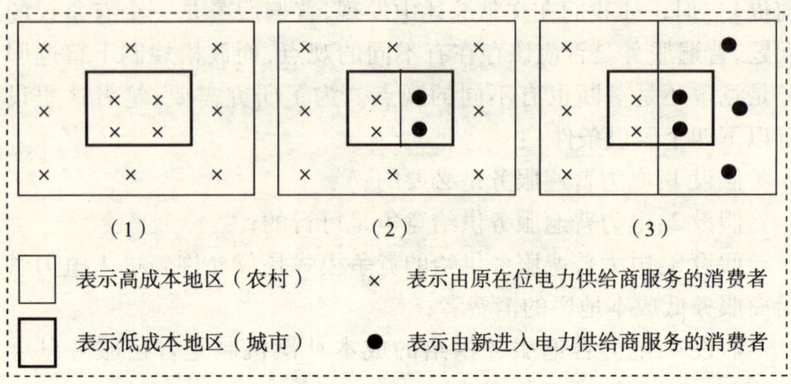

图 5－1　电力普遍服务市场模式

情形(2)为市场竞争环境下,仅允许新进入电力供给商服务低成本地区的消费者。这实际上符合“吸脂”效应,因为新进入通常会自动选择低成本地区。在这种情形下,只有城市低成本地区的消费者可以自由选择零售商,农村高成本地区仍然由原在位电力供给商服务。

情形(3)为市场竞争环境下,强制新进入电力供给商与原在位电力供给商同时服务于高成本消费者和低成本消费者,并平分市场份额。

假设表示:

I 表示原在位电力供给商;

E 表示新进入电力供给商;

$\underline{\mu}$ 表示低成本地区(城市)电力消费者;

$\bar{\mu}$ 表示高成本地区(农村)电力消费者;

$\underline{\alpha}$ 表示 $\underline{\mu}$ 占总消费者($\underline{\mu}+\bar{\mu}$)比例;

$\bar{\alpha}$ 表示 $\bar{\mu}$ 占总消费者($\underline{\mu}+\bar{\mu}$)比例;

$\bar{\alpha}+\underline{\alpha}=1$。

另外,为了研究方便,假设所有消费者具有相同的需求偏好与需求函数。任一消费者购买 q 度电所需要支付的电费为 $T(q)$,

$w(q)$则表示为消费者总效用。

那么,消费者剩余可以表达为:

$$\omega = w(q) - T(q) \tag{5-1}$$

如果电力供给上的边际成本表示为c,$f(\mu)$为包括电力输配电设备投资在内的固定成本。那么,电力供给商典型的成本函数可表示为:

$$C(q,u) = cq + f(\mu) \tag{5-2}$$

比较而言,对于低成本地区(城市)消费者,新进入电力供给商之所以能够成功进入,其前提无疑是比原在位电力供给商在成本上占据优势,或者说竞争性电力公司的生产效率要高于原在位垄断性电力公司。因此,电力供给商向高成本地区(农村)或低成本地区(城市)消费者供给q度电的成本关系可以表示为:

$$c(q,\underline{\mu}) < C(q,\mu);C_E(q,\underline{\mu}) < C_1(q,\bar{\mu}) \tag{5-3}$$

电力供给商的利润函数可以表示为:

$$\pi(q,\mu) = T(q,\mu) - C(q,\mu) \geqslant 0 \tag{5-4}$$

式(5-4)中,为使企业长期运营,毫无疑问需保证利润大于等于零。

电力供给商和消费者的总剩余为:

$$S(q,\mu) = w(q) - T(q) + \pi(q,\mu) = w(q) - C(q,\mu) \tag{5-5}$$

综合式(5-3)和(5-5)可得:

$$\underline{S_E} > \underline{S_I} \tag{5-6}$$

进一步假设,如果在市场上只有新进入电力供给商,也就是说原在位电力供给商也是新进入者,那么面对高成本地区(农村)与低成本地区(城市)电力消费者,依据式(5-3),基于经济学中的利润最大化的理性前提,原在位电力供给商必将放弃高成本地区(农村)电力消费者,转而仅为低成本地区(城市)电力消费者提供服务,这无疑将损失高成本地区(农村)电力消费者的社会福利。相反,如果在市场上只有原在位电力供给商,那么往往因为国有企业或者特许经营因素,通常有义务将高成本地区(农村)与低成本地

区(城市)电力消费者一视同仁,这无疑将增加高成本地区(农村)电力消费者的社会福利。为此,可以得到如下社会福利关系式:

$$\overline{S}_1 > \overline{S}_E > 0 \tag{5-7}$$

综上所述,图 5-1 中三种情况下电力供给的社会总福利表达式为:

$$W_{II} = \underline{\alpha}\,\underline{S_I} + \overline{\alpha}\,\overline{S}_I \tag{5-8}$$

$$W_{EI} = \underline{\alpha}\,\underline{S_E} + \overline{\alpha}\,S_I \tag{5-9}$$

$$W_{EE} = \underline{\alpha}\,\underline{S_E} + \overline{\alpha}\,\overline{S}_E \tag{5-10}$$

综合分析式(5-6)、(5-7)、(5-8)、(5-9)、(5-10),可得关系式:

$$W_{EI} > W_{II} \tag{5-11}$$

$$W_{EI} > W_{EE} \tag{5-12}$$

式(5-11)和(5-12)的证明结果表明,在情况(2)下电力供给社会总福利 W_{EI} 最大。也就是说,电力普遍服务竞争性供给不但是可行的,而且目标竞争模式就是情况(2)下的运作机制,即仅允许新进入的零售商与发电商服务低成本地区的消费者,高成本地区的消费者普遍服务还是由原在位电力供给商提供。有关该结论更为详细的证明可参见文献(Philippe Chone, Laurent Flochel, Anne Perrot, 2000, 2002; Francois Mirabel, Jean Christophe Poudou, 2004)①。

但是,由于吸脂效应的存在,新进入者还会自动放弃低成本地区中的高成本消费者(如低收入用户、孤寡老人等,这实际上是电力普遍服务供给对象),竞争压力和利润目标将最终迫使原在位者

---

① Francois Mirabel, Jean Christophe Poudou. Mechanisms of funding for Universal Service Obligations: The electricity case [J]. Energy Economics 2G (2004): 801 - 823.

Philippe Chone, Laurent Flochel, Anne Perrot. Allocating and funding universal service obligations in a competitive market [J]. International Journal of Industrial Organization (2002): 1247 - 1276.

Philippe Chone, Laurent Flochel, Anne Perrot. Universal service obligations and competition [J]. Information Economics and Policy 12 (2000): 249 - 259.

放弃高成本地区的普遍服务供给。因此，为保证目标竞争模式，即情况(2)的运转，无论是对于新进入者还是原在位者，政府和规制部门对其普遍服务供给进行成本补偿就至关重要，这也就是必须要有假设4的内在原因。

5.1.1.2　关于假设4的证明

将电力普遍服务基金视为竞争环境下电力普遍服务的最优成本补偿机制，主要有以下理由：

第一，电力普遍服务基金符合“竞争中性原则”。

所谓“竞争中性机制”(Competitively Neutral Mechanism)，其实是指任何企业都不能得到相对于其他企业的特殊的益处或损失的相对“公平原则”[①]。归纳国内外推进电信、邮政、电力等网络型产业普遍服务过程中曾经或正在被广泛采用过的补偿机制(融资方式)，并对其优缺点进行比较和总结[②](表5-1)。

表5-1　实现普遍服务不同融资方式的比较

方案	优点	缺点
交叉补贴	旧体制下盛行的传统方法，有长期的国内外操作经验	阻止竞争者进入被补贴市场，导致效率低下
接入费	计算方法简单、易操作	不利于企业降低成本，有可能刺激网络的重复建设；易对新厂商造成过高的进入门槛
重新平衡费率	如增加高档次业务收费，降低低收入者费率等可直接使低收入用户受益，刺激普及率的提高	使价格背离价值规律，因为用户收入水平的高低与业务成本的高低间并无正相关关系

① 李明志，王瑾．竞争环境下的中国电信普遍服务[J]．通信世界，2003，(17)：33-34.

② 吴洪，李晓春．中国电信普遍服务基金的建立与运作[J]．通信世界，2003，(13).

续表

方案	优点	缺点
公共财政①	依赖财政税收解决普遍服务资金,实行累进制的收入税或税率递减的销售税都有利于公平目标的实现	在目前的宏观预算条件下开发类似的新税种难度会非常大
销售税或从价税	指根据运营商的业务账单收税,能达到在短期内筹集资金的目的	不仅新税种的开发难度大且界定征收对象也是难点
公司财产税	对公司的固定资产而非变动成本征税的好处是,因为税收固定,因而对生产经营的损害最小	容易打击企业为技术进步和改进质量而增加投资的积极性,不符合效率原则
综合性的增值税	对所有公司(包括经营增值业务、电信设备等公司)征税,体现公平性	仍无法避免增加新税种所带来的操作上的难度
许可证条款、频率拍卖收入	管理简单易操作,透明度高,被广泛使用	对新运营商造成负担:只能保证一次性资金收入,缺乏稳定的现金流
政府政策性低息或无息贷款	针对性强,计划性强,可对最困难地区提供直接帮助	对促进竞争无利,缺乏公平性,易形成依赖倾向
普遍服务基金②	透明度高,公平合理,有利于竞争,可做到定向、定量的补贴。被广泛使用,实践证明效果较好	需要专门的机构,基金运作成本较高,基金收缴额的计算和补贴额的确定较复杂
发行有价证券	种类多(普遍债券、公开认购、可转换债券等)	

资料来源:根据吴洪《中国电信普遍服务:目标、手段与机制》(经济管理,2003 年第 2 期,第 74 – 82 页)修正。

① 如财政援助、无息或低息贷款、特殊税收和倾斜政策等,一般被称为社会性补助,是政府发挥其宏观调控手段强制电力普遍服务过程中涉及的相关单位给予政策上优惠,作为一种成本补偿方式,从经济学的意义上讲,不具有严格的经济性,只是一种政策的运用。这里为方便比较,一并列示。

② 事实上,税收、政府或国外机构提供的资金、许可证与频率拍卖和专营权收入等,也常常作为普遍服务基金的来源。为了将各种方案作对比,这里的普遍服务基金概念是狭义的,即仅指根据一定标准向电信运营商收取普遍服务费的机制。

通过表5-1比较分析后可以发现，对于普遍服务基金方式，一方面要求产业内的企业或消费者出资，另一方面所有提供普遍服务的企业都有资格领取基金，低收入者也可以通过普遍服务基金获得补贴。由于普遍服务基金提供了一种广泛的税收基础，并且可以减少“吸脂”效应（企业只从事赢利项目的服务）的可能性，比交叉补贴的做法更加具有透明度，其成本通常也较低，更符合“竞争中性原则”。

第二，电力普遍服务基金在实践中证明可行。

在世界各国的改革实践中，人们发现建立普遍服务基金可能是目前最有成效的方法之一。① 设立电力普遍服务基金是效果最好、副作用最少的选择，应该成为普及电力普遍服务的主流方案。② 中国目前已经建立实施了三峡基金、电力公共基金等基金制度，这些都为中国电力普遍服务基金机制的建立奠定了基础。

但值得注意的是，在发展中国家，由于存在公共机构工作效率低下等问题，基金的社会成本较高，因此“需要结合本国国情和电力市场的特点，找到由于时间浪费产生的机会成本和基金的社会成本的平衡点”③，从而使普遍服务基金机制相对于原有的交叉补贴机制更加公平、公正、公开和高效。

图5-2给出了平均成本定价下基金机制和交叉补贴机制的效益比较，其中λ表示基金成本，ω表示社会福利。超过基金成本的临界λ^*，交叉补贴方案就要优于普遍服务基金方案。经验表明，在完全信息情况下，$0.1 < \lambda^* < 0.2$，但无论发达国家还是发展中国家都普遍存在信息不对称的现象，因此通常情况下，该参数的临

---

① Hank Intven, Jeremy Oliver, Edgardo Sepúlveda, Telecommunication RegularHandbook (The World Bank?, 2000), Module 6, Table 6-5, Options for Promoting Universality.

② 黄芬平．电力体制改革的国际经验及启示[J]．水利经济与改革，2007，1(1)：74-76.

③ 迟楠楠，赵会茹，李春杰．中国实施电力普遍服务基金机制的成本与时机分析[J]．技术经济，2008，(3)：78-82.

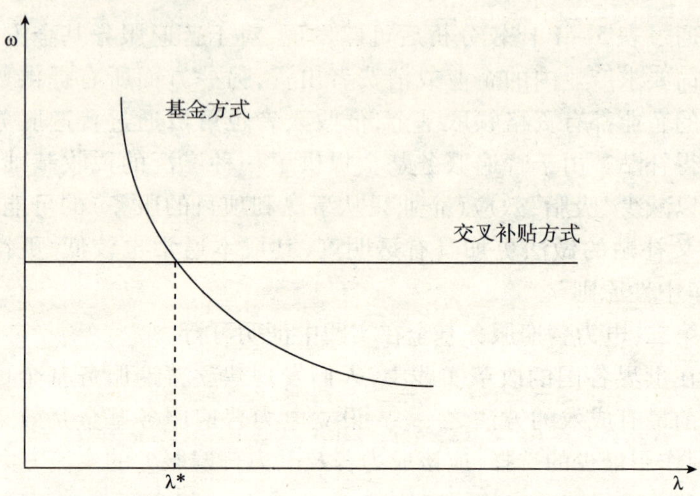

图 5-2　平均成本定价下的两种机制的效益比较

资料来源：迟楠楠，赵会茹，李春杰. 中国实施电力普遍服务基金机制的成本与时机分析[J]. 技术经济，2008(3)：78-82.

界值应该介于 0.4 ~ 0.5 之间。信息的不对称性越高，临界值越高，当临界值超过 0.5 时，基金制是不可行的。由于衡量公共基金成本的 λ 值相对比较抽象，为了便于观测，可用基金实际用于普遍服务的比率 σ 来对应 λ 值，σ 值的下降将导致社会成本 λ 的上升，也就是说，基金利用的低效率将使规制者更倾向于使用交叉补贴的方法。[①]国际上一些学者通过一些实际的基金方案得到了 σ 值与 λ 值的关系（如表 5-2）。

综上，当 $\lambda < \lambda^* \in [0.4, 0.5]$ 时，即 $\sigma > 0.8$，也就是规制机构需要将普遍服务基金的有效利用提高到 80% 以上，就可使普遍服务基金机制优于原有的交叉补贴机制。

① ［法］Farid Gasmi，Jean - Jacques Laffont，［美］Mark Kennet，Bill Sharkey. 电信成本——电信管制政策与成本代理模型［M］. 忻展红，译. 北京：中国邮电出版社，2002：47-58.

表5-2　　普遍服务基金的隐性成本对照表

σ值	λ值
0.5	1.35
0.7	0.64
0.8	0.43
0.9	0.26
1.0	0.13

资料来源：迟楠楠，赵会茹，李春杰．中国实施电力普遍服务基金机制的成本与时机分析[J]．技术经济，2008(3)：78-82.

当然，“普遍服务基金”中有两个棘手的实际问题：一是如何决定不同企业应为基金所贡献的份额；二是“普遍服务基金”如何分配和使用。这都是普遍服务供给规制问题，将在下一节展开讨论。

5.1.2　基于价值链的电力普遍服务供给规制框架

价值链（Value Chain）是哈佛大学商学院教授迈克尔·波特（Michael Porter）于1985年提出的概念。波特认为“每一个企业都是在设计、生产、销售、发送和辅助其产品的过程中进行种种活动的集合体，所有这些活动可以用一个价值链来表明”。① 具体来说，企业要生存和发展，必须为企业的股东和其他利益集团包括员工、顾客、供货商以及所在地区和相关行业等创造价值。如果把“企业”这个“黑匣子”打开，我们可以把企业创造价值的过程分解为一系列互不相同但又相互关联的经济活动，或者称之为“增值活动”，其总和即构成企业的“价值链”。由于任何一个企业都是其产品在设计、生产、销售、交货和售后服务方面所进行的各项活动的聚合体，每一项经营管理活动就是这一价值链条上的一个环节。为此，

① Michael E. Porter. Competitive Advantage：Creating and Sustaining. Superior Performance［M］. New York：Free Press，1985.

价值链可以分为基本增值活动和支持性增值活动两大部分:企业的基本增值活动,即一般意义上的"生产经营环节",如材料供应、成品开发、生产运行、成品储运、市场营销和售后服务等;企业的支持性增值活动,包括组织建设、人力资源管理、技术开发、采购管理和企业基础设施等。

这些互不相同但又相互关联的生产经营活动,构成了一个创造价值的动态过程,即价值链(图5-3)。

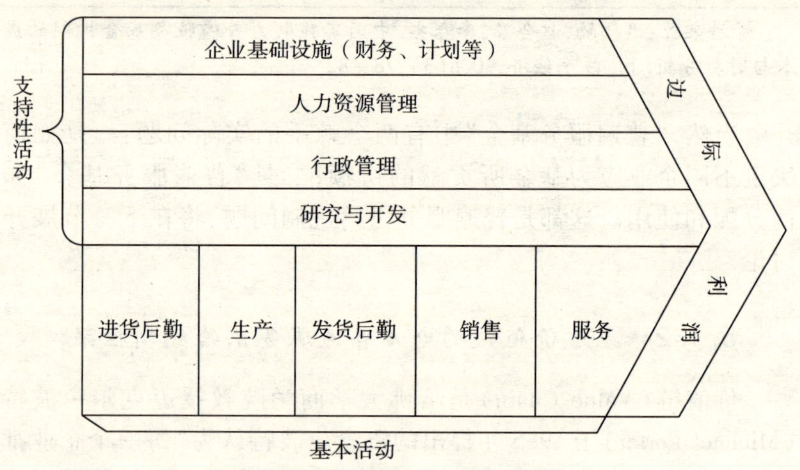

图5-3 价值链分析模型

如果把电力普遍服务供给看成一个价值链的话,那么其"基本活动"显然就是供给资金的投入、供给主体的选择和实施以及供给价格和质量的产出。根据普遍服务供给规制的产业实践和国际经验,以及上节的假设与证明,"基本活动"方面具体的规制选择是:①投入方面,供给资金选择普遍服务基金,因此规制就是要解决普遍服务基金的监管体制以及融资和分配的监管;②供给主体方面,可选择的规制工具很多,主要包括标尺竞争、委托代理、特许投标、许可证等;③产出方面,当然是普遍服务供给价格规制和质量规制。考虑到普遍服务的"城乡同价",即统一定价,因此在此并不对区别定价①情况下的规制问题展开讨论。也就是说，本书在产出方面只分析电力普遍服务供给质量规制相关的问题。

显然，除了上述“基本活动”，影响电力普遍服务供给规制的其他因素都可以看作是“支持性活动”，这可能包括规制法制化、对规制者的规制、利益集团、可再生能源分布式发电甚至开发性移民等。

综上，本书基于价值链的电力普遍服务供给规制框架，如图5－4所示：

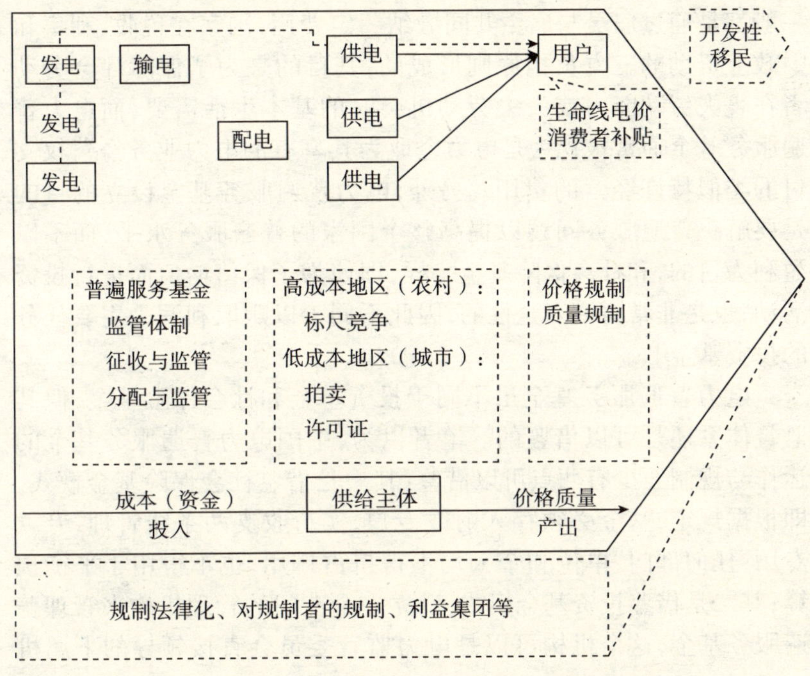

图5－4 基于价值链的电力普遍服务供给规制框架

① 拉丰、张昕竹在《发展中国家普遍服务义务的经济分析》（当代财经，2004年第1期）一文中，分析了统一定价和区别定价两种定价机制下，非对称信息和合谋威胁对最优普遍服务政策的影响。模型结果显示，尽管统一定价确实可以实现再分配目标，使农村地区价格下降，但这是以减少农村网络覆盖面积为代价的。

5.2 中国电力普遍服务供给规制选择

5.2.1 电力普遍服务基金的监管体制和制度

5.2.1.1 监管体制

电力普遍服务基金属于专项基金,不同于社会保险基金,如养老保险基金、医疗保险基金、失业保险基金等。因为社会保险基金一般都是通过雇员与雇主共同缴纳一定费用,国家在税收、利率和财政上资助的三方负担原则形成的,其目的是为了保障社会劳动者在丧失劳动能力或失去劳动机会时的基本生活需要,而电力普遍服务基金通常被视为是电力企业为其享有的电力业务经营权支付的类似特许经营的费用。另外,电力普遍服务基金设立的目的是要解决普遍服务问题以提高整个国家的普遍服务水平,而不以盈利为目的,和社会保险基金一样,即使为了保值增值而进行投资活动,也是非常讲究安全性的,因此不同于以赚取利润为主要任务的投资基金①。

电力普遍服务基金虽不同于投资基金和社会保险基金,但其监督体系还是可以借鉴的。笔者以为,中国电力普遍服务基金的运作与规制至少有两点可以借鉴:其一是借鉴社会保险基金模式,即根据规定,基金必须存入财政专户,实行收支两条线管理,专款专用,任何部门、单位和个人均不得挤占挪用,也不得用于平衡预算;其二是借鉴投资基金模式,设立一个专门的管理机构来管理普遍服务基金,这个机构可以是电力监管委员会直接领导的下属机

① 我们通常把投资基金作为一种金融投资工具,它通过契约、公司或其他组织形式,借助基金券(如受益凭证、基金单位、基金股份等)发行,将不确定多数投资者不等额的出资汇集起来,形成一定规模的信托资产,交由专门机构的专业人员按照资产组合原理进行分散投资,获取收益后由出资者按比例分配的一种投资工具。

构,也可以采用委托代理[①]实行公司化运作。考虑到研究的方便,本书对此不作区别,一律将电力普遍服务基金的监管和运作主体视为普遍服务基金管理委员会。

普遍服务基金的实际运作主要包括征收和分配两大环节:前者需确定基金的征收对象和征收比例;后者较为复杂,涉及确定提供普遍服务的供应商、提供普遍服务的成本核算和补偿对象的确定等方面(图5-5)。

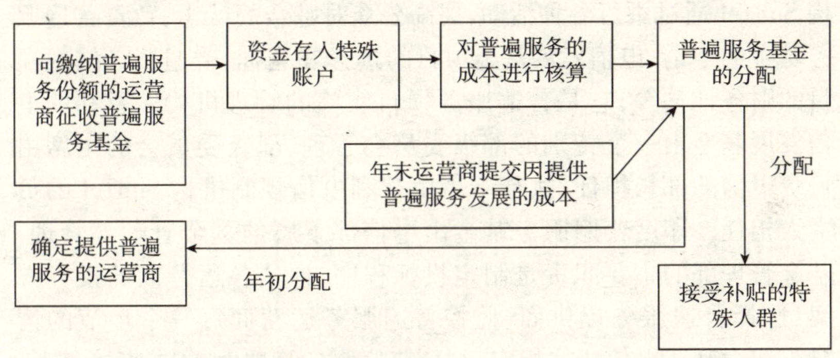

图5-5　普遍服务基金的一般运作程序

在对普遍服务基金的管理方面,美国的电信产业为我们提供了经验。美国对电信普遍服务基金管理分联邦和州两个层次。在联邦层次上,有FCC、联邦—州普遍服务联合委员会和普遍服务管理公司3个管理机构。FCC负责制定全国范围的普遍服务政策,建立与完善普遍服务机制,以维护和促进普遍服务,界定普遍服务的资助对象和服务项目,确定普遍服务基金的征收对象、征收基数与比例等。联邦—州普遍服务联合委员会是应《电信法》要求成立的一个专门的普遍服务联合咨询委员会,负责向FCC提出有关普遍服务的内容、普遍服务补偿机制等方面的政策建议,它由FCC成员、各州委员会成员和消费者代表组成,是一个普遍服务咨询机

① 根据信息经济学观点,委托代理可能发生逆向选择(Adverse Selection)和道德风险(Moral Hazard)。

构。普遍服务管理公司成立于1999年，它是一个非营利性中介机构，负责具体执行普遍服务政策，包括对普遍服务基金的日常管理和普遍服务项目的日常管理，受理、审查普遍服务提供者的补偿申请等。它分工较细，设有高成本与低收入部、农村医疗健康部、学校与图书馆部，各部具体负责对普遍服务特定对象的管理工作。智利的电信发展基金由电信部门、电信规制机构SubTel、特别的部级委员会共同管理，电信部门负责制定普遍服务政策，电信规制机构SubTel通过举行各种活动，提高公众对基金的认识，负责普遍服务基金的申请、电信发展基金项目的选择和竞标、普遍服务绩效项目的财务评估等，它是普遍服务项目实施的管理机构。智利的电信发展基金由一个特别的部级委员会管理，部级委员会的主席由负责电信的部长担任，执行干事由智利电信规制机构SubTel的负责人担任。印度普遍服务基金由电信部下属的基金管理部管理，基金管理部的主要职责是制定投标程序、评估各运营商的投标方案、选择普遍服务提供商、监控普遍服务运营商每一个环节的情况。澳大利亚电信法律规定，电信普遍服务管理由ACA直接负责，具体负责的部门是ACA下属的普遍服务义务部门（USO），该部门由三个小组构成，即基金组、补贴组和监管组，分别负责普遍服务基金的管理、普遍服务成本的评估以及对电信公司履行普遍服务义务进行监督。

由国外普遍服务基金管理的机构设置情况看，普遍设立了独立于向基金贡献资金和得益于资金的所有各方。普遍服务基金基本上是由产业主管部门及其内部专设的普遍服务基金部门管理，或者设立独立于产业主管部门的普遍服务基金管理公司。这给中国普遍服务基金管理机构设置的启示是：普遍服务资金管理的机构设置要结合产业主管机构的设置情况，以及国家政治、经济、文化等具体情况综合考虑，建立符合中国国情和特色的基金管理机构。

综上所述，笔者建议中国电力普遍服务基金的运作及监督体制可以如图5-6所示：

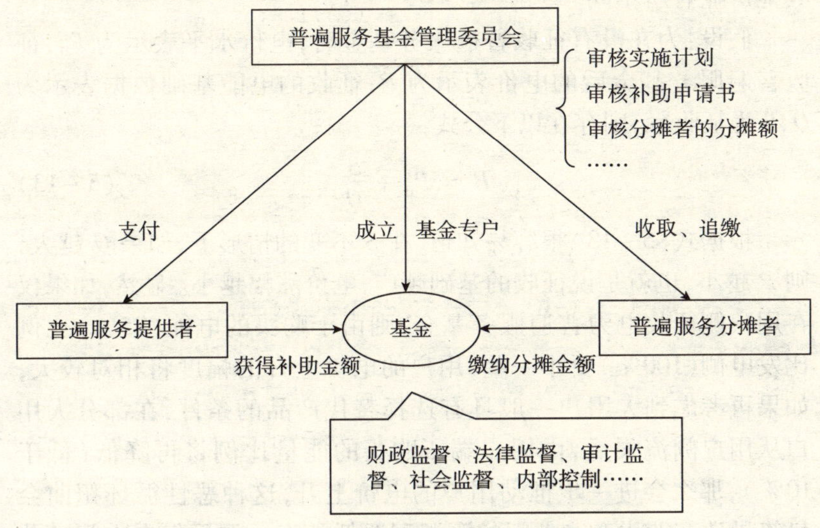

图5－6　电力普遍服务基金的监管体制

5.2.1.2　电力普遍服务基金的征收与监管

(1)设定基金征收范围与金额

征收范围与金额无疑是基金征收环节规制中最为重要的，也是难度最大的部分。与一般产品不同，电力生产和供应的各环节中，电能的总量是不同的，也并不是所有电能都经过了发电、输电、配电、售电这四个环节。图5－7简单示意了在不计入电网损耗①的情况下，发电、输电、配电、售电各环节分离，电能能量流动的比例关系。假设发电一侧的电能总量为100%，那么考虑到直供电，则流经输电环节的电能为70%，输电并加减直供电，可知流经配电环节的电能为75%，最终用户端所购买的电能共为85%。显然，上述电力生产和供应的这种特点决定了电力普遍服务基金的征收与

① 电网损耗是电能在电力网传送、分配过程中客观存在的物理现象，一般包括线损和网损。线损一般是指电能在输电线上的损失；而网损既包括输电线上的损失，也包括在其他电气设备(如变压器、高压开关)上的损失。

其他产业有所不同。

假设:为在没有征收普遍服务基金时,电价水平表示为 P_0,征收普遍服务基金后的电价表示为 P,征收的电能基础数据表示为 Q,S 为征收额,则存在以下公式:

$$P = P_0 + \frac{S}{Q} \tag{5-13}$$

根据式(5-13)很容易知道,在 S 不变的情形下,如果 Q 越大,则 P 越小,也就是说征收的基础越广,电价涨幅越小。显然,如果仅在用户侧征收电力普遍服务基金,则由于购买的电能(85%)比例比发电侧(100%)要小一些,用户的电价上升的幅度将相对较大,如果再考虑到大用户一般具有选择替代产品的条件,在部分大用户从用户侧流失后,由用户端所购买的能量比例将再降低(低于10%),那么会进一步推动用户的电价上升,这种恶性循环扭曲会最终导致产业内和产业间的资源配置低效率。如果仅在中间环节的输电网或配电网征收普遍服务基金,覆盖范围会更小,同样存在上述问题。[①] 因此理论上,电力普遍服务基金征收环节有两种选择不会引起产业内的资源配置低效率:其一是对用户侧加上企业直供电站的发电侧进行征收;或者其二是对全部电站的发电侧进行征收。

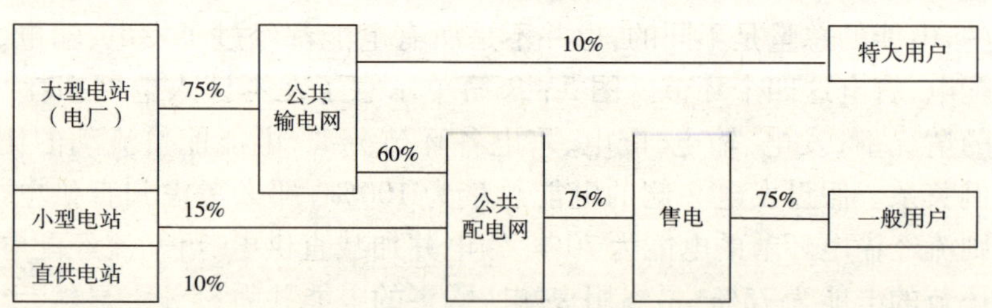

图5-7 发电、输电、配电、售电各环节能量流动比例示意图

① 胡济洲. 电力市场中配、售电环节的竞争与规制[D]. 武汉:华中科技大学,2006:120.

至于普遍服务基金的征收规模、年限等，也是棘手的问题。国外经验表明，电力普遍服务基金规模的确定需要综合考虑国家宏观政策和发展目标、可能的基金融资渠道、相关利益方的态度、电力建设项目的投资成本和运行成本分析、对相关产业部门的影响、基金的配置使用方式、适当的规模要求等多种因素。在这里，考虑到电力普遍服务基金主要是用于普遍服务供给成本亏损补偿的特殊性。因此，建议电力普遍服务基金的征收规模设定为满足提供电力普遍服务成本亏损额的范围内。也就是说，n 年内征收的电力普遍服务基金即为 n 年内电力企业提供电力普遍服务的成本亏损额。即：

$$USF = \sum_{i=1}^{n} BC_i \qquad (5-14)$$

式(5-14)中：USF 为 n 年内征收的电力普遍服务基金总额；

BC_i 为第 i 年电力企业提供电力普遍服务的成本亏损额；

n 为普遍服务基金的征收年限。

(2)监督检查普遍服务基金是否及时足额缴纳和划转。这里主要是监督检查各企业是否按规定比例缴纳普遍服务费用，如不按时缴纳基金的，除按规定补缴所欠款项外，另加收一定比例的滞纳金或者将受某种处罚。

(3)监督检查普遍服务基金收入特殊账户存储。这里主要是监督检查普遍服务基金是否存入特殊账户存储，基金结余投资收益等收入是否也纳入了该账户存储。

5.2.1.3　电力普遍服务基金的分配与监管

基金的分配是普遍服务基金实施过程中最关键的一环，它主要分配给承担了普遍服务义务的运营企业以弥补他们的亏损，同时它还要将一部分资金分配给需要补助的特殊人群，在此过程中将涉及普遍服务成本的核算与补偿、接受基金的对象及补贴额等。关于普遍服务成本补偿无疑是规制重点，也是本书研究的重心，并将在下两节展开具体讨论。因此，这里对电力普遍服务的分配与监管只作条款性的分析。

(1)监督检查普遍服务基金的专款专用。主要是监督检查该基金是否严格按国家有关规定，专门用于普遍服务事业。基金账户要定期公开，接受社会各界的监督。

(2)监督检查普遍服务成本的核算。主要是监督检查基金管理机构计算出的普遍服务成本是否符合已确定的成本核算原则，防止普遍服务基金管理机构与电力企业合谋虚报成本。

(3)监督检查普遍服务基金补贴对象。主要是监督普遍服务基金管理机构是否按国家规定程序确定实施普遍服务的供给商和按一定标准来划分接受补贴的特殊人群等。

5.2.2 高成本地区电力普遍服务供给规制：成本补偿与标尺竞争

5.2.2.1 成本补偿[①]模型

根据“假设3:电力普遍服务供给的竞争模式是仅允许新进入的零售商与发电商服务低成本地区的消费者”，高成本地区(农村)由原在位电力供给商(以下简称电力供给商)来统一供电，也就是说，高成本地区(农村)的普遍服务只能由电力供给商供给。因此，电力供给商可以看作一个多产品经营的企业，除了投资低成本地区(城市)并提供非普遍服务的电力外，同时还投资高成本地区(农村)并提供普遍服务的电力[②]。

---

① 通过成本测算来确定普遍服务给运营商造成的亏损数额，这是政府规制下进行成本补偿的主要依据。但是，由于成本的分摊复杂、信息的不对称、技术发展迅速等原因，准确计量普遍服务成本始终是困扰网络型公用事业的世界性难题。到目前为止，学术界和实业界对成本补偿模型的研究还十分有限，世界上还没有形成一套统一的成本核算体系。实践上，普遍服务成本核算主要有历史成本法、完全成本法和经济成本法(前瞻性长期增量成本)三种。按历史成本原则所采纳的数据，容易被企业人为扭曲，造成了成本信息失真；基于完全成本和前瞻成本的测算方法，往往计算方法复杂，需要委托经济学家建立复杂的工程数学模型，甚至需要大规模的硬件设备和极为复杂的软件系统来模拟。鉴于此，本书并不直接探讨成本补偿的具体计算方法。这可以视为本书研究的不足，也是进一步研究需要突破的方向。

② 廖进球，吴昌南．我国电力产业运营模式变迁下电力普遍服务的主体及补贴机制[J]．财贸经济，2009，(10).

根据实际情况，在农村电力普遍服务的主要任务是建设电网以提供网络覆盖率。因此在这里，可以用一个简单的投资回报率（Rate of Return，ROR）模型①来确定对电力供给商的补贴，该模型为：

$$\sum_{R_i}^{n} =_1 (p_i q_i) = C + S(RB) \qquad (5-15)$$

式（5-15）中，R 为电力供给商的收入函数，决定于产品价格 p 和数量 q 两个变量；c 为电力供给商的成本费用，包括电力普遍服务所需的网络建设、维修、运营等成本；S 为规制机构规定电力供给商的投资回报率，还假设在电力供给商承担普遍服务之前，已经对 S 进行了讨价还价并确定下来，也就是说这里 S 是一个常数；RB（Rate Base）为投资回报率基数，可以视为企业的资本投资总额。

进一步假设：

q_1 表示为非普遍服务的电力使用量；

q_2 表示为普遍服务的电力使用量；

C_1 表示为非普遍服务的电网投资及运营成本；

C_2 表示为普遍服务的电网投资及运营成本。

那么有以下公式：

$$p_1 q_1 + p_2 q_2 = C_1 + C_2 + S(RB_1 + RB_2) \qquad (5-16)$$

假定非普遍服务电价是 p_1 已知的，根据式（5-16）普遍服务电价 p_2 为：

$$p_2 = \frac{C_1 + C_2 + S(RB_1 + RB_2) - p_1 q_1}{q_2} \qquad (5-17)$$

由式（5-17）可知，如果按照成本费用计，那么电力普遍服务的市场定价应是 p_2。但是，普遍服务政策的本质要求电力产品必须按统一定价（在中国即城乡同价），也就是说，规制机构只能允许电力供给商收取一个统一的电力价格水平 p_1。如此一来，电力供给商在实施电力普遍服务的过程中，只要每提供一单位的电力，就必

① 王俊豪．政府规制经济学导论——基本理论及其在政府管制实践中的应用［M］．北京：商务印书馆，2001．103．

然有 $(p_2 - p_1)$ 的亏损发生。

如果再考虑到电力供给商承担普遍服务的参与约束条件，应该是承担普遍服务的收益不少于不承担普遍服务的收益。因此，政府必须对电力供给商承担普遍服务的补贴Π为：

$$\Pi = (p_2 - p_1)q_2 = \left(\frac{C_1 + C_2 + S(RB_1 + RB_2) - p_1 q_1}{q_2} - p_1\right)q_2$$

$$= C_1 + C_2 + S(RB_1 + RB_2) - p_1 q_1 - p_1 q_2 \qquad (5-18)$$

考虑到现实，C_1 往往是电力普遍服务之前的投资情况，事先就已经知道，而 p_1、S、RB_1 在电力普遍服务实施之前也已确定。因此根据式(5－18)可知，C_2 和 RB_2 决定了电力供给商提供普遍服务时的基本补贴额。然而，无论是普遍服务的电网投资 RB_2，还是运营成本 C_2，对于电力供给商而言，显然有充分并真实的信息，但是对于规制机构而言，其信息是不完全的，甚至是虚假的。因此一个重要的结论是，规制机构如何获得较真实的 C_2 和 RB_2 是高成本地区普遍服务有效供给的关键。

从式(5－18)也可得出另一个结论，即普遍服务的补贴 Π 与运营成本 C_2 是正比关系，也就是说，运营成本 C_2 越大，则电力供给商可获得的补贴额 Π 也越多。这就产生了一个悖论：政府的目标是通过电力普遍服务供给以实现社会福利最大化，而电力供给商在承担电力普遍服务的过程中，其利益目标是补贴最大化，根据普遍服务的补贴 Π 与运营成本 C_2 是正比关系，那么电力供给商有可能实现补贴最大化，存在投资最大化冲动的可能性，产生所谓的 A－J效应，这将导致普遍服务缺乏效率①。更不利的是，电力供给商在向低成本地区（城市）和高成本地区（农村）提供电力产品 q_1 和 q_2 的过程中，如果规制机构不给力，规制制度不完善，那么电力供给商就可能虚报成本 C_2 和 RB_2，或从 RB_1 转移到 RB_2，以实现补贴最大化。而在实践中，规制机构与电力供给商之间关于 C_2 和 RB_2 的信息

① 廖进球，吴昌南．我国电力产业运营模式变迁下电力普遍服务的主体及补贴机制[J]．财贸经济，2009，(10)．

不对称是一种常态，这无疑将降低规制效果，同时也将增加普遍服务供给成本。因此，这就需要寻求新的规制方法。

5.2.2.2 “影子企业”与标尺竞争

为了提高规制效果，规制机构应该利用一切可以得到的信息来克服上述讨论中提到的信息不对称问题。根据规制理论和实践经验，标尺竞争是一种比较有效的方法。

标尺竞争（Yardstick Competition，“Yardstick”在英文里有“标准、码尺”的含义，故将“Yardstick Competition”译为“标尺竞争”是恰当的）思想源于 E. Lazear 和 S. Rosen《等级竞赛型的最优劳动契约》一文①，与之相对应的理论叫标尺竞争理论②。概括而论，自然垄断产业中存在多家区域性垄断企业，或者政府将被规制的全国性垄断企业分为几个区域性企业的情况下，政府规制机构可以通过比较不同区域性企业的经营绩效，以“影子企业”（Shadow Firm）③的经营成本为衡量标准，并考虑各地区的经营环境差异，在此基础上制定一个规制价格，以促使各区域性企业为降低成本、增加利润而展开区域间的间接竞争，因此，标尺竞争又常被称为区域间比较竞争。

标尺竞争的重要意义在于为规制机构提供了一个观察被规制企业真实成本信息的参考标准，另外通过标尺竞争，还可以促使不同市场的垄断企业之间展开竞争。如果 A 企业的价格将取决于 B 企业的成本信息，那么 A 企业无疑有动力去最小化成本，即使这样会暴露出其实际成本信息。因为如果 A 企业降低成本而 B 企业没有，那么 A 将受益；如果 A 企业没有降低成本而 B 企业降低成本，那么 A 就要面临损失；同理，B 企业也要降低自己的成本，如果不这么

---

① Lazear, E. and S. Rosen. Rank – Order Tournaments as Optimal Labor Contracts [J]. Journal of Political Economy. Vol. 89. 1981. pp. 841 – 846.

② Shleifer, A.. A Theory of yardstick Competition [J]. Rand Journal of Economics. Vol. 16. No. 3. 1985: 319 – 327.

③ 所谓“影子企业”，是以其他企业成本和降低成本的支出的均值形成的虚构企业。

做，就要面临损失。在标尺竞争规制情况下，由于价格取决于其他同样企业的成本，因此企业要想获得较多利润，就必须使其成本水平低于其他企业的平均水平。标尺竞争通过将被规制企业与同类企业的绩效进行比较，不需要规制者了解被规制企业成本等信息，从而可以有效地减少规制者对被规制企业信息的依赖，提供了在信息不对称情况下的一个具有普遍意义的解决方法。

根据标尺竞争理论，可以为电力普遍服务设计一个基于标尺竞争的成本补贴方案。在该方案中，就是要解决式(5－18)中 C_2 和 RB_2 的问题。

如果有 i 个($i=1,2,3,\cdots,n$) 电力普遍服务供给商，那么：

$$\overline{C_{2I}} = \frac{1}{n-1}\sum_{j\neq i} C_j \quad (5-19)$$

$$\overline{RB_{2I}} = \frac{1}{n-1}\sum_{j\neq i} RB_j \quad (5-20)$$

式(5－19)和(5－20)实际上是把其他电力普遍服务供给商的 C_2 和 RB_2 均值作为代表性企业 i 的影子标准。以此类推，任何电力普遍服务供给商都存在一个自己的影子 $\overline{C_{2I}}$ 和 $\overline{RB_{2I}}$，并以此作为标尺竞争中的衡量标准，也是作为承担电力普遍服务的补贴标准。

但是具体对中国电力市场而言，存在一个现实问题，那就是在可预见的未来还主要是国家电力公司和南方电网公司的双寡头垄断，互相合谋从而抬高成本的可能性很大。正如 Shleifer 所指出的那样，“标尺竞争的一个重要的潜在缺陷是易遭受(企业间)合谋的操纵”①。即便不存在合谋，由于中国电力普遍服务一直采用交叉补贴形式进行的，这导致电力普遍服务成本信息长期被掩盖，没有足够可以参考的成本信息。另外，实施电力普遍服务的成本可能因为不同的地理区域和不同的承担企业而大不一样。这些都为标

① Shleifer, A.. A Theory of yardstick Competition [J]. Rand Journal of Economics. Vol. 16. No. 3. 1985: 327.

尺竞争在中国电力普遍服务中的应用增加了难度。

针对上述情况,可以考虑的渐进方案是:

第一步,可以采用某些国家的电力企业作为标尺竞争的影子企业,这些国家与中国相比较,应该与中国电力市场改革比较接近,社会经济发展水平在同一个层次,地理及技术条件等差别不大,比如印度、巴西、智利等国,于20世纪70年代以来进行了电力产业改革,取得了丰富的经验,可以优先考虑。

第二步,由于已经在不同地理条件的区域内承担了电力普遍服务,因此原来的国家电力公司和南方电网公司双寡头,以及新进入的电力供给商等,都可以电力普遍服务标准竞争新的影子企业。

第三步,以此类推到普遍服务项目,以后普遍服务项目都可以利用前面已经承担的普遍服务项目作为影子项目,制定标尺竞争的标准。

5.2.3　低成本地区电力普遍服务的激励性规制

5.2.3.1　电力普遍服务成本补偿的拍卖规制设计

正如前面所述,在电力普遍服务实施中,电力监管委员会等规制机构作为委托人,电网企业往往被视为代理人,将电力普遍服务委托给电网企业,电力普遍服务供给涉及委托—代理问题,电力普遍服务的委托人为电力监管委员会等机构,代理人为电力普遍服务提供商。显然,在这个委托—代理问题中,代理人作为实际供给者,其对电力普遍服务所需要的投资、运营、维护等相关成本很熟悉,相对而言,拥有绝对的成本信息优势。因此,如果规制方法采用成本核算,那么代理人有可能隐瞒真实成本,甚至多报成本。为克服这一缺陷,就需要改进电力普遍服务成本补偿的新的规制方式。

美国经济学家德姆塞茨(Demsetz)在1968年提出了特许投标

(Franchise Bidding)理论①之后,因为其在理论上具有良好的克服信息不对称的特性,并存在竞争性强、透明度高等优点,在世界各国兴起的规制改革中几乎都将拍卖作为激励性规制重要的工具。理论上, Weisman②、Milgrom③、Nett④、Peha⑤、Weller⑥、Sorana⑦、Kelly 和 Stein - berg⑧、Anton⑨ 等研究了普遍服务领域(主要是电信普遍服务)的拍卖问题,包括机制设计、义务分摊以及证明了在大多数情况下用拍卖方式分配普遍服务补贴比传统的补贴计划更有效。实践中,如前文在对电信普遍服务供给规制的国外实践分析中所述,使用拍卖、招标方法来补偿电信普遍服务成本取得了很好

① Demsetz 特许投标(Franchise Bidding)理论强调将竞争机制引入政府规制,通过招标拍卖的形式,在某产业或业务领域中让多家企业竞争独家经营权(即特许经营权),在一定质量要求下,由提供最低报价的那家企业取得特许经营权。因此,可以把特许经营权看作是对愿意以最低价格提供产品或服务的企业的一种奖励。采用这种方式,如果在投标阶段有比较充分的竞争,那么,价格可望达到平均成本水平,获得特许经营权的企业也只能得到正常利润,从而使最有效率的企业按其平均成本或近于平均成本定价,向市场提供产品或服务。见王俊豪. 特许投标理论及其应用[J]. 数量经济技术经济研究,2003(1):137 - 140.

② Weisman D L. Designing Carrier of Last Resort Obligations [J]. Information Economic and Policy, 1994, 6(2):97 - 119.

③ Milgrom P R. Procuring Universal Service: Putting Auction Theory to Work. Lecture at Royal Sweden Academy of Sciences in Honor of William Vickrey [M]. In Le Prix Nobel: The Nobel Prizes. Nobel Foundation, 1997, 382 - 392.

④ Nett L. Auction: An Alternative Approach to Allocate Universal Service Obligations [J]. Telecommunications Policy, 1998, (22):661 - 669.

⑤ Jon M Peha. Tradable Universal Service Obligations [J]. Telecommunications Policy, 1999, (3):363 - 347.

⑥ Dennis Weller. Auctions for Universal Service Obligations [J]. Telecommunications Policy, 1999, (23):645 - 674.

⑦ Sorana V. Auctions for Universal Service Subsidies [J]. Journal of Regulatory Economics, 2000, 18(1):33 - 58.

⑧ Kelly F, Steinberg R. A Combinatorial Auction with Multiple Winners for Universal Service [J]. Management Science, 2000, 46(4):586 - 596.

⑨ Anton J J, Vander Weide J H, Vettas N. Entry Auction and Strategic Behavior Under Cross - market Price Constraint [J]. International Journal of Industrial Organization, 2002, 20 (5):611 - 629.

的效果。在智利，在1995年至1999年5年间，通过拍卖、招标的方法遴选出实施电信普遍服务项目的运营商最后获得的补贴金额是规制机构计算得出的最高补贴数额的50%左右；在秘鲁，运用拍卖、招标方法的头两年内，电信普遍服务项目招标中胜出的投标者（即中标运营商）所获取的平均补贴数额是规制机构计算出的最高补贴数额的25%。①

拍卖方法同样也可以有效地应用于电力普遍服务的成本补偿规制中。拍卖制应用于普遍服务供给，其目的在于创造普遍服务的竞争市场，并且降低普遍服务成本，使其在经营上更具效率（Dennis Weller，1999）。电力普遍服务的拍卖方法有很多种，理论上可行的有密封投标拍卖、竞标人下行叫价拍卖、组合投标拍卖。

（1）密封投标拍卖

密封投标拍卖是指投标者为标的书面密封报价，按事先规定的规则确定中标者和中标价格。在电力普遍服务成本补偿项目的拍卖中，根据事先设计的拍卖规则，密封投标的中标者可以是一个或多个，中标价格可以是最低报价、次低报价、保留价或不一致的差别价格。

（2）竞标人下行叫价拍卖

竞标人下行叫价拍卖是指从一个确定的初始价格开始，竞标人下行叫价，直到在规定的时间内没有竞标人报出新的价格为止。这实际上是一种荷兰式拍卖（Dutch Auction），即“减价拍卖”。在电力普遍服务成本补偿项目的拍卖中，竞标人下行叫价拍卖的最后报价，也就是中标价格，当然也是这个电力普遍服务项目的补贴价格。但要注意的是，因为其有减价的特点，所以竞买人往往坐等观望，企盼价格不断降低，因而现场竞争气氛不够热烈，需要规则者适当引导。

---

① 李丹，吴祖宏．电信普遍服务管制中几个关键性问题的探析［J］．世界电信，2004，（12）：3－6.

(3)组合投标拍卖

组合投标拍卖是多物品拍卖的一种方式,常用于不同物品间有互补影响、允许投标者对物品组合进行报价的拍卖。组合拍卖可以是公开竞价也可以是密封报价,报价可以是单轮也可以是多轮。在电力普遍服务成本补偿项目的组合投标拍卖中,拍卖规则鼓励投标者为多个项目中任意项目组合报价,最终以全部项目组合报价中总价最低的组合中标。组合投标拍卖的重要原因是电力运营商存在较强的范围经济性,不同服务区域之间的成本具有协同性,因此企业是否愿意在某一给定的补贴水平上为该市场提供服务,与这家企业是否还能够同时为相邻地区提供服务有关,如果将不同区域分别拍卖给不同厂商,很可能产生一定的效率损失。综上,规制机构在设计拍卖机制时要充分考虑不同区域间成本的协同性,尽可能将具有成本协同性的区域组合在一起,放在同一组投标中,运用组合投标机制可以让胜出的投标人获得范围经济的好处。

但值得注意的是,普遍服务的地理区域划分对组合投标影响较大①。在普遍服务地理区域划分上往往存在一种权衡,即较大的服务区域可以提高平均成本估算的准确性,较小的服务区域可以减少差异性。在普遍服务总面积一定时,区域面积小的结果是其数量增加,那么确定每个区域所需要补贴额的交易成本将会增大;区域面积小还将使本地普遍供给商的私有信息增加,因为规制者和普遍服务进入者对地形特征、消费者分布等决定成本的因素肯定不如本地普遍供给商了解得更清楚;另外,如果区域面积过小,则存在跨区域的范围回报问题,从而使一个地区的成本变得难以界定。因此一方面,当地理区域面积较大时,规制者和该行业的进入者将面对相对于小面积区时更低的信息不对称。但是另一方面,当划小普遍服务的地理区域,数量增多时,其组合形式将急剧增加,即对于 n 个普遍服务区,如果可将 1 ~ m 个区域组合在一起

① 胡济洲. 电力市场中配、售电环节的竞争与规制[D]. 武汉:华中科技大学,2006:123.

招标,则总的组合数量为$\sum_{i=1}^{m} C_n^i$,为此规制者与投标者的成本都会随之增加,而当这种交易成本超过不同服务区域之间的范围经济时,组合投标不经济也不可取。

当然,拍卖方法在实际操作中可能会面临以下问题,也是需要规制者考虑的:拍卖如何才能有效,招标规则如何设计严密与科学性问题,防止竞标者合谋的方法与技术问题,竞争者在不同的业务领域和地理区域可能会存在一个成本协同与组合竞标问题,组合竞争的流程与组织问题,规制机构对中标者的事后监督问题等。

5.2.3.2　可转让的电力普遍服务许可证制度

通过拍卖引入竞争以实现电力普遍服务供给的方法中,对于单个区域的特许投标可能无法兼顾电力普遍服务在地理区域上的范围经济,而组合投标在区域数量增多时又会变得极其复杂而且难以组织。为克服以上拍卖方法的缺陷,本书拟提出建立可转让的电力普遍服务许可证制度。

1968 年,戴尔斯(Dales)首先提出污染权①概念, 20 世纪 80 年代,美国制定并实施排污交易政策,正式推出"可转让排污许可证"制度(Transferable Discharge Permits)。该项制度的实质是运用"看不见的手"对污染物进行市场化控制管理。根据制度安排,国家将排污设计成许可证形式,通过公开招标拍卖,或者有偿分配方式,排污者获得许可证,所有排污许可证都可以进入专业交易所进行市场化交易,其价格与价值由市场决定。这样一来,只要排污许可证的市场价格高于治理污染费用,那么排污许可证的持有者就会到市场上转让或者出售,所获得利润将被用来积极展开污染治理。为此,排污者最终可以得到以最少的花费保持同样环境质量的效果②。

---

① 其内涵是政府作为社会的代表及环境资源的拥有者,把排放一定污染物的权力像股票一样出卖给出价最高的竞买者。

② 庞玉娴. 我国现行环境资源法律制度的诊断与创新[J]. 华北水利水电学院学报(社科版),2002,(4).

1999年，针对当时欧盟《稳定与增长公约》对其成员国的财政赤字约束所面临的实际操作问题，美国哥伦比亚大学的Alessandra Casella教授提出了“可转让赤字许可证”制度。简言之，运用污染权理念，如果把欧盟成员国的超额财政赤字当作某种特殊形式的“污染”，那么就可以借鉴环保市场的污染许可证制度来分析财政政策领域的问题了①。具体而言，每年每个成员国都会被分配到一定数量的赤字配额（如GDP的3%），这些赤字配额可被成员国自由存取并且能在赤字许可证市场上以欧元标价进行自由交易，当每年实际财政赤字公布时，成员国账户中必须存有足够的赤字许可配额来抵补实际财政赤字，否则该国会被处以高额罚金，且将会从下一年的赤字配额中扣除相应的数量。“从实践的角度来说，这就意味着一国的财政赤字可以被同期的或者前期的赤字许可证所抵消”（Alessandra Casella，1999）。

基于市场机制来优化资源配置的路径，以上可转让许可证的设计原理应该也适用于电力普遍服务许可证的转让。假设经过单个区域的电力普遍服务特许投标，或者设计并实施数量有限的简单组合投标后，已经明确了在某个区域或特定组合区域下的普遍服务供给，那么规制机构可以授予一份电力普遍服务许可证，并允许该许可证在交易所自由转让。由于电力普遍服务在地理区域上的范围经济可能还未得到充分利用，转让普遍服务许可证就可以给能利用范围经济的普遍服务提供商带来机会。这实际上可以用公式来简单表示：

假设：T_1是A电力普遍服务供给商通过拍卖获得普遍服务许可证的成本补贴，B表示一个相对范围经济效应更强的电力普遍服务供给商，其提供普遍服务需要的成本补贴表示为T_2，许可证转让涉及的交易成本合计为C_t，那么如果：

$$T_2 + C_t \leqslant T_1 \tag{5-21}$$

① 焦莉莉．“可转让的赤字许可证”制度——《稳定与增长公约》的改进方案[J]．云南财贸学院学报（社会科学版），2003，（5）：45-48.

式(5－21)表明电力普遍服务许可证的转让对A、B普遍服务供给商双方都是有利的。

运用可转让的电力普遍服务许可证,短期来看,可以通过范围经济性的利用充分降低普遍服务提供商的静态成本。长期来看,不同的电力普遍服务提供商掌握的电力建设和运营技术存在较大差别,显然技术进步领先的提供商可以凭借其当时的技术优势承揽更多的普遍服务,同时也有效回避了未来技术不确定性的系统风险,这无疑将激励所有的电力普遍供给商进行技术创新。二是不同的电力普遍服务提供商完全可以根据其自身的财务与经营状况,转让其获得的不同阶段、不同地域的电力普遍服务项目许可证,在时间安排上更加具有灵活性。当然,在电力普遍服务许可证的转让过程中,尽管权利和义务的主体发生彻底改变,但是电力普遍服务项目本身内涵的目标、质量、时间限制性条件等必须保持不变,也就是通常所说的权利与义务同时转让。

5.2.4　电力普遍服务供给质量规制方法与博弈

5.2.4.1　一些常用的规制方法

从普遍服务“非歧视性”可知,普遍服务供电质量应该和非普遍服务供电质量基本一致。因此,一些对供电质量规制的方法也适合于普遍服务领域。目前,国内外的电力工业规制机构采取了不同类型的供电质量规制方法,包括质量标准、绩效公布、激励机制等。

(1)质量标准

所谓质量标准,是指规制机构为电网企业规定了最低的供电质量水平。这主要包括两种标准:一是涉及整个电网系统总体质量水平的整体性标准;二是和规定提供给电力消费者的最低质量水平的个体性标准。显然,因为质量标准既清楚地界定了普遍服务质量所要求的水平和范围,而且又将对那些质量水平低下的电力普遍服务供给商实行严厉的罚金制度,这将极大地刺激电网企业努力提高其供给质量，因此，质量标准通常被认为是一种既简单又相当有效的质量规制手段。但是，一方面，在竞争环境下，电网企业更多的是以利润最大化为基本目标，很少会提供比规定标准更高的质量水平；另一方面，由于种种原因，规制机构所规定的质量水平本身是片面甚至落后的，对企业和社会来说可能并不是最优标准。更糟糕的是，与一般商品质量不同，供电质量不仅与供电服务结果有关，也与供电服务过程有关，目前对供电质量的定义和标准都存在争议和分歧，并不统一①。

根据 Gronroos 和 Lehtinen 等学者的服务质量观点②，供电质量可区分为“技术性质量”与“功能性质量”。技术性质量主要是指电能质量和供电可靠性，功能性质量指服务过程的质量，如服务效果、服务时间、服务行为等。2001 年，欧洲共同体欧洲能源规制者委员会供电质量工作组在其发布的供电质量调查报告中提出，供电质量应包括服务质量和电能质量两个维度，其中电能质量又包括供电可靠性和电压质量③。更一般的供电质量主要因素④，如图 5－8 所示：

就中国供电质量标准而言，关于供电可靠性、电能质量和客户服务这三个方面，通过多年的努力，国家权威部门已经发布了一些标准、考核和规制办法。比如在《电力法》、《全国供用电规则》等法律法规中，对电压偏差、系统供电可靠性就有比较明确的规定。而近年来，一些新

① 胡铭，陈珩．电能质量及其分析方法综述[J]．电网技术，2000，24(2)：36－38.；陈效杰．完整认识供电质量，全面提高服务质量[J]．供用电，2002，19(2)：6－8.；吕骞．供电质量的指标释义及标准[J]．农村电气化，2004 (5)：6－7.

② Christian Gronroos(1982)最早提出顾客感知服务质量的概念，即客户感知的服务绩效与预期服务绩效相比较或评价过程的结果，同时将服务质量划分为技术性质量和功能性质量；在 Gronroos 的基础上，Lehtinen(1982)提出将服务质量分为设计质量、交互质量和企业质量三个方面，Gummesson(1988)将服务质量划分为设计质量、生产质量、过程质量和产出质量四大要素，Edvardsson(1989)提出服务质量包括技术质量、生产质量、整合质量、功能质量和产出质量。

③ 陈效杰．完整认识供电质量，全面提高服务质量[J]．供用电，2002，19(2)：6－8.

④ K. Sand, K. Samdal, H. Seljeseth, Quality of Supply Regulation - Status and Trends, 2004, Proceedings Nordic Distribution and Asset Management Conference 2004, Espoo, Finland.

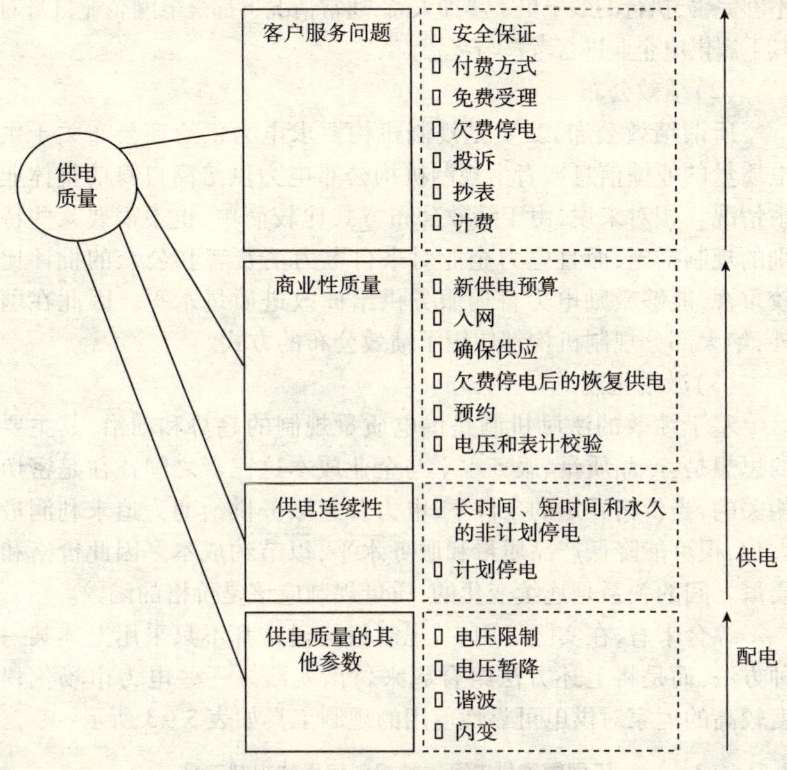

图5-8 供电质量的主要因素

的有关电压质量标准也陆续颁布，供电质量标准更加广泛与精细，如电压允许波动和闪变、电网的谐波、三相电压允许不平衡度、频率允许偏差等指标也逐渐列入监测范围①。此外，1996年正式实施的《电力法》对于供电质量问题（主要是由于供电可靠性问题）给客户造成经济损失的，也规定了明确的赔偿标准。2005年颁布的《供电服务监管办法（试行）》对于客户办理业务、停限电等供电服务的时限质量等方面作了规定。但是，与发达国家供电质量规制相比较，中国电力质量标准还

① 林海雪. 电能质量的全面运行监督问题[J]. 供用电，2004，21（1）：9-11.

不够完善,执行的效果更不尽如人意,通常情况下都是电网企业自身对其下属供电企业进行考核与奖惩。

(2)绩效公布

所谓绩效公布,其实是规制机构要求电力供给商公布关于供电质量的业绩信息或者由规制机构公布电力供给商自身的整体业绩情况。相对来说,由于绩效公布方式比较简单,也不需要某些特别的规制措施,而且电力企业对来自电力消费者和公众的批评比较重视,能够激励电力普遍服务供给商改进质量水平。因此在国外,绝大部分规制机构都使用了绩效公布的方式。

(3)激励机制

基于绩效的激励机制是供电质量规制的趋势和前沿,其主要的思想是:产品质量、服务水平与企业成本这三者之间往往是密切相关的,当价格一定的条件下,电力普遍服务供给商为追求利润最大化,很可能降低产品质量和服务水平,以节约成本。因此价格和质量之间的关系是连续变化的,质量规制应该是价格的函数。

综合来看,在实际运用中,规制机构通常都不只采用上述某一种方法,而是将上述方法组合起来付诸实践。一些电力市场化程度较高的国家对供电可靠性使用的规制工具如表 5 - 3 所示:

表 5 - 3　　不同国家供电可靠性规制使用的规制工具

	业绩公布	整体标准	个体标准	激励方案
澳大利亚	是	否	是	是
英格兰和威尔士	是	是	是	是
意大利	是	参考性的	否	是
荷兰	是	参考性的	是	是
挪威	是	否	否	是
葡萄牙	是	参考性的	是	否
西班牙	是	参考性的	是	否

资料来源:Virendra Ajodhia, Rudi Hakvoort. Economic regulation of quality in electricity diatribudon networks[J], Utilities Policy, Volume 13, Issue 3, September 2005:211 - 221;由于美国的不同州之间的情况不同,因此没有总结到表中。

5.2.4.2　电力普遍服务供给质量规制博弈

利用博弈论来分析政府规制问题，其长处在于“博弈论的分析方法在揭示导致合作和稳定的条件问题上是最有说服力的，它们揭示的不仅仅是合作机制是否能够真正地确立和这种机制如何制度化，而且揭示了构成这种机制的规则和规范。”①博弈模型一般分为合作博弈（Cooperative Game）和非合作博弈（Non - Cooperative Game），合作博弈是以单个参与者的可能行动集合为基本元素，而非合作博弈是以参与人群的可能联合行动集合为基本元素（Martin J. Osborne 和 Ariel Rubinstein，2000，P2）。也就是说，在合作博弈中，博弈中所有参与者都独立行动，不存在有约束力的合作、联合或联盟的关系；而在非合作博弈中，在一些参与者之间存在着有约束力的合作、联合或联盟的关系，并因为这种关系影响到博弈的结局。合作博弈强调的是团体理性（Collective Rationality）、效率、公正和公平；非合作博弈强调的是个人理性（Lndividual Rationality）、最优决策，其结果可能是有效率的，也可能是低效率或无效率的（张维迎，1996，P5）。哈丁的公用地悲剧②和奥尔森的集体行动困境③就是典型的非合作博弈的结果，非合作性博弈也就成为强化政府规制的理论演绎及其展示公共权力强制性的依据。④ 当然，对研

---

① Stephan Haggard and Beth A. Simmons, Theories of International Regimes [J]. International ganization, Vol. 41. No 3, summer 1987:506.

② See Garrett Hardin, The Tragedy of the Commons, Science, Vol. 162, No. 3859, 1243 - 1248. 哈丁的公用地悲剧简言之就是“公共资源的自由使用会毁灭所有的公共资源”，环境的恶化、拥挤的道路是典型的“公用地悲剧”。

③ 美国著名经济学家奥尔森（M. Olson）在其经典著作《集体行动的逻辑》（*The Logic of Action*，陈郁等译，上海：上海三联书店，1995）论证了个人理性不是实现集体理性的充分条件，其原因是理性的个人在实现集体目标时往往具有搭便车（Free - riding）的倾向。

④ 潘伟杰．制度、制度变迁与政府规制研究[M]．上海：上海三联书店，2005:135.

究政府规制理论具有典型启发意义的囚徒困境①,也是一种非合作性博弈。从囚徒困境理论模型出发,对规制者和被规制之间的博弈,可以用图5-9表示:

	严格规制	不规制
服从规制	(3,3)**	(0,5)
不服从规制	(5,0)	(2,2)

图5-9 规制者与被规制之间的博弈

在这个博弈模型中,如果规则者和被规制者都采取合作策略,那么双方的收益都是3,这个收益对各自来说都是次优的,但是如果有一方采取背叛或机会主义的策略,那么采取背叛的一方其收益就是最优的(即5),另一方的收益就是最少(即0)。因此,这实际上是一种非合作博弈。显然,在电力普遍服务质量规制实践中,电力监督委员会(规制者)和电力普遍服务供给商(被规制者)的信息明显是不对称的,作为追求利润最大化的电力普遍服务供给商(被规制者),不可能把自己的信息事先告知电力监督委员会(规制者),反之亦然,从而造成了双方之间的信息不对称。在双方信息不对称、不能确定对方采取什么策略的情况下,理性的行动者(规则者和被规则者,即电力监督委员会和电力普遍服务供给商)会认为,背叛给自己带来的收益是最大的,但当每个博弈者都采取自认为是理性的背叛策略时,那么对于参与博弈的规则者与被规制者双方而言,这会导致一种非理想的均衡后果(2,2)。

具体来说,将博弈模型引入到电力监管委员会和电力普遍服

---

① 值得注意的是,不仅是囚徒困境,博弈模型往往都假设博弈者总是在不同的给定的策略结构下进行博弈,这种博弈者在给定策略结构下进行博弈所处的"被动"地位,通常被称为"结构的刚性",这种"结构的刚性"遭到了一些学者的质疑。埃莉诺·奥斯特罗姆(Elinor Ostrom)在描述囚徒困境现象时不无感慨地指出,博弈者因为不能控制他们的处境的结构,"监狱中单人牢房的有形限制和坚定的检察官对囚犯们施加了不可变更的结构",使得博弈者陷入"灾难性比例的无休止的争斗中",所以奥斯特罗姆认为,分析和解决囚徒困境现象,应该寻找"结构"以外的变量。

务供给商之间的普遍服务供给质量中，可以分为两种情形来进行研究：其一是不考虑合谋；其二是考虑合谋。① 下面分别予以讨论。

第一种情形：不考虑合谋

对于电力监管委员会和电力普遍服务供给商之间在普遍服务供给质量规制中的博弈，有这样的基本假设：

①电力监管委员会（以下简称为规制机构）、电力普遍服务供给商（以下简称为供给商）风险中性，两者之间不存在任何形式的合谋。

②对于纯政策选择问题，规制机构选择是对电力普遍服务质量进行规制或者不规制，供给商是选择履约，即服从规制，质量不欺骗，或者选择违约，即不服从规制，质量欺骗。

③规制机构对供给商进行质量规制就必须获得规制信息，信息的搜索和处理都需要付出一定的规制努力，为此必然存在一个规制成本问题。假设规制机构选择规制，其支付规制的成本为 C，则规制和不规制策略下规制成本可以分别表示为 C 和 0。

④供给商选择违反普遍服务合同的相关规定，向电力用户提供低质量的服务，这肯定会增加供给商利润，可以视为违约利润。假设以 S 来表示供给商违约所增加的利润收入。如果规制机构一旦发现供给商向电力用户提供了低质量的服务，进行质量欺骗，就必然会对供给商进行相应的违约惩罚。假设违约惩罚系数定为 ε，那么违约惩罚金额可以表示为 εS，而且罚款系数应该满足 $\varepsilon \geqslant 1$。因为如果 $\varepsilon < 1$，则规制机构对供给商的惩罚将不构成任何威胁，规制失败。

⑤电力普遍服务本质上意味着供给商需要在不盈利地区提供服务，这将产生一定亏损，为此规制机构通常需要对供给商进行相应的成本补偿，假设 T 表示为规制机构向供给商的成本补偿额，由

---

① 参阅：周益．电信普遍服务质量管制研究[D]．长沙：中南大学，2005；胡振华，周益．政府管制下的电信普遍服务质量分析[J]．技术经济，2005，(12)；李晶晶．电力社会普遍服务补偿机制及质量监管研究[D]．北京：华北电力大学(北京)，2007.

于T发生在电力普遍服务提供之前(一般为年初),是规制机构允诺支付给供给商的,因此,无论供给商进行质量欺骗与否,T都一定会发生,T可以视为供给商的固定收入,是一个常数。

根据以上5个基本假设,可以获得规制机构和供给商在四种纯策略下相应的支付函数,质量博弈支付矩阵如下所示(图5-10):

		供给商	
		违约	履约
规制机构	规制	(εS-T-C-S,T-εS+S)	(-T-C,T)
	不规制	(-T-S,T+S)	(-T,T)

图5-10　不考虑合谋情形下的质量规制博弈支付矩阵

对以上博弈支付矩阵进行分析:

(1)由模型假设所给出的支付矩阵(图5-10)可知,规制机构规制职能的前提条件是:

$$\varepsilon S - T - C - S > - T - S \tag{5-22}$$

根据式5-22,可得 $C < \varepsilon S$,也就是说规制成本 C 必须小于罚款收入 εS,规制才有价值。

(2)根据严格下策消去法可知,以上博弈并不存在一个纯策略下的纳什均衡,而混合策略纳什均衡是存在的。因此,还需要进一步引入概率假设条件:对于规制机构而言,假设其选择质量规制的概率为 P_1 选择质量规制,选择质量不规制的概率为 $(1-P_1)$ 选择质量不规制;对于供给商而言,选择违约的概率为 P_2 选择违约,选择履约的概率为 $(1-P_2)$ 选择履约。

根据这两个概率假设并结合上述博弈支付矩阵(图5-10),可求出混合策略纳什均衡点。

首先,规制机构的期望支付可表示为:

$$\pi_1 = [(\varepsilon S - T - C - S)P_2 + (-T - C)(1 - P_2)]P_1 + [(-T - S)P_2 + (-T)(1 - P_2)](1 - P_1) \tag{5-23}$$

令 $\frac{\partial \pi_1}{\partial P_1} = 0$,可得 $P_2^* = \frac{C}{\varepsilon S}$。

其次,普遍服务供给商的期望支付可表示为:

$$\pi_2 = [(T - \varepsilon S + S)P_2 + T(1 - P_2)]P_1 + [(T + S)P_2 + T(1 - P_2)](1 - P_1) \quad (5-24)$$

令 $\frac{\partial \pi_2}{\partial P_2} = 0$,可得 $P_1^* = \frac{1}{\varepsilon}$。

综合式(5-23)和(5-24),可得博弈纳什均衡点为:

$$(P_1^*, P_2^*) = \left| \frac{1}{\varepsilon}, \frac{C}{\varepsilon S} \right| \quad (5-25)$$

再将 P_1^* ,P_2^* 代入式(5-23)和(5-24),规制机构和普遍服务供给商的最终期望支付分别为:

$$\pi_1 = -\frac{C}{\varepsilon} - T \quad (5-26)$$

$$\pi_2 = T \quad (5-27)$$

至此,可以获得如下一些重要的结论:

(1)根据 $P_1^* = \frac{1}{\varepsilon}$ 可知:

规制机构的规制概率只与罚款系数 ε 成反比关系。这个结论意味着,如果规制机构加大惩罚力度,那么供给商就将面临更大的违约风险,为此,基于理性假设,将倾向于选择降低违约概率,相应地规制概率也将降低。这也说明,严厉的惩罚具有威慑作用。

(2)根据 $P_2^* = \frac{C}{\varepsilon S}$ 可知:

①电力普遍服务供给商的违约概率与其服务地区的成本补偿 T 无关。因此,规制机构不能因为成本补偿高就想当然认为承担商会履约质量,而放松对承担商的质量规制,也就是说无论是在高额补偿地区还是低额补偿地区都要加强质量规制。

②电力普遍服务供给商的违约概率与规制机构的规制成本 C 成正比关系。这实际上表明,由于在高规制成本地区,供给商往往存在一种侥幸心理,那就是想当然地以为规制机构会因为高规制

成本而降低规制概率,从而强化其违约意愿,这将加大违约概率。

③电力普遍服务供给商的违约概率与违约利润收入 S 成反比关系。违约理论与规制机构的关注度这两者之间往往呈现线性变动,也就是通常情况下,违约利润越大,规制机构的关注度就越高,规制机构自然就会加大对该地区的规制概率,那么相应地,供给商的违约概率也就会相应降低。

④电力普遍服务供给商的违约概率与罚款系数 ε 成反比关系。这充分说明罚款对于供给商而言具有很强的威慑力,罚款系数越高,供给商的违约成本就越高,承担风险就越大,当然供给商就会减弱其违约意愿,降低违约概率。

(3)根据博弈均衡点 $\left|\frac{1}{\varepsilon},\frac{C}{\varepsilon S}\right|$ 可知:

规制机构无法完全避免供给商的违约行为,而无论惩罚措施如何严厉。杜绝违约行为的产生,要加强行业自律,培养企业社会责任价值观①。同时,要充分利用媒体,加强社会监督,建构供给商的信誉监控机制。

(4)根据博弈双方的期望支付 $\pi_1=-\frac{C}{\varepsilon}-T,\pi_2=T$,可知:

①规制机构的期望支付 π_1 与规制成本 C、惩罚力度 ε 和转移支付 T 有关。这个结论表明,要想提高规制机构的期望支付,就需要在规制成本、惩罚力度以及转移支付三方面做文章。为此,规制机构一方面要采用规制新技术与新方法,进一步降低规制成本,另一方面要增强惩罚力度,降低违约概率,从而提高规制绩效。

② 电力普遍服务供给商的期望支付 π_2,只与成本补偿 T 有关。如果再进一步分解 T,那么 T = 纯转移支付 + 业务收入 - 业务成本。在这里,纯转移支付如前所述,高成本地区往往是根据“影子企业”的标尺竞争法的,而低成本地区根据招投标得出的,故其基本上是不变的。而业务收入和业务成本是电力普遍服务供给商在

① 胡振华,周益. 政府管制下的电信普遍服务质量分析[J]. 技术经济,2005,(12).

具体实施普遍服务过程中实际产生的收入和成本,是可变的。因此,电力普遍服务供给商可以在实施电力普遍服务中通过技术创新来降低实际业务成本,也可以通过提供高品质服务提高用户需求水平,扩大业务量,提高企业利润。

第二种情形:考虑合谋

显然,以上博弈分析是建立在规制机构与电力普遍服务供给商不存在任何形式的合谋行为前提下的,这无疑低估了信息约束的重要性。因为一般来说,合谋是规制机构与供给商双赢的策略,其手段正是控制信息,改变给政府的信号,从而能够实现在各个状态联合时双方净收入的最大化,获得短期均衡利润。同时,规制机构也符合理性经济人假设,以利益最大化为目标,如果合谋能对其产生高收益,则规制机构就会选择与供给商合谋,从而使双方分别实现利益最大化。因此,引入规制机构和供给商两者之间的合谋将是一个更加贴近实际的考虑,但这样无疑会增加问题的复杂性。

基于上述不合谋的博弈模型,考虑博弈双方合谋情形下,有如下基本假设:

①假定规制机构与电力普遍服务供给商之间存在合谋的可能,规制机构的纯策略选择仍是对普遍服务质量进行规制或不规制,供给商的纯策略选择依旧有履约(服从规制,质量不欺骗)或违约(不服从规制,质量欺骗)。

②假设规制机构与电力普遍服务供给商合谋的概率为β。如果供给商以概率$(1-P_2)$选择履约(服从规制,质量不欺骗),则无论规制机构选择规制还是不规制,合谋是否出现对最终期望支付都没有影响,依旧为$(-T-C,T)$和$(-T,T)$;如果供给商以概率P_2选择违约(不服从规制,质量欺骗),规制机构以概率$(1-P_1)$选择不规制,那么不论合谋是否出现,其期望支付都为$(-T-S,T+S)$;如果供给商以概率P_2选择违约(不服从规制,质量欺骗),规制机构以概率P_1选择规制,那么行为主体之间的是否合谋对期望支付有很大的影响,即若以β概率出现合谋,期望支付为$(-T-C,T)$,若以$1-\beta$概率不出现合谋,期望支付为$(\varepsilon S-T-C,T-\varepsilon S)$。

具体详见图 5－11、图 5－12。

		供给商	
		违约	履约
规制机构	规制	$(\varepsilon S-T-C-S, T-\varepsilon S+S)$	$(-T-C, T)$
	不规制	$(-T-S, T+S)$	$(-T, T)$

图 5－11　以 $1-\beta$ 的概率不出现合谋

		供给商	
		违约	履约
规制机构	规制	$(\varepsilon S-T-C, T-\varepsilon S)$	$(-T-C, T)$
	不规制	$(-T-S, T+S)$	$(-T, T)$

图 5－12　以 β 的概率出现合谋

根据以上的假设及给出的支付矩阵（图 5－11、图 5－12），可得规制机构与电力普遍服务供给商博弈双方的期望支付：

规制机构的期望支付为：

$$\pi_1=[(\varepsilon S-T-C-S)(1-\beta)+(-T-C)\beta]P_2+[(-T-C)(1-P_2)]P_1+[(-T-S)P_2+(-T)(1-P_2)](1-P_1) \tag{5-28}$$

令 $\frac{\partial \pi_1}{\partial P_1}=0$，可得 $P_2^{**}=\frac{C}{\varepsilon S(1-\beta)+S}$

供给商的期望支付为：

$$\pi_2=\{[(T-\varepsilon S+S)(1-\beta)+T\beta]P_2+T(1-P_2)\}P_1+[(T+S)P_2+T(1-P_2)](1-P_1) \tag{5-29}$$

令 $\frac{\partial \pi_2}{\partial P_2}=0$，可得 $P_1^{**}=\frac{1}{1+\varepsilon(1-\beta)}$

根据式（5－28）和（5－29），则考虑合谋情形下的博弈纳什均衡点为：

$$(P_1^{**}, P_2^{**}) = \left| \frac{1}{1+\varepsilon(1-\beta)}, \frac{C}{\varepsilon S(1-\beta)+S} \right| \quad (5-30)$$

对比式(5-25)和式(5-30)两个博弈纳什均衡结果,可得:$P_1^* > P_1^{**}$, $P_2^* > P_2^{**}$。

这说明合谋的威胁,使得规制机构的监控概率 P_1 与电力普遍服务供给商的违约概率 P_2 同时提高。因此,为防止规制机构与供给商的合谋,应该建立有效的激励机制,以降低合谋概率,最终降低违约概率。当然,如果电力普遍服务供给商降低了违约概率,则相应的规制机构也会降低规制概率,从而节省了规制成本。

5.3 影响电力普遍服务供给规制绩效的宏观因素与建议

5.3.1 可再生能源分布式发电、开发性移民与电力普遍服务

5.3.1.1 对基本前提条件的细分

在上一节,根据"假设3:电力普遍服务供给的竞争模式是仅允许新进入的零售商与发电商服务低成本地区的消费者",本书提出了主要通过普遍服务基金对成本补偿,以激励性规制方式来实现电力普遍服务的有效供给。这实际上是存在一个基本前提:即假设高成本地区(农村)和低成本地区(城市)建设输配电线路是可行的,通过成本补偿激励电力企业建设接入网络是可能的。显然,这个基本前提对于低成本地区(城市)而言无疑是没有问题的,但是对于高成本地区(农村)而言过于理想化。因为中国幅员辽阔,地貌复杂,高成本地区(农村)的无电户多居住于偏远地区或大山深处及海岛,自然条件恶劣,并且呈现出住户少、居住分散的典型特征,采取延伸电网的方式供电以实现电力普遍服务,在经济和技术上都可能存在困难:一种情况是由于电力负荷距离现有电力系统太过于遥远,建设完整的输配电系统投资太大;另一种情况是由于

自然条件太过于恶劣，现有电力系统到延伸到用户的输电线路根本无法架设或建成后也可能出现故障。① 对于上述两种情况，如果强制性供给或者导致投资资金困难，或者导致机会成本损失。因此，对于这种电网绝对不经济情况下，电力普遍服务有效供给和规制绩效的衡量标准应该有所变化，也就是不能为绝对公平而为之。为此，需要对以上“基本前提”进一步细分，以更符合实际情况。充分考虑到中国高成本地区（农村）的自然条件和现代电力技术水平，可将基本前提细分为以下三种情形（图5－13）：

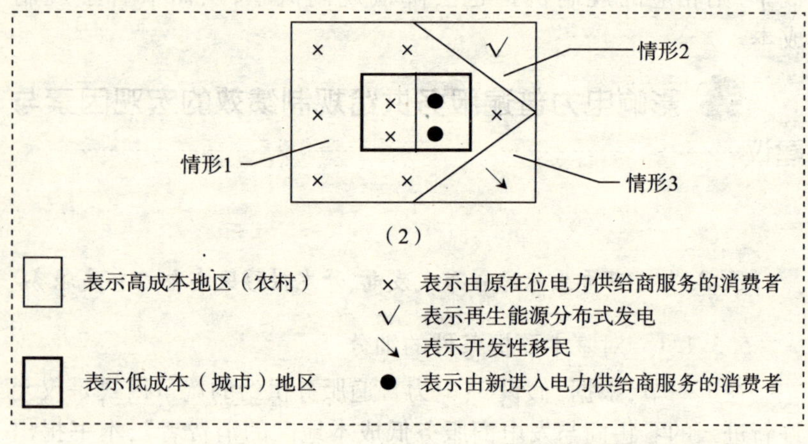

图5－13　对高成本地区（农村）用户细分

情形①：一些地区建设输配电线路是可行的，通过成本补偿激励供电企业建设接入网络是可能的；

情形②：在一些偏远地区，假设输配电网络建设是不现实的，而可再生能源是可能的；

情形③：一些地区过于偏远，而且缺乏必要的一次能源，采用输配电网络供电和可再生能源分布式发电技术都是不可能的。

① 陈克俊．解读电力普遍服务及其实施条件［J］．大众用电，2004（2）：5－6．；任若梦，罗国亮．中国电力普遍服务［J］．电力技术经济，2005（12）：5－9．

对于情形①,上一节我们已经建立了"通过普遍服务基金对成本补偿,以激励性规制方式实现电力普遍服务的有效供给",这里就不再赘述。

5.3.1.2　可再生能源分布式发电

对于情形②,可再生能源分布式发电无疑是最佳选择。事实上,采用分布式发电技术履行电力普遍服务也体现了发电企业在推动电力普遍服务中的责任与义务。

可再生能源一词并没有一致公认的定义,但是属于清洁能源的更窄化定义,因为不只要求清洁还要求能量原料可再生,根据国际能源总署可再生能源工作小组,可再生能源是指"从持续不断地补充的自然过程中得到的能量来源"①。可再生能源一般包括太阳能、水能、生物质能、风能、氢能、波浪能以及海洋表面与深层之间的热循环等。与常规的集中式供电电站相比,可再生能源分散式供电具有以下优势:土建与安装成本往往非常低;基本上不需要建设相应的配电站,这实际上减少甚至是免除了输配电成本,并且也没有或只有很低的输配电损耗;分散式供电系统还可以根据实际用电需求进行调节,从而延长了设备使用寿命;分散式电源之间相互独立,用户可以自行控制,这就避免了大规模供电事故的发生概率,供电的可靠性比较高;绿色环保,尤其适合对乡村、牧区、山区等供电特点。但是另一方面,由于可再生能源通常因为环境与地理因素变化莫测,具有不确定性的缺点。因此,在分布式发电规划中采用可再生能源发电,有一点非常重要,那就是需要充分考虑自然资源的禀赋性质与变化形式。

实践方面,国外通过可再生能源分布式发电来实现电力普遍服务供给已经有成功的案例。比如,尼日利亚在农村只有17%的居民能够用上电,现存的电力装机容量远不能满足全体国民的基本电力需求。为了使偏远地区早日实现电力普遍服务,尼日利亚

① 维基百科. 可再生能源[EB/OL]. http://zh.wikipedia.org/wiki/可再生能源, 2011-03-01访问.

曾经对太阳能发电、传统的燃料发电和接入国家电网这三种方式进行了严格、科学的论证。最后综合考虑多种因素，确定了采用太阳能发电是最经济可行的方法①。

在中国，农村新能源发电就是利用农村当地的太阳能、风能、生物质能、地热能、潮汐能等可再生能源资源发电，用以满足农村当地农牧渔民基本生活的用电需求。其潜力巨大，也取得了不小的成就：

(1)水能发电

水能(Water Energy)是一种可再生能源，是清洁能源，是指水体的动能、势能和压力能等能量资源。广义的水能资源包括河流水能、潮汐水能、波浪能、海流能等能量资源；狭义的水能资源指河流的水能资源。水能资源是中国最重要的可再生资源之一，它已经作为可再生能源被写入了国家的《可再生能源法》。2003 年中国启动了“小水电代燃料试点”建设，涉及四川、云南、贵州、广西、山西5 个省(区)的26 个县(市)的26 个项目。2006 年在试点的基础上，在全国21 个省(区、市)和新疆生产建设兵团的80 个县(市)81 个项目区开展了扩大试点建设。根据《2009—2015 年全国小水电代燃料工程规划》，确定到2015 年解决170. 78 万户、677. 71 万农村居民的生活燃料和农村能源问题，建设小水电代燃料电站1022 个，新增代燃料装机容量170. 56 万千瓦，代燃料年用电量24. 38 亿千瓦时，涉及24 个省(区、市)和新疆生产建设兵团的543 个县(市)。其中，革命老区县有82 个，占规划县数的15. 10%；少数民族县(市)有220 个，占规划县数的40. 52%；国家重点扶贫县(市)有196 个，占规划县数的36. 10%。属中、西部地区的有20 个省(区、市)495 个县(市)，实施小水电代燃料户共计152. 6 万户，占总规模的89. 35%。②

---

① O. U. oparaku. photovoltaie systems for distributed power supply in Nigeria[J]. Renewable Energy, 2002, 25:31 -40.

② 英大网. 小水电代燃料[EB/OL]. http://www.indaa.com.cn/dwxw/dwck/201008/t20100811_412633.html,2010 -08 -11/2011 -03 -01.

(2)太阳能发电

太阳能(Solar Energy)一般是指太阳光的辐射能量,在现代一般用作发电。太阳能是自然界最丰富的可再生能源。中国陆地表面每年接受太阳能辐射,相当于49000亿吨标准煤,全国2/3的国土面积日照在2200小时以上。

太阳能再生资源主要有太阳能光伏产业和热利用产业。近几年来,中国太阳能已为无电人口安装近1.7万千瓦太阳能电池发电系统。例如国家大力推广"光伏计划",其实施的区域目前已遍及西部各省区以及中部和东部的部分省、市、自治区,投入资金总规模超过30亿元。另外,国家发展与改革委员会、全球环境基金和世界银行三方共同推行,并积极投资的中国可再生能源计划,已经为内蒙古、甘肃、新疆、西藏、青海和四川等地方共计超过8万多无电户解决了基本生活用电的普遍服务难题①。

(3)风能发电

风能(Wind Energy)是地球表面大量空气流动所产生的动能。中国国土面积大,地形条件复杂,风能资源状况及分布特点随地形、地理位置不同而存在差异。风能资源丰富的地区主要分布在东南沿海、附近岛屿及北部地区。根据气象资料初步估算,中国陆地可利用风能资源总计约2.5亿千瓦,如果再加上近岸海域可利用的风能资源,共计高达约10亿千瓦②。小型风力发电机组的利用方式主要是独立运行供电,即在电网未通达的偏远地区,如草原牧区、边远村寨、湖区渔村和海岛农村等,用小型风力发电机为蓄电池充电,再通过逆变器转换成交流电向终端家用电器供电,单机容量一般在100W到5kW。作为农业部新农村能源建设十大技术之一的农村小型电源利用技术小型风力发电机,从20世纪70年代

---

① 中国农村水电及电气化信息网.中国可再生能源大盘点[EB/OL].http://www.shp.com.cn/shp/ckjl/zjyzw/webinfo/2007/08/1290493209757104.htm,2007-08-06/2011-03-01.

② 中国电力社会普遍服务调研报告综述(节选)[J].农电管理,2007(8):26-29.

后期就自行开发研制 30W、50W、100W 小型风力发电机组在内蒙古、青海、甘肃等农牧区和海岛推广应用，为中国偏远无电地区的广大农牧渔民解决了生活用电，送去了光明，取得了较好的社会效益和经济效益。

(4)生物质能发电

生物质能(Biomass Energy)，就是太阳能以化学能形式贮存在生物质中的能量形式。农作物秸秆、树木枝丫、油料树种、能源植物、农林废弃物、工业有机废水、城市生活污水和垃圾等都属于生物质能资源，据统计，目前中国生物质资源可转换为能源的潜力约为 5 亿吨标准煤，今后有可能达到 10 亿吨标准煤①。

综上，可再生能源分布式发电是可行的，但是对于其中的规制问题，几乎是空白，目前基本都是采取了向用户直接补贴的方式。例如，内蒙古在“牧区通电工程”及“光明工程”中为“小型户用风光互补发电系统示范”的成功实施出台专门的扶持政策，财政给予每套系统 3000 元的补贴。② 但是实践证明目前实行的操作办法还有待改进：

第一，目前的补贴采用报账核销办法手续复杂、周期长。可再生能源发电所需要资金周转的负担实际上基本上都落在了设备供应商的身上，而由于设备款不能及时返还，占用了大量的流动资金，大部分设备生产厂家在实际经营中往往无力再投入生产，这正是造成分散式发电系统质量问题的潜在原因之一。

第二，能否在确保质量的前提下显著地降低价格，是将潜在市场转变为有形市场的关键因素之一，而规模市场又是降低成本的重要途径。实践证明目前的补贴办法没有在扩大销售总量、形成规模方面发挥明显的作用。

第三，政府补贴的宣传大大增加了农牧民的依赖心理，不利于

① 中国电力社会普遍服务调研报告综述(节选)[J]. 农电管理，2007(8)：26－29.

② 英大网. 内蒙古：“能源高地”的绿色道路[EB/OL]. http://www.indaa.com.cn/zz/nypl/nypl1001/201002/t20100212_283150.html，2010－02－12/2011－03－01.

市场化机制的建立，而如此大规模的需求量，单靠政府补贴是行不通的。

5.3.1.3　开发性移民

对于情形③，开发性移民是可选策略之一。

1986年，国务院办公厅以国办发56号文件批转了水利电力部关于抓紧处理水库移民遗留问题的报告，在这份文件中，首次以文件形式提出了“开发性移民方针”的概念，并专门对此作出了解释。[①] 所谓开发性移民（Development Resettlement Policy），是指把移民安置同安置区自然资源、人力资源开发有机地结合起来，为移民创造新的生产、生活条件的一种移民方式。[②] 开发性移民可实现电力普遍服务，但它的内涵已经超出了电力普遍服务的范畴，因此适宜由政府主导并承担主要成本。

5.3.2　利益集团与规制绩效

5.3.2.1　电力普遍服务供给规制中的利益集团分析

所谓“物以类聚，人以群分”，“天下熙熙，皆为利来；天下攘攘，皆为利往”。现实中人们总是会或多或少地参加一些组织、团体，共同的利益追求基本上是集团形成的直接原因，也是利益集团追求的一致目标。奥尔森（1995：p13）就曾指出“提供公共或集团利益正是所有组织的基本功能”。关于利益集团的定义存在不同的观点，但自奥尔森（1965）以后的利益集团经济学研究，基本上都沿用了政治学上的概念，即利益集团是由一定数量的成员组成的，主要通过有组织、有目的的集团政治活动来实现其共同目标或利益的社会团体或者群体。

总体来说，中国还没有出现政治集团化的趋势，但是中国改革

① 王骏．开发性移民方针的提出与移民经济的发展[J]．重庆大学学报（社会科学版），2002(3)：7－10.

② 百度百科．开放性移民[EB/OL]．http://baike.baidu.com/view/3869284.html?fromTaglist，2011－03－01访问．

开放30年，因为一些不规范体制确实产生了一些“既得利益集团”，它们主要集中在特定的地区或行业，即存在于“条条”（产业部门）和“块块”（地方政府）中的一些“特殊领域”和“特殊部门”，尤其是“条条”中的电力、电信、邮政、铁路等全国性自然垄断产业。①

就电力普遍服务领域而言，显然涉及规制者集团、垄断厂商集团、消费者集团这三大利益集团：

(1)规制者集团

规制者集团是规制政策的制定者和监督者，按正常来说其政治力量是最强的。但是，在中国电力产业实际规制过程中，电监会、各级政府及其所属的各部门往往具有政治和经济双重目标，这无疑削弱了其规制能力。中国传统的“省为实体”的行政管理体制决定了省级规制机构必须依托当地政府才能有效地开展规制工作，离开了当地政府的支持，电力规制就无法开展。而在政府层面上，一般都普遍存在重发展、轻规制的思想，当规制和发展产生矛盾时，往往更倾向于发展。政府的工作目标首要的是促进经济社会发展，电力规制的任务则是规范电力企业的行为，维护电力市场秩序，政府和规制机构工作目标的不一致，使电力规制机构在履行规制职责时，往往面临两难境地。总之，规则者集团在对电力普遍服务规制过程中，一方面作为公共利益的代理人体现了独立性，另一方面又与地方政府和国有垄断厂商等在某些利益上保持着一致性，因此，在具体的规制政策制定中，规制者集团往往表现出一种中国特色的“温和”和“中庸”特点。

(2)垄断厂商集团

一般而言，电力行业自然垄断厂商（比如电力输送与零售主要由国家电网公司、南方电网公司两家垄断经营）数量少，规模大，是中国电力市场前期规制改革的最大受益者。毫无疑问，电力垄断厂商集团作为一个既得利益者，通常情况下都会抵制进一步的规

① 史小龙．我国自然垄断产业规制改革中的利益集团研究［D］．上海：复旦大学，2005：33.

制改革,并将成为进一步规制改革中的阻碍因素和保守势力。另外,垄断厂商集团在与消费者集团的博弈中往往处于绝对不平等的优势地位,原因就在于其强大的经济实力、绝对的信息优势,与规制者集团之间的天然联系等。还有一个特点是,垄断厂商集团内部各成员间往往竞争小于联合,有所谓的“卡特尔”合谋趋向,这使其对规制政策的影响力远超消费者集团。当然,在垄断厂商集团内部,原在位者和进入者对普遍服务通常也存在利益分歧。一方面,在位的垄断运营商通常认为普遍服务无非是“普遍借口”,以此将提供普遍服务作为反对引入竞争的理由;但另一方面,新进入者会千方百计使普遍服务的所有负担都落到原在位者身上,从而增加自身的竞争优势。

(3)消费者集团

众所周知,中国电力市场是典型的“单一买方”(供电公司购买电力)和“单一卖方”(供电公司销售电力),消费者的力量很薄弱的,一般只能被动地接受供电公司的供给安排。虽然电力市场改革尤其是电力行业“95598”优质服务提升了消费者的地位,在满足了最基本的量的需求后,消费者也开始了对产品、服务更高层次的质量需求。然而,仅凭单个消费者的力量,显然无法与实力庞大的垄断厂商相抗衡。并且需要强调的是,由于普遍服务采取非歧视的统一定价,如此一来,电力普遍服务本质上又将处于弱势地位的消费者集团分为两个子集团①:一部分是提供补贴的消费者集团,这包括城市中的高收入用户、低成本地区用户等消费相对高价产品或服务的消费者;另一部分是接受补贴的消费者集团,这包括城市中的低收入用户、农村与山区用户等主要消费相对低价产品或服务的消费者。这两个子集团的成员虽然在追求高质量、低价格的产品或服务方面,具有共同利益,但是,在电力普遍服务上却存在利益冲突。其中接受补贴的利益集团竭力呼吁保留普遍服务,

---

① 史小龙. 我国自然垄断产业规制改革中的利益集团研究[D]. 上海:复旦大学,2005:77.

而一些分担补贴、谈判能力更强的利益集团(如直供电大户)则一直为了取消交叉补贴,积极地鼓噪电力价格市场化,与国际看齐等。

简言之,普遍服务为网络产业自由化平添了很多政治经济色彩①,电力普遍服务领域的规制已不单单是一个经济问题,而且是一个政治问题,或者说是一个政治经济问题。电力普遍服务由于其本质特点,在当前规制政策制定过程中,规制者、垄断厂商和消费者等相关利益集团之间的冲突日益增多,并趋于明确化,各利益集团几乎都开始把注意力集中于规制政策制定层面上,试图通过各种形式的政治努力,相互竞争与博弈,来最终实现本利益集团的目标与利益。总之,利益集团与电力普遍服务领域规制政策之间存在着一种相互影响的互动关系(图5-14)。

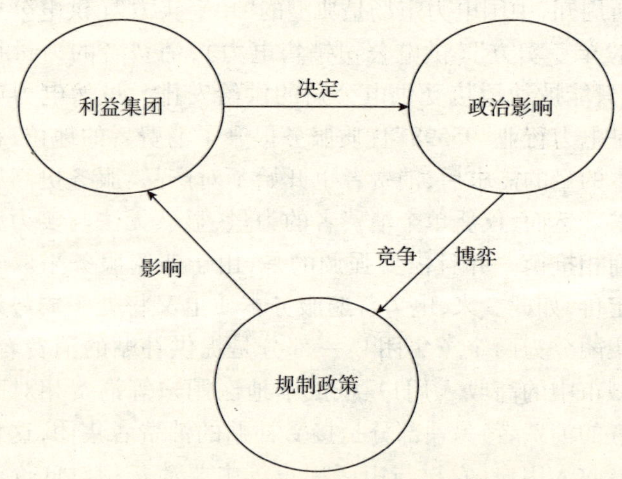

图5-14 利益集团与规制政策

因此,有必要认真分析电力行业放松规制改革中的利益集团

① 张昕竹.普遍服务——以电信为例[EB/OL].http://iqte.cass.cn/iqteweb_old/rcrc/rcwp21.htm.

可能对电力普遍服务供给规制政策以及规制绩效的潜在影响，从而避免“规制俘虏”，制定出真正符合公平价值取向的规制政策。

5.3.2.2　对规制者的规制

有效的规制行为通常要求规制者完全超越于其他市场经济主体之上，作为一个独立的规制主体来制定和实施规制政策。但是在现实中，规制者如上节所述，自身就是一个利益集团的复合体，这个复合体又会与其他利益集团发生着千丝万缕的联系。图5－15展示了规制者在规制行为中的各种关系。

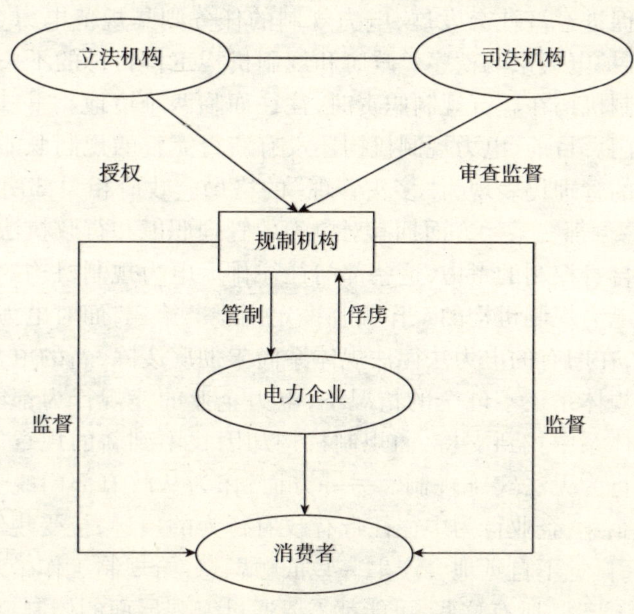

图5－15　政府规制行为关系图

因此，通过制度构建以实现政府规制有效性就变得非常重要，制度构建一方面可以消解个体理性与集体理性的反论，另一方面还能抑制行政机会主义的“规制俘虏”。众所周知，独立性是规制机构能够有效发挥作用的关键因素之一，但有效性作用不仅仅限于独立性，还可能有财务独立、信息公开等。下面结合电力普遍服务予以详细讨论：

(1)独立的组织结构

在组织结构上具有独立性的电力规制机构能够减少政治或行业对其的摆布，但值得注意的是，面对强势的政府和电力企业，目前规制机构的地位和作用都还显得比较弱小，影响着规制作用的发挥。第一，面对政府。在政府层面上，一般都普遍存在重发展、轻规制的思想，一般情况下，政府对发展和规制都是重视的，但当规制和发展产生矛盾时，往往更倾向于发展。政府的工作目标首要的是促进经济社会发展，电力规制的任务则是规范电力企业的行为，维护电力市场秩序。政府和规制机构工作目标的不一致，使电力规制机构在履行规制职责时，往往面临两难境地。第二，面对有关部门。目前，电力规制机构还没有获得完整的规制职能，政府对电力的管理仍表现为“多头管理”的格局。政府相关部门（尤其是发改委）都在某一方面拥有对电力的管理职能和行政执法职能，而出于自身权利的考虑，这些部门往往排斥电力规制机构的介入，这也使电力规制机构的工作面临一定困难。第三，面对电力企业。一方面，在旧有的电力法律法规体系尚未彻底废除，新的电力规制法律法规体系还不健全的情况下，电力企业的违规行为都能在原有法规体系中找到支持，而规制机构却因找不到新的规章规定而对这些行为无法实施规制。另一方面，作为从政府部门蜕变而来的电力企业，企业行为中往往带有政府行为的痕迹，接受规制的意识不强，自觉不自觉地会产生一些抵触思想，给规制工作带来一定困难。[①] 当然，所有这些，可能都需要通过宏观层面的体制、机制改革才能得以改善。

(2)财务独立

规制机构的资金来源和预算制定程序无疑将大大影响到它的独立性、有效性和规制成本。规制机构的资金渠道以及将资金变

① 匡宝珠．关于电力监管环境、体制和能力建设的思考[EB/OL]．http://www.serc.gov.cn/jgyj/ztbg/200903/W020090309563777997442.pdf.

为该机构的实际预算的程序直接影响到该机构履行职责的自主权和能力。规制机构的预算可以为政府预算，也可以是电力行业本身的预算（通过牌照费、罚款和其他行政性收费获取），但关键在于资金不能够受到政治或私人利益的影响。

（3）职能能力

尽管通过一切努力，政府可以建立一个在组织结构和财务上与其他政府部门完全分离的规制机构，但该机构可能因为职能缺失还是无法有效发挥作用。事实上，职能的有效发挥取决于交错在一起的各种因素，包括：明确的职能和分工；适当的决策权和执法及争端解决权；清晰明了的有关规制机构的任命、撤销和职责的规则；调动工作人员发挥职业专长的激励机制以及解决相关利益方道德和利益冲突的完善规定。同时，职能的有效发挥还取决于保障规制机构决策的一致性、及时性和问责制的规章制度以及确保规制程序公开透明和公众进行参与的相关程序。能力建设是履行职责的核心因素，党的十七大报告也强调："党的执政能力建设关系党的建设和中国特色社会主义事业的全局。"①在新时期，面对电力体制市场化改革的逐步深入，必须不断加强规制能力建设。

（4）信息公开制度

政府信息公开的思想由来已久，早在1685年，英国学者洛克就在《政府论》中指出"权力的实施必须通过明确、公开的法律；只有法律公开，才能保障统治者不肆意妄为"②。2008年5月1日起开始正式实施的《政府信息公开条例》是关于政府信息公开的首部全国性法规文件，是中国政府信息公开工作法制化建设取得重大进步的标志。③ 政府信息公开，是政府依法规制的基本准则，也是相对方了解政府规制的方向、监督政府行为并据以维护自身权益

① 新华网．党的十七大报告解读[EB/OL]．http://news.xinhuanet.com/ziliao/2007-10/30/content_6974258.htm，2011-03-01访问．

② [英]约翰·洛克．政府论两篇[M]．西安：陕西人民出版社，2004：305-306．

③ 陈建华，楚迤斐，魏成龙．政府信息公开制度实施中存在的问题与对策研究[J]．当代财经，2009，(8)：30-34．

的基本路径。[1] 落实到具体的电力普遍服务规制，信息公开制度应该：第一，政府在制定和颁布电力普遍服务相关规制性文件之前，必须拟订规制计划，包括简要说明其中可能对相对方产生重大影响的领域和问题，说明该规制政策的性质、目的、法律依据以及操作进程。第二，电力普遍服务规制计划必须在一定时间内以直接通知的形式或在官方刊物上登载的方式使有关相对方得以知晓，以便最大限度地获得社会的认同。第三，准备一份电力普遍服务规制活动的初步分析报告，说明拟议中的规范性文件对有关相对方的影响，说明采取该规制行为的理由，指出与拟议中的规章可能重复、冲突或交叉的其他规章，介绍该规章可能的替代方案等。第四，最终出台的规范性文件都必须在有关的官方公报或刊物上发表，并且免费赠阅，以便公民和企业购买和查阅。第五，还应颁布规制活动最终分析报告，简要说明进行某项规制的需要和目的，概述公众评议后对拟议中的规制计划进行修改的情况，说明行政主体曾经考虑过的用以减小对相对方负面影响的替代方案以及没有采用替代方案的理由等。

(5)成本—收益分析

政府规制既不是只获益无需支付成本代价的，也不是只有成本代价而无益处的。可见，对于政府规制而言，只有有助于解决节减交易费用问题才是理性的，因此为降低交易费用和抑制行政机会主义，政府规制的制度建构必须进行成本—收益分析机制建设。成本—收益分析制度在美国被广泛运用，在美国，规制成本居高不下一直是突出的问题，20 世纪 80 年代以来，美国规制治理的一个标志就是进入了“成本—收益分析”阶段。[2] 因此，在电力普遍服务规制领域，需要开展成本—收益分析，以评估政府规

---

① 侯琦．政府规制与规制政府[J]．长白学刊，2008，(1)．

② 从规制制度演变的视角分析，美国政府规制在 100 多年来表现为三大模式的体制演变：19 世纪末到 20 世纪 40 年代中期的国会控制(Congressional Control)的规制模式，20 世纪 40～70 年代的独立监管机构自我控制(Self - control)的规制模式，20 世纪 80 年代以来的成本—收益分析(Cost - Benefit Analysis)的规制模式。

制的合理性和合法性，从而实现公共利益最大化的规制目标。具体而言，将作为“收益”的结果与为这些结果赖以得出的投入进行对照，用数据表示的费用和效益分成输入和输出，用货币来计算哪一种方案的效率最高，目的是使输入与输出取得平衡。这其中收益部分必须明确：普遍服务项目或者立法的目的是什么，谁该从中受益，谁实际受益，该项目的总效益是多少，项目的效益在受益者中如何分布。投入费用部分应该包括：谁该支付项目的费用，谁该承担责任，事实上谁支付了项目的费用，总的项目费用是多少，在负荷群体中项目费用是如何分布的，等等。

（6）伦理规则和利益冲突

规制机构能够进行合法和有效管理的基础在于，其官员和职员的实际和可感知的廉洁、诚实与合乎道德的行为以及他们作出的决定。因此，规制机构必须以一种道德框架约束其雇员的活动，并保证恪守最起码的职业和道德规范。防止利益冲突是所有道德框架面临的核心问题，因为这种冲突有损于规制机构作出客观和透明决策的能力。一种确定管理公共服务所需的核心价值和行为标准的方式，是采用和执行对所有雇员均有约束力的道德行为准则。在多数国家，公共服务部门的道德准则可作为适用于包括独立规制实体在内的所有政府机构的通用道德指导原则。道德准则可以成为诸如英国《文官管理法典》①这类更全面的管理规范的一部分，也可以作为一项单独立法发布，加拿大的《公职人员利益冲突及卸任后操守准则》②就是其中一例。道德准则可促使职员避免可能出现的利益冲突局面或行为失当的表现。作为其中一例，中国香港特别行政区《公务员良好行为指南》提出了下述指导原则：“不应接受过于优厚的款待或恩惠，以免陷于欠下人情须予回报的

① 英国．公务员管理守则[EB/OL].

http://www.civilservice.gov.uk/management_information/management/management_code/index.asp.

② 加拿大．公职人员利益冲突及卸任后操守准则[EB/OL].

http://www.parl.gc.ca/oec/fr/archives/past_conflict_of_interest_codes/tcp_2004.asp.

处境”,以及“避免处于令人怀疑你不诚实,或利用公职使自己、家人或亲友得益的情况”①。

5.3.2.3 电力企业社会责任与普遍服务

1924 年,美国学者奥立佛·谢尔顿(Oliver Sheldon)首先提出企业社会责任(Corporate Social Responsbility,SCI)这一概念。对于企业社会责任的内涵学术界存在不同的观点,著名管理学家斯蒂芬·罗宾斯认为“企业社会责任是企业为寻求对社会积极有利的长远目标所承担的一种可以超越法律法规和经济物质要求的责任”②。一般认为,企业社会责任包括对股东、员工、社区、合作伙伴、消费者、竞争者和供应商的内部责任以及节约资源、保护环境等外部责任③。

具体到电力企业而言,由于其所处的电力行业是国民经济基础行业这一特殊属性,及其电力产品或服务是国民生产、生活所必需的基本公共物品特性,因此电力企业在维护社会公共利益、增进社会整体福利方面具有重要的优势与作用,为农村偏远山区甚至孤立的小岛提供电力普遍服务义务,也就自然地成为电力企业社会责任的重要考量标准之一。为此,至少需要在两个方面实施行动:一是需要企业社会责任价值观的广泛开展,二是需要电力企业自觉自愿的履行。但是,因为电力行业是自然垄断行业,电力企业在其地域内基本上是独占垄断者,这就造成了电力企业自身社会责任意识比较薄弱,其服务质量也始终没有令公众足够放心,尤其是在农村和偏远山区,拉闸限电现象依然十分严重,服务态度和服务反应与城市相比还存在一定差距,总之没有把提高服务质量看成是企业社会责任的重要表现。因此,电力企业必须牢固树立企业社会责任理念,正确认识和处理经济责任和社会责任之间的关

① 香港公务员事务局. 公务员良好行为指南[M]. 中国香港:政府印商局,2005:15.

② [美]斯蒂芬·P. 罗宾斯. 管理学(第 4 版)[M]. 北京:中国人民大学出版社,1997:213.

③ 周俊. 论我国电力企业的社会责任[J]. 重庆电力高等专科学校学报,2008,(4).

系，自觉自愿地把履行社会责任作为提高企业竞争力的重要内容。事实上，如果电力企业从战略高度考察，电力普遍服务社会责任的履行，虽然短期可能存在企业亏损，但长期却有助于扩大市场份额和延伸市场范围，更关键的是可以增加企业的声誉和信用。当然从政府规制部门角度来说，在电力企业社会责任自律性普遍不强的情况下，要通过法律、制度、政策等约束性手段进行大力引导，另外再辅以经济手段进行积极诱导，最终增强电力企业社会责任以有效实现电力普遍服务供给。

5.3.2.4 电力普遍服务与公众参与

消费者集团是推进规制改革的一股重要力量，公众参与无疑影响到电力普遍服务供给规制绩效。为此，政府规制机构应该通过多种渠道与制度安排，有意识地引导并鼓励消费者参与到电力普遍服务规制政策的制定、实施和监督过程中来。第一，大力拓展消费者获取电力普遍服务规制信息的有效渠道。消费者集团的特点是人多而散，信息不但缺乏还比较容易失真，为此可以通过广播、电视、报纸、网络等立体化、全方面的信息通路发布并传播有关电力服务领域的规制信息。第二，设计制度安排以保证消费者集团参与电力普遍服务规制的权力。多开政策窗口，使消费者集团在规制方案设计、规制法规框架、规制监督实施等诸多方面都有机会充分表达意见，并作为一种常态的制度安排固定下来。第三，开展多样化的公众参与形式。在这个方面，可以借鉴国际经验，并结合中国国情，采取听证会、咨询会、匿名表达、特别协商、网络投票等多种形式。

5.3.3 电力普遍服务规制法律化的建议

电力规制，包括电力普遍服务规制，作为一种新的管理模式，显然不同于常规的以行政手段为主的政府管理，是一种事前规范和事后惩处相结合的管理模式，它的突出特点是依法规制。事前规范是规制机构根据国家法律法规和规制规则，事前对规制对象的经营活动进行规制；事后惩处是根据国家法律、法规和规章，事后对规制对象的违规行为进行纠正和处罚，无论是事前规范还是事后惩处都必须以健全完善的法律法规体系为前提。从规制对象的角度看，电力规制直接针对的是电力企业的微观经济活动，规制活动将直接影响电力企业的切身利益，这也决定了规制活动必须在法律的框架内进行，必须依法规制，保证企业合法自主经营，而不能对企业活动进行任意干预。

电力规制目前虽已形成了以《电力监管条例》为核心，多个部门规章相配套的法规体系，但从实际情况看，现有的电力规制法律法规还远不能满足电力普遍服务规制工作的需要，主要表现为三个方面：

(1)《电力法》不能为电力普遍服务规制提供明确的法律基础

作为电力行业的基本大法，《电力法》是在政企合一的垂直一体化电力管理体制下制定的。而此后，无论是电力管理体制，还是电力行业结构，都已发生了很大的变化，但《电力法》的修改却始终被搁置，其在很多方面已经不能适应电力市场化的要求。就电力普遍服务规制而言，《中华人民共和国电力法》①第八条"国家帮助和扶持少数民族地区、边远地区和贫困地区发展电力事业"，并没有明确电力普遍服务具体实施主体，这不但不能为电力普遍服务规制提供强有力的法律支撑，甚至成了限制电力普遍服务规制作用发挥的制约因素。另外，在《电力法》中对于普遍服务所应遵循的原则、目标要求、普遍服务的受众对象、成本计算和补偿方法也都一直没有清楚的界定。综上，这些《电力法》现存问题在电力普遍服务的实际运作过程中带来了严重影响，甚至让规制机构常常无法找到适当的法律依据。

① 中国政府网．中华人民共和国电力法[EB/OL]．http://www.gov.cn/ztzl/2005-12/30/content_142165.htm，2005-12-30/2011-03-01.

（2）《供电监管办法》不能为电力普遍服务规制提供有力的法律保障

《供电监管办法》（电监会27号令，自2010年1月1日起施行）[①]虽然进一步明确“电力监管机构对供电企业履行电力社会普遍服务义务的情况实施监管，供电企业应当按照国家规定履行电力社会普遍服务义务，依法保障任何人能够按照国家规定的价格获得最基本的供电服务”。但从现实情况看，《供电监管办法》仅为行政法规，首先要服从于《电力法》，而十几年前制定的《电力法》如上述存在诸多问题，这就使电力普遍服务规制体系建设及规制活动的开展处于“无法可依”的境地。另外，《供电监管办法》自身在电力普遍服务内容上明显不完善，法规条文对电力规制机构职能的规定过于笼统和僵化，很多只是宣示性的规定，法律责任制度不够完善，导致在实际中遇到具体问题，难以依据《供电监管办法》进行处理。

（3）配套的规制规章不能满足电力规制的法律需要

围绕《供电监管办法》的实施，虽然国家电监会出台了一系列电力规制规章，包括《电力市场监管办法》、《电力市场运营规则》、《电力业务许可证管理办法》、《电力争议处理办法》等。但这些规章对电力普遍服务领域的规制内容和工作基本上也都没有提及，致使电力普遍服务规制实践中遇到的许多问题无法在现有法规体系中找到依据。

以上问题表明，电力普遍服务规制现有的法律法规体系还很不健全，在法律、行政法规、规章三个层面上都急需完善。笔者也基本赞同国内多数学者的观点，即未来中国电力普遍服务立法要解决的电力普遍服务基本问题包括范围确定、供给方式、成本补偿、基金征收与管理、规制等。为此，笔者建议：①由全国人大牵头，电监会具体协助组织，尽快完成《电力法》的修订工作和出台

① 国家电力监督委员会．供电监管办法（电监会27号令）[EB/OL]. http://www.serc.gov.cn/zwgk/jggz/200912/t20091208_12416.htm，2009-12-08/2011-03-01.

《电力监管法》,使其成为电力普遍服务规制的根本法律保障。②出台《电力普遍服务实施条例》,列入的内容主要包括:普遍服务的具体业务目标,这在不同地区、不同时期是不同的;普遍服务的基金收缴与补贴的具体方法和原则;普遍服务项目的确定方法、招投标确定普遍服务提供者的程序、中央与地方在普遍服务上的权利与义务的划分等。同时,条例中还应确定普遍服务的具体实施步骤,主要包括:普遍服务实施者提出实施计划的期限及批准程序;普遍服务实施者索取补偿款的期限、程序及应提供的相关材料;普遍服务义务承担者交纳普遍服务费用的程序及应提供的材料;普遍服务费用的分配等。③另外,还可以出台具体的《普遍服务基金管理方法》等。总之,有了上述这些有效的法律体系,政府规制机构才可以从法规层面规范电力企业行为,从而保障电力普遍服务供给的有效性和供给规制绩效。

第6章 结语

6.1 研究总结

尽管电力普遍服务早在2002年就已经写入中国的政府文件和相关法规,但仅就"什么是电力普遍服务"这个最基本的问题而言,无论是中国政府还是电力监督委员会的官方文件至今都没有明确。中国到底还有多少无电户,至今也没有一个官方统计数据。但我们知道,中国13亿人口中有9亿农村人口,按照政府的贫困线划分,目前至少有4000万左右贫困人口,如果再按照世界银行每人每日1.25美元的贫困线标准,中国的贫困人口将更多,这些都意味着中国电力普遍服务供给任务之艰巨。

本书之所以选择电力普遍服务供给规制为中心研究议题,一方面正是基于对电力普遍服务供给实践与研究的不满,另一方面则是考虑到电力普遍服务供给规制问题对中国来说是一个重要甚至是首要的问题,尤其是在电力产业放松规制与市场化改革的背景下。

在方法论上,目前关于政府规制的分析方法主要有三种模式,即布雷耶尔模式、史普博模式和施蒂格勒模式。布雷耶尔模式和史普博模式主要从规范角度来分析政府规制,其中布雷耶尔模式更多地考虑到法律和政策在政府规制问题中所产生的作用和影响,史普博模式更多地考虑到市场的需求,把政府规制限定在市场失灵的领域,并严格界定市场失灵的范围。斯蒂格勒作为经济学家，其在对政府规制进行实证分析的过程中，大量运用了经济学的分析模式和方法。本书试图将定性与定量相结合，并从逻辑基础、价值取向以及投入—产出价值链的多维角度对电力普遍服务供给“为什么规制”、“规制为什么”以及“如何规制”等问题进行探讨，因此，在本书研究中综合应用了布雷耶尔模式、史普博模式和斯蒂格勒模式。

全书试图从电力普遍服务“用户市场结构”模型出发，不断放宽条件，对可能存在的情形展开假设、证明以及提出相应的供给规制选择。如图 6－1 所示：

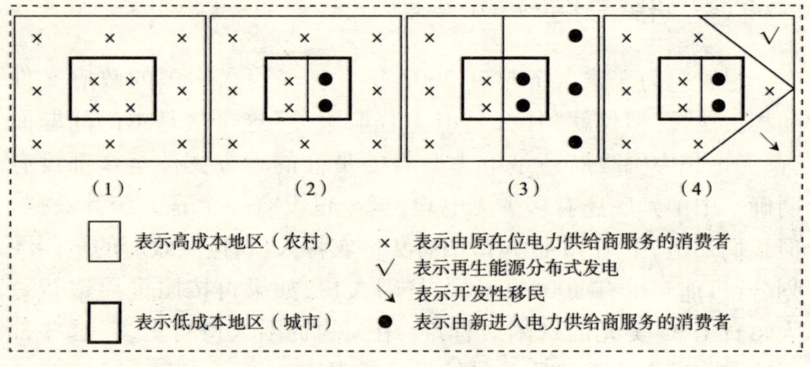

图 6－1　用户市场结构

在独占垄断条件下（情形 1），交叉补贴加行政规制无疑是最佳规制方式。

然而，在竞争环境下（情形 2、3、4），因为“吸脂”效应，交叉补贴失灵，电力普遍服务供给困难，需要有新的补偿机制和规制方式。

基于功利主义公平价值取向，以社会总福利最大为评价标准，可以证明，竞争环境下电力普遍服务供给的竞争模式是“仅允许新进入电力供给商服务低成本地区的消费者”（情形 2），此为本研究基本假设之一。根据产业实践和国际经验，普遍服务基金符合“竞争中性原则”，为竞争环境下替代“交叉补贴”的电力普遍服务供给成本补偿机制，此为本研究又一基本假设。在上述假设下，引入管理学“价值链分析模型”，建构了竞争环境下中国电力普遍服务供给规制框架：如果把电力普遍服务供给看成一个价值链，那么其“基本活动”就是供给资金的投入、供给主体的选择和实施以及供给价格和质量的产出；除了上述“基本活动”，影响电力普遍服务供给的其他因素都可以看作是“支持性活动”，这可能包括普遍服务规制法律化、利益集团（对规制的规制、电力企业社会责任、公众参与）、可再生能源分布式发电甚至开发性移民等。

具体而言，在目标模式情形(2)中，可分为两种情形：在高成本地区（农村），由原在位电力供给商（以下简称电力供给商）来统一供电，对其电力普遍服务供给规制可采用“影子企业”与标准竞争以进行成本补偿；在低成本地区（城市），新进入与原在位电力供给商都可以提供电力普遍服务，因此对其规制可采用拍卖、可转让的电力普遍服务特许权制度等。无论哪种情形，都还需要对供给质量进行规制，对供给质量规制，除可采用质量标准、绩效公布、激励机制等外，还需要考虑电力监管委员会和电力普遍供给商之间不合谋与合谋情况下的博弈。

对情形(2)实际上存在一个基本前提：即假设高成本地区（农村）和低成本地区（城市）建设输配电线路是可行的，通过成本补偿激励电力企业建设接入网络是可能的。显然，这个基本前提对于低成本地区（城市）而言无疑是没有问题的，但是对于高成本地区（农村）而言过于理想化。为此，本书继续放宽限制条件，对基本前提进一步细分为三种情形（即情形4）

情形①：一些地区建设输配电线路是可行的，通过成本补偿激励供电企业建设接入网络是可能的；

情形②：在一些偏远地区，假设输配电网络建设是不现实的，而可再生能源是可能的；

情形③：一些地区过于偏远，而且缺乏必要的一次能源，采用输配电网络供电和可再生能源分布式发电技术都是不能的。

对于情形②，可再生能源分布式发电无疑是最佳选择，也体现了发电企业在推动电力普遍服务中的责任与义务。对于情形③，开发性移民是可选策略之一，但开发性移民的内涵已经超出了电力普遍服务的范畴，因此适宜由政府主导并承担主要成本。

当然，本书其他一些重要研究成果包括：

（1）基于普遍服务“用户市场结构”的经济学理论，明确提出普遍服务实际上主要包括三个方面的问题：谁受益（受众对象）、谁供给（实施主体）及谁规制（补偿与激励）。这个论点无疑为普遍服务实践具有重要的指导意义。

（2）尽管电力普遍服务早在2002年已经被写入中国的政府文件和相关法规，但是，对于电力普遍服务的定义，即什么是电力普遍服务，无论是中国政府还是电力监督委员会的官方文件至今都没有明确。现有研究文献引用的关于中国电力普遍服务的定义，基本上出自2003年时任国家电力监管委员会副主席宋密在《积极推进电力体制改革，构建新形势下的电力社会普遍服务体系》一文中的提法，但是该定义只是简单融入了网络型产业普遍服务所应具备的三大共性“可获得性、非歧视性、可承受性”，并没有充分考虑到电力产业放松规制竞争环境下的“强制性”。基于此，本书提出了电力普遍服务的内涵和外延：即在内涵方面，将电力普遍服务定义为“在授权的市场范围（供给区域），电力供给商（供给主体）在其生产能力限度之内（供给能力），必须向那些希望得到服务并愿意支付的所有消费者（供给对象），提供具有相同服务种类、资费、质量等（供给标准）的基本电力服务”；在外延方面，电力普遍服务至少应该包括三个方面的内容：第一，消费群体方面的普遍服务，第二，时间空间上的普遍服务，第三，服务种类上的普遍服务。

（3）在公平与效率的选择上，本书提出，电力普遍服务规制的公平价值取向应该从功利主义公平到权利主义公平的价值取向路径。也就是说，到达普遍服务临界点之后，虽然电力普遍服务供给规制均以公平为价值取向，但是，一开始应该是功利主义公平观，以社会总福利最大化为规制价值取向，这样普遍服务不仅保证了公平，也促进了效率的改善，是“双赢”结果。一旦在社会福利最大点过去后，意味着提高电力网络覆盖率从社会总福利的角度看也是损失的，也就是每增加一个用户的社会成本高于社会收益。从功利主义的角度看，这个时候应该不再需要普遍服务了，但如果从权利主义公平观的角度来考虑，这时候还是需要普遍服务。因此，这个时候需要以权利主义公平观为价值取向，对电力普遍服务供给进行规制，最终实现100%的覆盖率。

6.2 有待进一步研究的问题

普遍服务是一个棘手而又争议很大的问题。在所有网络型产业和大部分国家中，普遍服务已经（或者将）成为围绕规制改革的争论的焦点问题之一。作为规制政策的重要组成部分，随着公用事业领域放松规制和私营化，普遍服务的研究也在各国取得相当大的进展 。但是遗憾的是，目前国内外关于普遍服务的研究大多侧重于电信产业，而对于电力普遍服务的研究还处于初步阶段。

在本书的尝试性研究中，笔者以为本研究主要有两点不足：

第一，受研究条件限制，本书未能进行一定范围内的实地调研，从而缺乏农村与偏远山区电力普遍服务供给的一手资料，尤其是缺乏无电户对电力普遍服务需求偏好方面的有价值信息。

第二，受研究主题限制，本书将电力市场进入模式、统一价格以及普遍服务基金视为前提假设，也就是说本书没有涉及进入规制、价格规制以及成本模型的设计与检验，也没有研究普遍服务供给与上述前提之间可能存在的变量关系。这可能是本书最大的缺陷，也是未来重点研究的方向。

正如 J. J. Laffont 所说，普遍服务政策引发了许多重要的理论问题和实践问题，其中在发展中国家争论的两个焦点问题是：第一，网络扩张的最优规模究竟应该多大。在发达国家，电力网络覆盖率已经不再成为一个问题，但是在发展中国家，还远没有达到充分的网络覆盖，尤其是在农村地区，因此网络建设的投资激励性规制是发展中国家的普遍服务政策需要考虑的一个重要问题，对此展开研究无疑具有理论价值与实践意义。第二,如何定价才能最好地实施普遍服务政策。统一定价还是价格歧视一直是普遍服务研究领域的热门课题,虽然对其模型证明日渐增多,但始终没有一个信服的通用解。将中国实际情况作为一个变量输入到统一定价与价格歧视模型中求解,无疑是有价值的研究领域。

另外,几乎所有的前期研究都将电力普遍服务政府规制必要性作为既定条件,没有完整地进行论述,这势必造成规制目标的缺失以及规制工具运用的失效。因此,对"电力普遍服务为什么需要规制"还有深入研究的必要性。

其他一些可能的研究问题包括:

在中国这样的发展中国家,电力普遍服务的供给到底应该选择垄断还是竞争,如何确定电力普遍服务基金的最优规模,电力普遍服务质量如何有效规制,电力普遍服务规制绩效实证,电力普遍服务对农村教育和医疗等基本公共服务的贡献及其传导机制,等等。

参考文献

1. [法]Farid Gasmi, Jean - Jacques Laffont, [美]Mark Kennet, Bill Sharkey,电信成本——电信管制政策与成本代理模型[M]. 忻展红,译. 北京:中国邮电出版社,2002.

2. [美] G. J. 施蒂格勒. 产业组织与政府管制[M]. 潘振民,译. 上海:上海人民出版社和上海三联书店,1996.

3. [美]丹尼尔·F. 史普博. 管制与市场[M]. 余晖,等,译. 上海:上海三联书店,1999.

4. [美]菲利普·科特勒,南希·李. 企业的社会责任——通过公益事业拓展更多的商业机会[M]. 北京:机械工业出版社,2005.

5. [美]福克纳. 美国经济史(下卷)[M]. 北京:商务印书馆,1964.

6. [美]吉尔伯特·C. 菲特,等. 美国经济史[M]. 大连:辽宁人民出版社,1981.

7. [美]斯蒂芬·P. 罗宾斯. 管理学(第4版)[M]. 北京:中国人民大学出版社,1997.

8. [美]约翰·罗尔斯. 正义论[M]. 何怀宏,等,译. 北京:中国社会科学出版社,1988.

9. [美]约瑟夫·熊彼特. 经济分析史(第二卷)[M]. 杨敬年,译. 北京:商务印书馆,1992.

10. [日]植益草. 微观规制经济学[M]. 朱绍文,译. 北京:中国发展出版社,1992.

11. [英]大卫·休谟. 人性论[M]. 北京: 商务印书馆,1983.

12. [英]马克·布劳格. 经济学方法论[M]. 北京: 北京大学出版社. 1990.

13. [英]约翰·洛克. 政府论两篇[M]. 西安: 陕西人民出版社,2004.

14. 埃尔玛·沃夫斯岱特. 高级微观经济学[M]. 范翠红,译. 上海: 上海财经大学出版社,2003.

15. 杰弗瑞·A. 杰里,菲利普·J. 瑞尼. 高级微观经济理论[M]. 王根蓓,译. 上海: 上海财经大学出版社,2002.

16. 潘伟杰. 制度、制度变迁与政府规制研究[M]. 上海: 上海三联书店,2005.

17. 钱穆. 中国历代政治得失[M]. 上海: 上海三联书店,2001.

18. 王永干,刘宝华. 国外电力工业体制与改革[M]. 北京: 中国电力出版社,2001.

19. 张红凤. 西方规制经济学的变迁[M]. 北京: 经济科学出版社,2005.

20. 马云泽. 规制经济学[M]. 北京: 经济管理出版社,2008.

21. 王俊豪. 政府规制经济学导论——基本理论及其在政府管制实践中的应用[M]. 北京: 商务印书馆,2001.

22. 王俊豪. 管制经济学原理[M]. 北京: 高等教育出版社, 2007.

23. A. E. Kahn, The Economics of Regulation: Principles and Institutions [M]. 1971. New York: Wiley.

24. Michael E. Porter. (1985), Competitive Advantage: Creating and Sustaining. Superior Performance [M]. New York: Free Press.

25. Milgrom P R. Procuring Universal Service: Putting Auction Theory to Work. Lecture at Royal Sweden Academy of Sciences in Honor of William Vickrey [M]. In Le Prix Nobel: The Nobel Prizes. Nobel Foundation, 1997, 382 - 392.

26. Stephen G. Breyer. Regulation and Its Reform [M]. Cambridge, Mass: Harvard University Press, 1982. 191.

27. Anton J J, Vander Weide J H, Vettas N. Entry Auction and Strategic Behavior Under Cross – market Price Constraint[J]. International Journal of Industrial Organization, 2002, 20(5):611 – 629.

28. Armstrong Mark. Access Pricing, Bypass, and Universal Service [J]. The American Economic Review, 2001, 91(2), 297 – 301.

29. Baake P. 2002 Price Caps, Rate of return Constraints and Universal Service Obligations [J]. Journal of Regulatory Economics, 21: 3, 289 – 304.

30. Bar F. and Riis A. M. 2000 Trapping User – Driven Innovation: A New Rationale for Universal Service [J]. The information society, 16:99 – 108.

31. Bauer J. M. 1999 Universal Service in the European Union [J]. Government Information Quarterly, Vol. 16, Number 4, pages 329 – 343.

32. Cremer H., Gasmi F., Grimaud A. and Laffont J. J. 2001 Universal Service: An Economic Perspective [J]. Annals of Public and cooperative Economics 72:1.

33. Crew M. A., Kleindorfer P. R. 1998 Efficient Entry, Monopoly, and the Universal Service Obligation in Postal Service [J]. Journal of Regulatory Economics, 14:103 – 125.

34. Dennis Weller. Auctions for Universal Service Obligations [J]. Telecommunications Policy, 1999, (23):645 – 674.

35. F. Gasmi, J. J. Laffont, and W. W. Sharkey. Competition, Universal Service and telecommunications policy in developing countries [J]. Information Economics and Policy, 12:221 – 248, 2000.

36. Francois Mirabel, Jean Christophe Poudou. Mechanisms of funding for Universal Service Obligations: The electricity case [J]. Energy Economics 2G (2004): 801 – 823.

37. Garbacz C., and Herbert G. 2001 Universal Service versus U-

niversal Competition: A Review Article of Crandall and Waverman [J]. Journal of Regulatory Economics, 19(1):93 - 96.

38. Garbacz C., Thompson H. G. 1997 Assessing the Impact of FCC Lifeline and Link - Up Programs on Telephone Penetration [J]. Journal of Regulatory Economics, 11:67 - 78.

39. Garrett Hardin, "The Tragedy of the Commons", Science, Vol. 162, No. 3859 December 13,1243 - 1248.

40. Graham Wagner. Universal Service Obligations in a Competitive Telecommunications Environment, Committee on Information, Computer and Communications Policy (ICCP) Organization for Economic Co-operation and Development (OECD), Paris, OECD, 1995, p. 152, USMYM42. 00, ISBN 92 64 14664 4[Z]. 1998,1.

41. Hank Intven, Jeremy Oliver, Edgardo Sepúlveda, Telecommunication RegularHandbook (The World Bank?, 2000), Module 6, Table 6 - 5, Options for Promoting Universality.

42. Harvey Leibenstein, Allocative Efficiency and X - Efficiency, The American Economic Review, 56 (1966), 392 - 415.

43. Jon M Peha. Tradable Universal Service Obligations [J]. Telecommunications Policy, 1999, (3):363 - 347.

44. K. Sand, K. Samdal, H. Seljeseth, Quality of Supply Regulation - Status and Trends, 2004, Proceedings Nordic Distribution and Asset Management Conference 2004, Espoo, Finland.

45. Kelly F, Steinberg R. A Combinatorial Auction with Multiple Winners for Universal Service [J]. Management Science, 2000, 46 (4):586 - 596.

46. Lazear, E. and S. Rosen. Rank - Order Tournaments as Optimal Labor Contracts [J]. Journal of Political Economy. Vol. 89. 1981. 841 - 846.

47. Madden G., Savage S. J., Coble - Neal G. and Bloxham P. 2002 Advanced communications policy and adoption in rural West-

ern Australia [J]. Telecommunication Policy, 24:291 -304.

48. Michael Hantke - Domas. 2003. The Public Interest Theory of Regulation: Non - Existence or Misinterpretation? [J]. European Journal of Law and Economics 15(2):189.

49. Nett L. Auction: An Alternative Approach to Allocate Universal Service Obligations [J]. Telecommunications Policy, 1998, (22): 661 -669.

50. Panzar, John C. A Methodology for Measuring the Costs of Universal Service Obligations [J]. Information Economics and Policy, 2000(12), 211 -220.

51. Parsons S. G. 1998 Cross - Subsidization in Telecommunications [J]. Journal of Regulatory Economics, 13:157 -182.

52. Paul A. Samuelson. The Pure Theory of Public Expenditure [J]. The Review of Economics and Statistics, Vol. 36, No. 4. (Nov., 1954),387 -389.

53. Philippe Chone, Laurent Flochel, Anne Perrot. Universal Service obligations and competition [J]. Information Economics and Policy 12 (2000):249 -259.

54. Philippe Chone, Laurent Flochel, Anne Perrot. Allocating and funding Universal Service obligations in a competitive market [J]. International Journal of Industrial Organization (2002): 1247 -1276.

55. Reuck J. D. and Joseph R. 1999 Universal Service in a Participatory Democracy: A Perspective from Australia [J]. Government Information Quarterly, Vol. 16, number 4, 345 -352.

56. Rosston G. L. and Wimmer B. S. 2000 the" state "of Universal Service [J]. Information Economics and Policy 12:261 -283.

57. Schechter P. B. 2000 Using cost Proxy Models with Census Bureau Data to Evaluate Universal Service Funding Options [J]. The information Society, 16:109 -116.

58. Shleifer, A. A Theory of yardstick Competition [J]. Rand

Journal of Economics. Vol. 16. No. 3. 1985:319 – 327.

59. Skogerb E. and Storsul T. 2000 Prospects for Expanded Universal Service in Europe: The Cases of Denmark, the Netherlands, and Norway [J]. The information Society, 16:135 – 146.

60. Sorana V. Auctions for Universal Service Subsidies [J]. Journal of Regulatory Economics, 2000, 18(1):33 – 58.

61. Stephan Haggard and Beth A. Simmons, Theories of International Regimes [J]. International ganization, Vol. 41. No. 3, summer 1987:506.

62. Valletti T. M., Hoernig S., Barros P. Universal Service and Entry: The Role of Uniform Pricing and Coverage Constraints [J]. Journal of Regulatory Economics, 2002, 21(2), 169 – 190.

63. Weisman D L. Designing Carrier of Last Resort Obligations [J]. Information Economic and Policy, 1994, 6(2):97 – 119.

64. J. – J. 拉丰, 张昕竹. 发展中国家的普遍服务政策[J]. 经济学(季刊),2004,(2).

65. J. – J. 拉丰, 张昕竹. 发展中国家普遍服务义务的经济分析[J]. 当代财经,2004,(1).

66. 敖永春,魏钢. 电信改革背景下的普遍服务[J]. 华东经济管理,2005,(12).

67. 白明. 竞争环境下的普遍服务:以电信为例[J]. 特区经济,2007,(7).

68. 蔡炳煌. 经济法视野下的公用事业普遍服务原则[D]. 重庆: 西南政法大学,2010.

69. 蔡翔,华阶平,张晶. 美国电信普遍服务的政策分析[J]. 现代电信科技,1998,(8).

70. 曹珑珑,滕颖. 高成本地区电信普遍服务补贴拍卖研究[A]. 中国运筹学会企业运筹学分会. 成都: 电子科技大学出版社,2005.

71. 昌忠泽,王俊. 构建有中国特色的社会普遍服务体系[J].

天津社会科学,2007,(5).

72. 陈纯. 竞争环境下中国电信普遍服务问题研究[D]. 广东:暨南大学,2008.

73. 陈富良,徐涛. 电力行业规制政策的变迁及启示[J]. 财经问题研究,2009,(2):50-54.

74. 陈建华,楚迤斐,魏成龙. 政府信息公开制度实施中存在的问题与对策研究[J]. 当代财经,2009,(8):30-34.

75. 陈克俊. 解读电力社会普遍服务及其实施条件[J]. 大众用电,2004,(2).

76. 陈葵. 2009年新疆邮政普遍服务满意度调查分析[J]. 新疆财经,2010,(2).

77. 陈淑銮,洪小丹. 新《邮政法》中的普遍服务与市场竞争[J]. 科技信息,2009,(20).

78. 陈效杰. 完整认识供电质量,全面提高服务质量[J]. 供用电,2002,19(2):6-8.

79. 陈拥军. 市场化条件下的政府普遍服务[J]. 上海城市管理职业技术学院学报,2006,(3).

80. 迟楠楠,赵会茹,李春杰. 中国实施电力普遍服务基金机制的成本与时机分析[J]. 技术经济,2008,(3):78-82.

81. 狄娟娟. 中美电信普遍服务政策之比较研究[D]. 郑州:郑州大学,2010.

82. 丁茂中. 论经济效率与消费者福利的冲突——以电信行业普遍服务为视角[J]. 政法论丛,2007,(6).

83. 杜鹏,宗刚. 邮政市场引入竞争的经济学分析[J]. 西安财经学院学报,2004,(2).

84. 杜武恭,吕廷杰. 经济增长与电信普遍服务的五阶段模式[J]. 世界电信,2005,(3).

85. 高靖. 建立电力普遍服务长效机制——访华北电力大学能源与电力经济研究咨询中心主任曾鸣[J]. 国家电网,2007,(12).

86. 高伟娜. 垄断性产业普遍服务问题探析[J]. 经济论坛,

2009,(16).

87. 关丽. 电力普遍服务补偿机制研究[D]. 北京：华北电力大学(北京),2009.

88. 李创军. 电力普遍服务监管：本源、任务与方法[N]. 中国经济时报,2008-07-08(5).

89. 国家电网公司关于农村“户户通电”工程实施意见[J]. 国家电网,2007,(12).

90. 何宁. 中外电信普遍服务的研究与分析[J]. 通信管理与技术,2006,(3).

91. 何伟,马源. 中国电信普遍服务政策及其长效机制初探[J]. 世界电信,2007,(5).

92. 胡汉辉,刘怀德. 产业开放背景下的普遍服务问题之我见[J]. 东南大学学报(哲学社会科学版),2002,(3).

93. 胡济洲. 电力市场中配、售电环节的竞争与规制[D]. 武汉：华中科技大学,2006.

94. 胡婧,张昕竹：机制是实施普遍服务的关键[J]. 国家电网,2006,(12).

95. 胡铭,陈珩. 电能质量及其分析方法综述[J]. 电网技术,2000,24(2)：36-38.

96. 黄芬平. 电力体制改革的国际经验及启示[J]. 水利经济与改革,2007,1(1)：74-76.

97. 黄浩. 公共物品与普遍服务实现机制[J]. 世界电信,2003,(8).

98. 黄曙林,徐建,胡乃军. 发展电力普遍服务 服务社会主义新农村建设[J]. 电力技术经济,2006,(5).

99. 贾玉平,张毅. 略论邮政普遍服务管制[J]. 邮政研究,2008,(1).

100. 贾昭华. 构建新形势下的电力社会普遍服务[J]. 中国电力教育,2008,(6).

101. 姜爱林,陈海秋. 论电信普遍服务的实施模式与效益体现[J]．重庆邮电大学学报(社会科学版),2007,(1).

102．姜延钊,王德英．管制博弈中的邮政企业农村普遍服务的效率分析[J]．农业与技术,2010,(5).

103．焦春燕．界定内涵 科学补偿 依法实施:中国电力社会普遍服务[J]．大众科技,2004,(9).

104．焦莉莉．“可转让的赤字许可证”制度——《稳定与增长公约》的改进方案[J]．云南财贸学院学报(社会科学版),2003,(5):45-48.

105．焦琦．关于电信普遍服务制度[J]．重庆邮电学院学报(社会科学版),2002,(3).

106．金明华,陈海秋．推进中国电信普遍服务的政策建议[J]．管理现代化,2007,(2).

107．匡斌．公共经济视角下的电信普遍服务研究[D]．北京:北京邮电大学,2007.

108．李创军．电力普遍服务监管:本源、任务与方法[N]．中国经济时报,2008-7-8(5).

109．李丹,米运生．电信普遍服务理论综述[J]．重庆邮电大学学报(社会科学版),2008,(6).

110．李丹,吴祖宏．电信普遍服务管制中几个关键性问题的探析[J]．世界电信,2004,(12):3-6.

111．李丹．论中国电信普遍服务规制体系的构建[J]．广西财经学院学报,2008,(2).

112．李晶晶．电力社会普遍服务补偿机制及质量监管研究[D]．北京:华北电力大学(北京),2007.

113．李明志,王瑾．竞争环境下的中国电信普遍服务[J]．通信世界,2003,(17):33-34.

114．李庆滑．普遍服务的理论基础——公民资格社会权利理论的视角[J]．中共贵州省委党校学报,2010,(4).

115．李微微,刘光才．中国民航普遍服务内涵界定及实践初探[J]．交通企业管理,2010,(6).

116. 李新武. 基于经济发展水平及其省间差异的区域电力市场研究[D]. 北京：华北电力大学(北京),2010.

117. 李永良. 中国电信普遍服务的研究[D]. 南昌：江西财经大学,2006.

118. 梁雄健,解建辉. 对普遍服务成本补偿机制的经济分析[J]. 世界电信,2003,(8).

119. 梁玉文,李彦斌. 可再生能源在电力普遍服务中的应用[J]. 中国电力教育,2008,(10).

120. 梁玉文. 基于可再生能源的电力普遍服务中供电方式的研究[D]. 北京：华北电力大学(北京),2009.

121. 廖继宏. 中国电信普遍服务成本分析[D]. 北京：北京邮电大学,2006.

122. 廖进球,吴昌南. 中国电力产业运营模式变迁下电力普遍服务的主体及补贴机制[J]. 财贸经济,2009,(10).

123. 林海雪. 电能质量的全面运行监督问题[J]. 供用电,2004,21(1):9-11.

124. 林淑馨. 电信产业改革与普遍服务制度：日本与中国台湾的比较分析[J]. 公共行政学报,2008,(26):71-103.

125. 林淑馨. 邮递市场自由化与普及服务：国外经验之启示[J]. 行政暨政策学报,2008,(47):91-130.

126. 凌征仲. 云南电网电力社会普遍服务的目标与途径[A]. 云南电网公司,云南省电机工程学会. 2007 云南电力技术论坛论文集[C]. 昆明：云南科技出版社,2007:4.

127. 刘慧贤,刘闽浙. 净福利角度看电信普遍服务存在意义[J]. 东方企业文化,2010,(4).

128. 刘新梅,淮建军,刘安邦. 电信普遍服务及其管制研究的最新进展[J]. 科技管理研究,2007,(3).

129. 刘新梅,刘胜强. 中国电信业务普遍服务资金筹措方式研究[J]. 当代经济科学,2003,(4).

130. 刘雅静. 邮政普遍服务补偿机制亟待完善[J]. 中国国

情国力,2009,(3).

131. 刘宇. 从区域的角度看电信业普遍服务[J]. 科技进步与对策,2002,(1).

132. 柳强,唐守廉. 基于博弈模型的电信普遍服务基金分配机制[J]. 北京邮电大学学报,2007,(3).

133. 吕骞. 供电质量的指标释义及标准[J]. 农村电气化,2004,(5):6-7.

134. 吕志勇,陈宏民. 定价约束、社会福利与电信普遍服务机制设计[J]. 上海交通大学学报,2005,(3).

135. 罗国亮,刘志亮. 中国农村电力普遍服务浅析[J]. 农电管理,2007,(12).

136. 罗国亮,王永华. 西藏农村电力普遍服务的现状及对策分析[J]. 中国藏学,2009,(2).

137. 罗国亮,王永华. 中国农村电力社会普遍服务的现状、难点及对策分析[J]. 华北电力大学学报(社会科学版),2007,(3).

138. 罗国亮. 亟须加强农村电力社会普遍服务[J]. 中国国情国力,2007,(5).

139. 罗国亮. 中国电力普遍服务的监管目标、任务及政府职责[J]. 管理现代化,2008,(1).

140. 罗国亮. 中国农村电力普遍服务的理论基础分析[J]. 中国农学通报,2008,(1).

141. 罗孜婧. 中国邮政普遍服务财政补偿机制研究[D]. 北京:北京邮电大学,2010.

142. 骆梅英. 通过合同的治理——论公用事业特许契约中的普遍服务条款[J]. 浙江学刊,2010,(2).

143. 马芸,赵会茹. 基于国际经验的中国电力普遍服务实施机制的研究[J]. 工业技术经济,2005,(7):83-86.

144. 马芸,赵会茹. 委托—代理理论在电力普遍服务管制政策中的应用研究[J]. 华北电力大学学报(社会科学版),2006,(1).

145. 马芸. 电力普遍服务成本补偿机制研究[D]. 北京:华

北电力大学(北京),2006.

146. 孟晓娟. 中国电信普遍服务立法问题研究[D]. 北京:北京邮电大学,2008.

147. 潘新兴,冯英. 中国邮政体制改革与普遍服务的实现[J]. 经济管理,2006,(15).

148. 齐放,魏玢,张粒子,刘伟,李远卓. 中国销售电价交叉补贴问题研究[J]. 电力需求侧管理,2009,(6).

149. 齐放. 应用 Ramsey 定价方法解决销售电价交叉补贴问题研究[D]. 北京:华北电力大学(北京),2008.

150. 齐新宇. 普遍服务与电力零售竞争改革[J]. 产业经济研究,2004,(2).

151. 阙光辉. 构建电力普遍服务新机制[J]. 国家电网,2006,(12).

152. 阙光辉. 中国电力普遍服务问题研究[J]. 电力技术经济,2006,(5).

153. 任若梦,罗国亮. 浅析中国电力普遍服务[J]. 电力技术经济,2005,(6).

154. 任若梦. 中国电力普遍服务的主体分析[J]. 电力技术经济,2006,(1).

155. 任若梦. 云南省电力普遍服务评价指标体系研究[D]. 北京:华北电力大学(北京),2006.

156. 商务部研究院课题组,程大为. 快递业发展与邮政普遍服务[J]. 经济研究参考,2006,(34).

157. 尚世哲. WTO 体制下电信业普遍服务法律问题研究[D]. 大连:大连海事大学,2006.

158. 邵怡兰. 关于中国邮政普遍服务义务与赢利冲突的探究[J]. 中国市场,2009,(49).

159. 沈颂东. 论普遍服务的权利、责任与价值实现[J]. 长白学刊,2011,(1).

160. 石文华,杜武恭,谢雪梅. 电信普遍服务在中国的实施效果分析[J]. 吉林大学学报(信息科学版),2005,(6).

161. 石文华,韦柳融,吕廷杰. 论电信普遍服务基金的管理机制[J]. 北京邮电大学学报(社会科学版),2004,(2).

162. 史常宝. 从普遍服务走向个性服务[N]. 国家电网报,2008-08-27(005).

163. 宋宏海. 电力普通服务资金运作模式研究[D]. 北京:华北电力大学(北京),2007.

164. 宋密. 积极推进电力体制改革 构建新形势下的电力社会普遍服务体系[N]. 中国电力报,2003-12-23(001).

165. 宋玉栋. 中国电信行业普遍服务模式的创新研究[D]. 长春:吉林大学,2006.

166. 苏苗罕. 能源普遍服务的法理与制度研究[J]. 法治研究,2007,(10):13-18.

167. 孙雪梅. 建立竞争中性的电信普遍服务[J]. 经济论坛,2006,(6).

168. 谭忠富. 加强电力普遍服务[J]. 中国电力企业管理,2009,(22).

169. 唐敏. 普遍服务的法理基础与制度建构——以电力产业为例[J]. 电力需求侧管理,2010,(1).

170. 陶长琪,常贵阳. 基于合作博弈的普遍服务基金给付、分配机制研究[J]. 江西理工大学学报,2008,(6).

171. 陶卓,范鹏飞. 基于建设和谐社会的电信普遍服务策略研究[J]. 西安邮电学院学报,2008,(4).

172. 田虹,乔元志. 电信业普遍服务策略研究[J]. 电信科学,2000,(7).

173. 王德英,沈颂东. 日本邮政改革对中国完善邮政普遍服务补偿机制的启示[J]. 工业技术经济,2010,(4).

174. 王鹤. 基于供电质量最优监管模式的理论与实证研究[D]. 北京:华北电力大学(北京),2007.

175. 王健. 中国邮政普遍服务的创新提升研究[D]. 上海:

华东师范大学,2008.

176. 王瑾．建立中国电信普遍服务机制的经济学分析[D]．北京：清华大学,2005.

177. 王俊,昌忠泽．社会普遍服务的建立——来自中国的经验分析[J]．经济研究,2007,(12).

178. 王俊豪,高伟娜．中国电力产业的普遍服务及其管制政策[J]．经济与管理研究,2008,(1).

179. 王俊豪．特许投标理论及其应用[J]．数量经济技术经济研究,2003(1)：137－140.

180. 王俊豪．政府规制经济学导论——基本理论及其在政府管制实践中的应用[M]．北京：商务印书馆,2001:103.

181. 王骏．开发性移民方针的提出与移民经济的发展．重庆大学学报(社会科学版),2002,(3)：7－10.

182. 王珺．中国邮政普遍服务规制研究[D]．天津：天津大学,2009.

183. 王丽萍,李新武,谢维,张验科．一种激励相容的电力普遍服务实现机制[J]．工业技术经济,2009,(11).

184. 王润平．中国邮政普遍服务发展研究[D]．北京：北京邮电大学,2008.

185. 王书生．电力普遍服务问题初探[J]．中国电力教育,2006,(2).

186. 王淑萍．关于中国电力社会普遍服务融资模式的研究[D]．北京：华北电力大学(北京),2008.

187. 王笑京．政府的责任与出行者的权利——略论道路交通信息服务中的普遍服务[J]．交通运输系统工程与信息,2005,(2).

188. 王雪梅．谈邮政普遍服务与相关立法的协调问题[J]．商业时代,2007,(4).

189. 王永华,罗国亮．电力普遍服务与新农村建设[J]．现代农业科学,2008,(1).

190. 王中华,刘光才．中国民航普遍服务补偿机制初探[J]．

管理现代化,2010,(6).

191. 吴昌南．发电企业参与电力普遍服务的规制及补贴方案[J]．生产力研究,2010,(11).

192. 吴昌南．中国电力改革后电力普遍服务主体的变迁及实施机制[J]．商业研究,2008,(11).

193. 吴洪．国外电信普遍服务理论与中国普遍服务政策[J]．北京邮电大学学报(社会科学版),2001,(4).

194. 吴立峰,杨乃定,杨芳．邮政普遍服务成本测算研究[J]．当代经济科学,2009,(4).

195. 吴立峰．基于电子邮票系统的邮政普遍服务补偿机制[J]．西北工业大学学报(社会科学版),2009,(2).

196. 吴秀云．论中国电信普遍服务的法律规制[J]．法制与社会,2009,(8).

197. 夏俊．电信普遍服务政策:中国 VS 西方国家[J]．世界电信,2001,(4).

198. 肖林．自然垄断行业的进入管制悖论——普遍服务义务、可维持性和市场效率[J]．东南大学学报(哲学社会科学版),2010,(2).

199. 许正中．加快构建社会普遍服务体系[J]．国家行政学院学报,2008,(3).

200. 闫海．普遍服务的法理与制度——发展权视域下的重构[J]．经济法论坛,2006,(0).

201. 闫璐明．电力社会普遍服务资金补偿机制研究[D]．北京:华北电力大学(北京),2007.

202. 杨万华,张明玉．实施电力社会普遍服务的分析和建议[J]．管理现代化,2007,(1).

203. 杨万华,赵会茹．中国电力普遍服务实施效益评价模型研究[J]．管理现代化,2008,(5).

204. 杨文捷．邮政普遍服务均等化[J]．运输经理世界,2010,(12).

205. 杨永忠. 自然垄断产业普遍服务的理论基础、成因与政策[J]. 生产力研究,2006,(2).

206. 游五洋. 普遍服务成本如何测算[N]. 人民邮电,2002-05-14(4).

207. 俞学河. 电力社会普遍服务关系的构成要素[J]. 电力技术经济,2004,(5).

208. 俞燕山. 美国电力普遍服务与批发市场的监管[N]. 中国电力报,2006-12-11,(4).

209. 喻世华,唐守廉. 中国电信普遍服务基金募集和使用的操作性问题探讨[J]. 电信科学,2006,(12).

210. 曾鸣,张艳馥. 谈电力社会普遍服务[N]. 中国电力报,2007-02-06,(4).

211. 战青海,迟炳伟. 电力普遍服务信息技术平台的建设及应用[J]. 农村电气化,2009,(9).

212. 张彬,李晓梅. 中美普遍服务政策对比[J]. 通信世界,2006,(45).

213. 张冰. 电力普遍服务成本补偿机制的经济分析研究[J]. 四川水力发电,2007,(4).

214. 张萃萍. 人文普遍服务与中国行政管理体制改革[J]. 北京行政学院学报,2008,(3).

215. 张福伟,闫璐明,赵怡明. 电力普遍服务补偿机制研究[J]. 电力需求侧管理,2007,(2).

216. 张福伟,闫璐明. 国外电力普遍服务动态及其在中国的实施建议[J]. 中国电力教育,2007,(2).

217. 张卫东,苏宏田. 加快推进坚强智能电网建设——“十二五”电网发展规划思路[J]. 中国电力企业管理,2011,(1).

218. 张昕竹. 普遍服务 机制先行[J]. 国家电网,2007,(12).

219. 张盈唐. 中国电信普遍服务的几个基本问题探讨[J]. 北京邮电大学学报(社会科学版),2004,(2).

220. 张玉忠. 试论普遍服务下邮政服务质量管理机制的建

立[J]. 邮政研究,2002,(2).

221. 赵尔佳. 甘肃农村电力普遍服务问题探讨[J]. 甘肃农业,2009,(12).

222. 赵甫. 中国电信普遍服务基金制的研究[D]. 北京：北京邮电大学,2006.

223. 赵会茹,迟楠楠,崔博. 电力普遍服务社会效益量化研究[J]. 工业技术经济,2009,(5).

224. 赵会茹,迟楠楠,李春杰. 中国电力普遍服务收入补偿机制研究[J]. 科技和产业,2008,(6).

225. 赵会茹,崔博,李春杰. 农村地区电力普遍服务与社会经济可持续发展协调性研究[J]. 华北电力大学学报(社会科学版),2008,(1).

226. 赵会茹,李春杰,迟楠楠,崔博. 电力普遍服务社会价值的综合评价[J]. 电网技术,2009,(13).

227. 赵磊. 开放用户的电力市场改革研究[D]. 北京：华北电力大学(北京),2007.

228. 郑红凤. 市场机制下电信普遍服务政策探讨[J]. 世界电信,2003,(8).

229. 中国电力社会普遍服务调研报告综述(节选)[J]. 农电管理,2007,(8).

230. 周纲,苑春荟,吴建平. 不完全竞争市场中的电信普遍服务运行体系[J]. 当代经济科学,2006,(1).

231. 周鹏. 论邮政体制改革对邮政普遍服务的影响及对策[J]. 经济论坛,2008,(8).

232. 周伟. 中国电信普遍服务市场竞争发展模式研究[D]. 湖南：湖南大学,2006.

233. 朱成章. 当电力普遍服务与改革相遇[N]. 中国电力报,2004-03-23(8).

234. 朱成章. 电力的公共货物性质与普遍服务[J]. 大众用电,2004,(5).

后 记

人生最难的事情，恐怕就是说到做到，做到得到。出版著作，正是如此。首先就是善始善终，不仅在一开始要构思好，设计好，更要在具体的研究实践中做到、做好。从选题到资料收集、消化，再到潜心研究、熬夜写作，最终汇集出版，其间的苦与乐非经历者难以体会。我终于给这部著作敲上句号，算是说到做到了。但是，做到未必能得到读者的认同。老师常说世间书可以分为三种：第一种是经典，需要反复精读的；第二种是有些价值，可以读一次或两次的书；第三种是纯粹垃圾，根本不需要读的。那么我的书会属于哪一种呢？第一种不敢奢望，我希望是第二种，千万不要成为第三种，否则会浪费读者的时间。

感谢我的父母及关心我的所有亲人，他们的殷切希望、默默奉献是我进步的不竭动力。尤其是父母全天候充当了“保姆”角色，无怨无悔、精心照顾我这个三十多岁的老儿子和仅仅一岁多的小孙子，二老的爱是本书得以顺利完成的最给力保障。爸、妈，我爱你们，谢谢！当然，本书顺利出版，离不开导师、领导、同仁、同窗、朋友以及学生的关心、帮助和支持，在此，我诚挚地向他们表示衷心的感谢。

同时,我是站在“巨人的肩膀”上来进行本课题研究的,参阅了国内外诸多学者的相关研究成果,注释与参考文献引注不尽齐全。在此谨向他们表示深深的感谢!

当然,由于水平和资料所限,书中纰漏和瑕疵难以避免,恳请各位专家、师长和读者批评指正。

谨以此书献给全世界爱智慧的人!

陈建华

2012 年于河南大学三观园

索 引